Das Jahr der Jubiläen

Jahrbuch des ÖGB 2005

ÖGB Österreichischer Gewerkschaftsbund

Das Jahr der Jubiläen

60 Jahre ÖGB
60 Jahre Zweite Republik
50 Jahre Staatsvertrag

Jahrbuch des ÖGB 2005

ÖGB VERLAG

Redaktion
Nani Kauer, Annemarie Kramser, Walter Kratzer

Umschlaggestaltung
Kurt Schmidt

Medieninhaber: Verlag des Österreichischen Gewerkschaftsbundes GmbH, Wien

Herstellung: Verlag des ÖGB GmbH, Wien
Verlags- und Herstellungsort: Wien
Satz: Bergler, Wien
Druck: Inovamedia Print-Medienproduktion GmbH, Wien

Printed in Austria

ISBN 3-7035-1029-3

Inhalt

„Wir gestalten Zukunft"

Das Jahr der Jubiläen: 60 Jahre ÖGB, 60 Jahre Zweite Republik, 50 Jahre Staatsvertrag

Das Jahr 2005 ist das Jahr der Jubiläen: 60 Jahre nach dem Kriegsende und damit der Gründung der Zweiten Republik, 60 Jahre ÖGB und Wiedererrichtung der Arbeiterkammern, 50 Jahre Staatsvertrag, aber auch 85 Jahre österreichische Bundesverfassung, 50 Jahre UNO-Beitritt, 50 Jahre Bundesheer, und 10 Jahre EU-Mitgliedschaft – nebstbei auch noch 80 Jahre Radio, 50 Jahre seit der festlichen Wiedereröffnung der Wiener Staatsoper und 50 Jahre Fernsehen. Die Jahre 1945 und 1955 waren Schicksalsjahre für Österreich – die Erinnerung daran wird deshalb 2005 in entsprechender Breite begangen: in Festakten und Matineen, Symposien und Ausstellungen.

Für den ÖGB, dessen Gründung am 15. April 1945 in einem Direktionssaal des Wiener Westbahnhofs beschlossen wurde, geht es freilich nicht bloß um die Erinnerung an das Vergangene – darum stehen seine Veranstaltungen unter dem Motto „Wir gestalten Zukunft".
ÖGB-Präsident Fritz Verzetnitsch erinnert in einem Interview, das dieses Jahrbuch eröffnet, an die Aufbauarbeit der Nachkriegsjahre und die wirtschaftlichen und sozialen Entwicklungen der vergangenen sechs Jahrzehnte, an denen die Gewerkschaften einen großen und wichtigen Anteil hatten. Er richtet aber gleichzeitig und vor allem den Blick in die Zukunft: „Wir müssen danach trachten, die wirtschaftliche, soziale und kulturelle Interessenslage der Menschen zu verbessern, den Verteilungskampf zu führen, für eine gerechte Gesellschaft zu sorgen."
Herbert Tumpel, Präsident der Bundesarbeitskammer, erinnert in seinem Beitrag daran, dass die Arbeiterkammern seit 85 Jahren für die Rechte der Arbeitnehmer/-innen sorgen und 1945 in demokratischer Selbstverwaltung wieder errichtet worden sind.
Brigitte Pellar, mit dem verstorbenen Fritz Klenner Autorin der Geschichte der österreichischen Gewerkschaftsbewegung und Leiterin des ÖGB/AK-Institutes zur Erforschung der Geschichte der Gewerkschaften und der Arbeiterkammern, widmet sich in zwei breit angelegten historischen Beiträgen den Arbeiterkammern („das demokratische Plus") und dem ÖGB.
Anton Pelinka, Politologe an der Universität Innsbruck und einer der kompetentesten Experten für das österreichische Parteien- und Gewerkschaftssystem, skizziert die historischen Parallelen zwischen ÖGB und Republik Österreich: „Dass die Zweite Republik und der ÖGB noch

vor dem Ende des 2. Weltkriegs in Europa gegründet wurden, weist sie als Zwillinge, als Produkte ein und derselben Zeit aus. Und tatsächlich hängen die besonderen Qualitätsmerkmale dieser Republik eng mit der Entwicklung des ÖGB zusammen. Die Republik wurde stärker – und der ÖGB wurde stärker." Von den beiden prägenden Jubiläen dieses Jahres, 1945 und 1955, sei das Jahr 1945 für die österreichischen Gewerkschaften das entscheidende. Denn, so Pelinka, „für den ÖGB sind die Ereignisse des Jahres 1955 in erster Linie die Bestätigung und Absicherung dessen, was 1945 erfolgreich und bleibend errichtet werden konnte: eine demokratische Republik und ein freier Gewerkschaftsbund".

Oliver Rathkolb, Zeithistoriker und wissenschaftlicher Leiter des Demokratiezentrums Wien, beschreibt in einer historischen Rückschau die „Demokratieentwicklung in Österreich seit 1945" als grundsätzlich positiv und weist darauf hin, dass Österreich in einem weltweiten Demokratie-Ranking den 15 Platz einnimmt.

In einem Foto-Essay aus den zeitgeschichtlichen Archiven von AK und ÖGB (herzlichen Dank an Johanna Wagner, die Leiterin des ÖGB-Archivs, und Brigitte Pellar von der AK) skizziert Walter Kratzer die Entwicklung von ÖGB, AK und Zweiter Republik von 1945 bis heute.

Heinz Kienzl, langjähriger Leiter des Volkswirtschaftlichen Referates des ÖGB und ebenso langjähriger Generaldirektor und Vizepräsident der Oesterreichischen Nationalbank, einer der Sozialpartner der „ersten Stunde", schildert in einem sehr persönlichen Bericht Entstehen, Wirkungsweise und Zukunftschancen der österreichischen Sozialpartnerschaft.

Richard Leutner, Leitender Sekretär des ÖGB, beweist detailliert, wie eng verzahnt 60 Jahre ÖGB und 60 Jahre sozialer Fortschritt in Österreich sind.

ÖGB-Vizepräsidentin Renate Csörgits und ÖGB-Bundesfrauensekretärin Sylvia Ledwinka schildern die Erfolgsgeschichte der ÖGB-Frauen – von der Abschaffung der Frauenlohngruppen bis zur teilweisen sozialrechtlichen Absicherung der atypisch Beschäftigten.

ÖGJ-Sekretär Mario Lindner beschreibt unter dem Titel „Wir haben noch lange nicht genug!" den engagierten Einsatz der Österreichischen Gewerkschaftsjugend (ja, auch unsere Jugend wird heuer 60!).

Anton Benya, langjähriger ÖGB- und Parlamentspräsident, hat 1980 bei einem Wirtschaftssymposion aus Anlass von 25 Jahren Staatsvertrag einen tiefen Einblick in die Entstehungsgeschichte der österreichischen Sozialpartnerschaft gegeben – wir dokumentieren seine Rede.

Die „Erfolgsstory Österreich" stellt Nani Kauer in den Mittelpunkt einer breitgestreuten Umfrage unter Zeitzeugen, Politikern und einem publizistischen Beobachter.

Angela Pfister, EU-Expertin im Volkswirtschaftlichen Referat des ÖGB, bilanziert die 10-jährige Mitgliedschaft Österreichs bei der Europäischen Union und weist kritisch darauf hin, dass die positiven Ansätze in Bezug auf eine Beschäftigungs- und Sozialunion in den letzten Jahren verwässert worden sind. Notwendig sei eine Lösung des Problems „der hohen Arbeitslosigkeit, der zunehmenden Kluft zwischen Arm und Reich sowie des anhaltenden Konjunkturtiefs" - Probleme, mit denen wir wieder in die aktuellen Auseinandersetzungen der österreichischen Innenpolitik eintauchen.

Die Herausgeber/-innen

Fritz Verzetnitsch
richtet im Jahr der Jubiläen den Blick nach vorne

Fritz Verzetnitsch,
Präsident des ÖGB

„Nichts ändert sich von selbst"

Im Jahr der Jubiläen, dem „Gedankenjahr", geht es nicht vorrangig um das Feiern, auch wenn das mancherorts so verstanden wird. Aber es geht darum, innezuhalten im geschäftigen Treiben des politischen Geschäfts, zurückzudenken, was war, und den Blick nach vorne zu richten auf die künftigen Aufgaben. ÖGB-Präsident Fritz Verzetnitsch, im Jahr der Gründung von Zweiter Republik und ÖGB geboren, erinnert sich im Interview mit Walter Kratzer an das Leben im viergeteilten Wien, an die Unterzeichnung des Staatsvertrags, an die Aufbauarbeit der Nachkriegsjahre, als es darum ging, wieder Arbeit zu schaffen. Es müsse aber auch, so Verzetnitsch, der Blick in die Zukunft gerichtet werden: „Wir müssen danach trachten, die wirtschaftliche, soziale und kulturelle Interessenslage der Menschen zu verbessern, den Verteilungskampf zu führen, für eine gerechte Gesellschaft zu sorgen." Und nicht zu vergessen: „Nichts ändert sich von selbst!"

2005 ist das Jahr der Jubiläen – etwa 60 Jahre Zweite Republik, 60 Jahre ÖGB, 50 Jahre Staatsvertrag. Diese Gleichzeitigkeit von Staat und ÖGB hat ja einen sehr grundsätzlichen Aspekt, noch dazu, wo Sie ja auch vor 60 Jahren geboren wurden.
Wie empfinden Sie das?

Verzetnitsch: Natürlich veranlasst das zum Reflektieren der Vergangenheit. Es wäre aber falsch, würde man dieses Jahr ausschließlich im Rückblick begehen. Ich würde das gerne so aufteilen: ein Drittel Rückblick, zwei Drittel Blick nach vorne.
Wir können mit Stolz auf die Vergangenheit zurückblicken, wenn man bedenkt, was die Ausgangslage war: zerstörtes Land, geteiltes Land, mit kaum einer Hoffnung auf Besserung, aber dennoch mit dem Willen der gesamten Bevölkerung und vor allem innerhalb der Gewerkschaften, wenn ich daran denke, dass es darum ging, Arbeit zu beschaffen. Oder Dinge, die heute völlig unvorstellbar sind, etwa Organisieren von Autoreifen, um daraus Schuhsohlen produzieren zu können. Oder die heftige

Auseinandersetzung um die Frage, wofür soll der Zement verwendet werden, zum Errichten von Kaprun oder zum Bau von Wohnungen – was ist wichtiger? Natürlich war es die richtige Entscheidung, damals zu sagen, wir errichten Kaprun, um damit Energie für den Aufbau der Wirtschaft zur Verfügung zu stellen. Oder die heftigen Auseinandersetzungen um die damaligen Preis-Lohn-Abkommen – das sind alles Dinge, bei denen sich die Rolle der Gewerkschaften sehr deutlich gezeigt hat: dass es uns um das Land geht, dass es uns um die Menschen, die in diesem Land arbeiten, geht, dass es um faire Verteilung geht, dass es um längerfristiges Denken geht.

Den Gewerkschaften ist es auch damals – also in den 50er-Jahren – nicht nur um das Heute, sondern auch um die Zukunft gegangen. Ihr Leitgedanke war: „Wenn wir diese oder jene Maßnahme treffen, wenn wir uns auf eine vernünftige koordinierte Politik einigen, dann ist abschätzbar, dass wir Wohlstand haben." Das ist nachweisbar gelungen.

Als Kind in einer viergeteilten Stadt

Ich selbst habe die Kindheit noch in einer viergeteilten Stadt erlebt, habe als 10-jähriges Kind die Unterzeichnung des Staatsvertrags im Belvedere miterleben können, wie die Außenminister mit Figl auf den Balkon getreten sind. Ich war mit meiner Mutter dort – das ist eine Erinnerung, die nach wie vor in meinen Gedanken als Bild vorhanden ist. Und ich habe auch miterlebt, wie das war, mit einem so genannten „Identitätsausweis" zu leben, mit Lebensmittelmarken und zwischen den einzelnen Besatzungszonen. Meine Großeltern haben beispielsweise in der britischen Zone gelebt, und wir, meine Eltern und ich, haben in der sowjetischen Zone gelebt, gearbeitet hat mein Vater in der internationalen Zone, in der Nationalbibliothek. Ich habe das alles miterlebt.

Aber das ganz Entscheidende ist, dass man nicht vergisst, was sich seither entwickelt hat. Das alles sind Erlebnisse, bei denen man sehr rasch aus dem Blick zurück in die Zukunft und in die Gestaltung der Zukunft hineingehen muss. Das sehe ich auch als eine große Aufgabe der Gewerkschaften. Man muss nur beispielsweise daran denken, dass das unterschiedliche Sozialrecht zwischen Arbeitern und Angestellten schrittweise angeglichen worden ist. In der Frage der Arbeitszeit, bei der es zunächst darum gegangen ist, die Belastungen für den Einzelnen von der 48-Stunden-Woche auf die 40-Stunden-Woche und darunter zu bringen, geht es heute überwiegend darum, Arbeit besser zu verteilen. Das sind alles Fragen, bei denen eben der Blick zurück wichtig ist – woher kommt man –, aber bei denen auch der Blick in die Zukunft wichtig ist: Wohin will man gehen. Das Innehalten soll auch dazu dienen, dass sich Menschen bewusst werden, dass sich nichts von selbst verändert, sondern dass es immer die Beteiligung des Einzelnen und von Organisationen braucht, damit wir Fortschritte bewirken.

Einer ihrer Vorgänger als ÖGB-Präsident, Johann Böhm, hat 1949 in einer Aufsehen erregenden Rede von den „gemeinsamen Interessen" von Arbeitgebern und Arbeitnehmern gesprochen. Wie sieht dieses „Gemeinsame" aus heutiger Sicht aus, war das ein Teil dieses „österreichischen Weges"?

Der Verteilungskampf muss weiterhin geführt werden

Verzetnitsch: Ich bin davon überzeugt, dass das nach wie vor ein Teil des österreichischen Weges ist. Wenn man glaubt – ich verwende das Bild der Pendeluhr – , dass die Ausschläge des Pendels die Politik bestimmen können, einmal nach links und einmal nach rechts, oder einmal auf der Arbeitgeber- und einmal auf der Arbeitnehmerseite, dann muss man sich auch die Grundsatzfrage stellen, ob es uns gelingt, eine faire, zukunftsorientierte und gerechte Gesellschaft zu entwickeln. Eine Gesellschaft, in der der Einzelne seinen solidarischen Beitrag leisten muss, aber die Gemeinschaft auch niemanden vergisst, der diese Leistung nicht erbringen kann. Wenn Unternehmer glauben, dass nur ihre Ideen etwas weiter bringen, wird man relativ schnell sehen, dass das nicht geht. Das Entscheidende ist: Können Arbeitgeber und Arbeitnehmer aus dem gemeinsam erwirtschafteten Erfolg eine gerechte Verteilung – die dann weit über das einzelne Unternehmen in die Gesellschaft hineingeht – gestalten? Das hat Zukunft. Dann wird das auch von den Menschen akzeptiert.

Man muss sich aber immer wieder in Erinnerung rufen, woraus denn das Ganze entstanden ist. Wir leben doch in einer Zeit, in der in 30 Sekunden ein umfassender Komplex definiert werden muss. Nehmen wir das Schlagwort Bildung. Jeder ist für Bildung. Aber wenn man ins Detail geht und fragt, was machst Du selbst dazu, welche Möglichkeiten hat man, wie weit gestalte ich, dass der Zugang zur Bildung allen zur Verfügung steht, dann sieht man wieder, dass man sehr ins Detail gehen muss.

Ich bin der Meinung, dass es Ideen braucht. Wir müssen danach trachten, dass das Verständnis in einer Gemeinschaft nicht zu der einer

Ellenbogengesellschaft wird. Aber umgekehrt soll es auch nicht zu einer Mentalität des Selbstbedienungsladens, nach der Devise – „Alle anderen müssen für mich sorgen", kommen. Wir müssen nach wie vor danach trachten – so wie das Gewerkschafter eben sehen –, die wirtschaftliche, soziale und kulturelle Interessenslage der Menschen zu verbessern, den Verteilungskampf nach wie vor zu führen, für eine gerechte Gesellschaft zu sorgen: Das sehe ich als unsere Aufgabe.

60 Jahre Zweite Republik sind ja genauso wie 60 Jahre ÖGB eigentlich ein Erfolgsmodell. Was war das Rezept dahinter?

Gemeinsam die beste Lösung finden

Verzetnitsch: Ich glaube, dass man eine spezielle Form gefunden hat, um Probleme besser bewältigen zu können. Da kann man durchaus Popper zitieren: Jeder ist auf dem Weg nach einem Ziel, aber ich muss auch anerkennen, dass der andere auch vielleicht Recht hat. Unser gemeinsames Bestreben muss es sein, die beste Lösung zu finden. Die entscheidenden Kriterien für eine Lösung sind, ob sie fair und gerecht sind und ob sie mitgetragen werden.

Eine der Hauptaufgaben sehe ich darin, die Menschen über wichtige Entscheidungen und Zusammenhänge zu informieren. Es muss bewusst sein, wie wichtig es ist, eine Organisation durch seine Mitgliedschaft zu stärken. Wenn Arbeitnehmer/-innen glauben, dass sich die Kollektivverträge jedes Jahr verändern, ohne dass es Mitgliedschaften in starken Gewerkschaften gibt, dann werden sie relativ schnell aufwachen – nicht heute, nicht morgen, sondern übermorgen – und merken, dass das eben nicht passiert.

Die Notwendigkeit starker Gewerkschaften

Immer wieder hört man heute schlagwortartige Aussagen wie: „Jeder ist sich selbst der Nächste", oder die Teilzeitbeschäftigten wollten ja gar nicht einen Sozialschutz haben, weil sonst fühlten sich die Firmen dazu veranlasst, diese Leute gar nicht mehr zu beschäftigen. Ja mit welchem Recht verlangt man eigentlich, dass Teilzeitbeschäftigte „Freiwild" sind, jederzeit verfügbar? Auf der anderen Seite ist man in der Geldmarktpolitik strikt an Regeln interessiert, und da sagt man, das Eigentum gehört geschützt und das gehört alles sogar verfassungsmäßig geregelt. Ich glaube in diesem Spannungsfeld zeigt sich auch wieder die Notwendigkeit starker Gewerkschaften.

Es haben sich in diesen sechs Jahrzehnten nicht nur die Gesellschaft verändert, sondern auch die politischen Themenfelder ...

Verzetnitsch: Es ist wesentlich differenzierter geworden. Ein früherer Bundeskanzler ist von manchen immer wieder belächelt worden, weil er gesagt hat, das alles sehr kompliziert sei. Aber im Prinzip hatte er Recht. Das zeigt die Weiterentwicklung der Gesellschaft: Wenn ich an die Geschichte der Gewerkschaften, weit über die 60 Jahre zurückdenke, wo einmal die Forderung stand, acht Stunden Arbeit, acht Stunden Freizeit, acht Stunden Schlaf, dann sieht man – wenn man das mit der heutigen Realität vergleicht – ja sofort, dass sich die Gesellschaft heute wesentlich differenzierter darstellt. Oder wenn ich daran denke, dass es nach 1945 vor allem um die Fragen ging: Haben wir genügend zu essen, haben wir genügend Wohnraum, haben wir genügend Arbeit. Gegenüber den heutigen Fragen: Welche Arbeit, welches Essen, welche Energie?

Die Umweltfrage, die 1945 nicht von entscheidender Bedeutung war, die Frage der Isolierung der Häuser, um die Energieverschwendung hintanzuhalten – damals ging's drum, möglichst rasch zu bauen. Jetzt geht's wesentlich mehr darum die Bauten der damaligen Zeit so zu sanieren, dass es nicht Energie vergeudend ist, dass es eine gesunde Umwelt gibt ... Da zeigt sich sehr deutlich, dass sich das Leben verändert hat.

Dennoch geht es um die Grundzüge, dass es jedem Menschen möglich sein muss, durch den Zugang zur Bildung seine eigene Existenz zu begründen, seinen wirtschaftlichen Status so weit aufzubauen, dass er mit dem Einkommen auch auskommen kann und das in einer Gemeinschaft, die nicht das Gegeneinander in den Vordergrund rückt.

Da wird auch sehr deutlich, dass die gewerkschaftliche Tätigkeit heute wesentlich vielfältiger ist, als es in der Vergangenheit war. In einer Zeit, in der es nicht mehr um die reine Existenzfrage geht, ist man natürlich auch bemüht, die Details des Lebens anders zu gestalten. Dabei geht es nicht darum, jede Phase, jede Bewegung des Menschen zu regulieren und festzuschreiben, sondern es muss schon die Freiheit des Menschen im Vordergrund stehen. Aber diese Freiheit kann nicht bedeuten, ich allein entscheide, sondern es ist in der Gemeinschaft mehr denn je notwendig, dass man miteinander Lösungen sucht.

Vor zehn Jahren, zum 50-Jahr-Jubiläum des ÖGB, haben Sie davon geschrieben, man müsse den internationalen Unternehmerstrategien „kühne, phantasievolle Gegenstrategien“ entgegensetzen. Hat das der ÖGB, haben das die Gewerkschaften geschafft?

Die Gewerkschaften sind internationaler geworden

Verzetnitsch: Die Gewerkschaften sind anders international geworden, als das in der Vergangenheit der Fall war. Früher hat man auf internationaler Ebene vor allem Erfahrungen ausgetauscht –, aber dann doch

auf der nationalen Ebene gearbeitet. Schon allein durch die sehr richtige und wichtige Entwicklung zur Europäischen Union hin, die im Vergleich zu anderen Kontinenten den Gewerkschaften, aber auch den Menschen die Chance bietet, wesentlicher intensiver an einem demokratischen Entwicklungsprozess teilzunehmen, ist das anders geworden. Wir haben durch die EU, das Europäische Parlament, durch die Europäische Kommission, durch den Europäischen Gewerkschaftsbund, durch die Europäischen Arbeitgeberverbände, die einmalige Chance, uns anders zu entwickeln als zum Beispiel der amerikanische, der afrikanische, der asiatische Kontinent. Wenn wir beispielsweise als ÖGB mit anderen Mitgliedsverbänden im Europäischen Gewerkschaftsbund darum ringen, eine Arbeitszeitdirektive für ganz Europa zu entwickeln, dann ist das ein immenser Fortschritt. Oder wenn ich daran denke, dass es beispielsweise eine europäische Betriebsratsinitiative gibt, um das Mitbestimmungsrecht nicht nur in Ländern wie in Deutschland, in Österreich, in den skandinavischen Ländern zu haben, sondern in ganz Europa, damit wir nicht gegeneinander ausgespielt werden können. Wir erleben ja im Erweiterungsprozess, dass manche Unternehmen, vor allem internationale, jetzt hergehen und fragen, wo ist die gewerkschaftsfreie Zone, dort siedeln wir uns an.
Ist es wirklich eine Wettbewerbsfrage, ob es faire Arbeitsbedingungen gibt, oder ist es nicht ein Menschenrecht, faire Arbeitsbedingungen zu haben!

Es hat sich in diesen vergangenen Jahrzehnten auch etwas geändert, was ein sehr starker Schwerpunkt gewerkschaftlicher Politik war – Stichwort Verstaatlichtenpolitik ...

„Mehr privat – weniger Staat“ – ein falscher Ansatz

Verzetnitsch: Das ist wieder eine der undurchschaubaren Schlagwortdiskussionen, mit der man eine bestimmte Ideologie durchsetzen möchte. Es soll der Eindruck erweckt werden, dass nur Private Unternehmen führen können. Das ist ein völlig falscher Ansatz, weil es nicht darum geht, privat oder Staat, sondern darum, welches Bekenntnis des Eigentümers gibt es zum Unternehmen und wie will ich dieses Unternehmen für die Zukunft positionieren. Wenn ich für das Land wichtige Kernunternehmen habe, die – aus welchen Gründen immer – im Staatsbesitz sind, dann kann es doch nicht das Ziel sein, zu sagen „mehr privat, weniger Staat“. So verschleudert man nur öffentliches Vermögen und verteuert die Dienstleistungen für den Einzelnen.
Es geht in Wirklichkeit darum, dass sich manche durch diese Politik erhoffen, dass ihre persönlichen Ziele, ihre Gestaltungsmöglichkeiten und vor allem ihre Aktiengewinne dementsprechend aufgebaut werden.

Nachhaltige Wirtschaftspolitik zu sozialen Bedingungen

Ich sehe die größte Veränderung in der Wirtschaftspolitik der vergangenen 60 Jahre darin, dass man früher die längerfristige Zielsetzung eines Unternehmens festgelegt und angestrebt hat. Heute schaut man nur auf den kurzfristigen Aktienkurs und die Quartalszahlen, aber nicht auf das nächste oder übernächste Jahr oder die strategische Bedeutung. Und wenn's unmittelbar Profite bringt, dann wird zugesperrt, verschoben, hin und her transferiert. Das halte ich für eine falsche Wirtschaftspolitik.
Wir brauchen nicht nur in Österreich, in Europa im Besonderen, eine nachhaltige Wirtschaftspolitik, die diesen Zielen, die sich alle Regierungen in Lissabon bis 2010 eigentlich gesetzt haben, mehr entspricht. Zielen, die da lauten: Wir wollen die wissensbasierteste Gesellschaft sein, mit Vollbeschäftigung und dem Europäischen Sozialmodell. Das heißt Nicht-Transferieren in Billiglohnländer zu negativen Arbeitsbedingungen, damit die Profite allein erhöht werden.

60 Jahre ÖGB heißt natürlich auch 60 Jahre Sozialstaat – wie geht's weiter?

Den Sozialstaat erhalten und entwickeln

Verzetnitsch: Die Herausforderung muss sein, den Sozialstaat zu erhalten und weiter zu entwickeln, und nicht das jetzt immer wieder auftauchende Problem, „wir können uns das nicht leisten“. Das ist ein Satz, der absolut zu hinterfragen ist. Ich persönlich bin der Überzeugung, dass die Gemeinschaft zu entscheiden hat, wo die Schwerpunkte liegen.
Wir können uns Abfangjäger leisten, aber wir können uns keinen Sozialstaat leisten. Wir können uns militärische Ausgaben leisten, Polizei-

Ausgaben leisten, aber wir können uns nicht leisten, dass wir vielleicht durch mehr Bildung, durch mehr soziale Gemeinschaftselemente eine Gesellschaft ermöglichen, in der nicht das Gegeneinander im Vordergrund steht, sondern das Miteinander.
Ich sage sehr bewusst dazu: Man muss dabei auch erkennen, dass zum Erhalt dieser Gemeinschaft auch der Einzelne seinen Beitrag dazu leisten muss. Es ist ein Irrglaube, dass man das gleiche Sozialsystem und Gemeinschaftswesen für die Zukunft sichert, wenn man nur die Steuern und Sozialausgaben senkt. Und es ist genauso ein Irrglaube, dass sich jeder alles durch eigene Beiträge selber leisten kann. Ich halte es wirklich für eine Verhöhnung und Verdummung einer Gesellschaft, wenn manche auftreten und sagen, die staatlichen Abgaben sind zu hoch, die Steuern sind zu hoch, runter mit allem, und gleichzeitig aber schreien, wir brauchen eine Infrastruktur, die es ermöglicht, in diesem Lande überhaupt zu bleiben. Wer finanziert denn diese Infrastruktur?

Zugang zur Bildung, Zugang zur Arbeit

Eine der großen Herausforderungen der Zukunft ist es, dass man miteinander die Schwerpunkte festlegt, die wir in der Zukunft setzen wollen. Diese Schwerpunkte liegen für mich:

1. im Zugang zur Bildung ohne Ansehen der persönlichen Möglichkeiten;
2. im Zugang zur Arbeit, um die eigene Existenzfähigkeit zu erhalten und auch die Würde des Menschen überhaupt zu ermöglichen;
3. in einem Sozialstaat, in dem wir die Menschen, die – auf Grund welcher Umstände immer – nicht die Möglichkeit haben mitzuziehen, nicht auf der Strecke liegen lassen. Wir brauchen keine Armutsprogramme und Almosen, sondern die möglichst schnelle Integration in das Gemeinwesen zur Herstellung ihrer eigenen Würde.

Herbert Tumpel

Eine starke Stimme für die Arbeitnehmer

Mag. Herbert Tumpel ist Präsident der Bundesarbeitskammer

Seit 85 Jahren sind die Rechte der Arbeitnehmerinnen und Arbeitnehmer in Österreich die Pflicht der Arbeiterkammern. 1920 als Schutzschild für soziale Errungenschaften gegründet und 1945 in demokratischer Selbstverwaltung wieder errichtet, vertritt die AK, in Zusammenarbeit mit Gewerkschaften und ÖGB, die Interessen der Arbeitnehmerinnen und Arbeitnehmer. Und seit 85 Jahren sind die Arbeiterkammern einzig den Arbeitnehmerinnen und Arbeitnehmern verpflichtet.

So wie die Arbeitnehmer in ihrem Berufsleben immer neuen Herausforderungen gegenüberstehen, passt auch die AK laufend ihre Leistungen an. Reform ist eine ständige Aufgabe – in der Interessenvertretung und in unserer Beratung. Sei es der Rechtsschutz, sei es die Vertretung der Arbeitehmerinnen und Arbeitnehmer direkt vor Ort in Brüssel, sei es unser Programm AK Plus, das vor allem neue Bildungsangebote bringt.

Gerade in der Beratung merken wir täglich und unmittelbar, dass den Arbeitnehmerinnen und Arbeitnehmern seit einigen Jahren ein immer rauerer Wind entgegenweht: Mehr als drei Viertel unserer mehr als zwei Millionen Beratungen sind arbeits- und sozialrechtliche Beratungen – es geht um vorenthaltene Löhne und Gehälter, nicht ausbezahltes Urlaubsgeld, organisierten Sozialbetrug durch Schwarzunternehmer.

Mehr als 225 Millionen vor Gericht erstritten

Hier schalten wir uns ein, und wenn es sein muss, gehen wir auch vor Gericht: Allein so hat die Arbeiterkammer 2003 mehr als 225 Millionen Euro für ihre Mitglieder zurückgeholt. Betriebsräte, Gewerkschafter, wir in der AK – wir wissen, welche Probleme die Arbeitnehmerinnen und Arbeitnehmer haben.

Auch in der Interessenvertretung ist die AK in den vergangenen Jahren zunehmend gefordert: In einer Zeit, wo die Regierung Politik für Unternehmer, Selbstständige und Bauern macht, ist es wichtig, dass die Arbeitnehmerinnen und Arbeitnehmer eine starke Stimme haben. Mehr und sichere Arbeitsplätze durch Investitionen in Straße und Schiene. Steuerentlastungen für die Arbeitnehmer. Endlich Maßnahmen, damit organisierte Schwarzunternehmer die Arbeitnehmer nicht länger um ihre Löhne betrügen. Maßnahmen, damit Beruf und Familie kein Widerspruch sind. Mehr Ausbildungsplätze, damit unsere Jungen was lernen können und gute Chancen für die Zukunft haben. Kein sinnloses Verschleudern und Privatisieren in so wichtigen Bereichen wie der Wasserversorgung, der Bahn, wenn's um die Bildung oder die Gesundheit geht.

Unsere zentrale Forderung an die Regierung: Schafft endlich Arbeit!

Auf dem Arbeitsmarkt ist keine Entspannung in Sicht. Jede vierte Arbeitnehmerin, jeder vierte Arbeitnehmer wird heuer zumindest einmal arbeitslos werden. Es ist zu wenig, wenn die Regierung bloß den dramatischen Anstieg der Arbeitslosigkeit stoppen will. Es bringt auch nichts, wenn Österreich in irgendwelchen internationalen Statistiken gut liegt – die einzig gültige Dimension ist das Los der hunderttausenden Frauen und Männer, die arbeiten wollen, aber keine Arbeit finden. Zusätzlich ist mehr Beschäftigung auch der zentrale Schlüssel für die Finanzierung des Gesundheitssystems. Wir brauchen daher eine Politik für mehr Beschäftigung in Österreich, für mehr Arbeitsplätze.

Unsere Mitglieder vertrauen uns.

Das zeigen regelmäßig unabhängige Umfragen, und das zeigte die wichtigste „Umfrage", nämlich die AK-Wahl 2004 – die Arbeitnehmerinnen und Arbeitnehmer haben die AK gestärkt. Und wir werden, so wie bisher, weiterhin eine starke Stimme für die Arbeitnehmerinnen und Arbeitnehmer sein. Wir sind keine Opposition. Wir beurteilen jede Regierung danach, was sie für die Arbeitnehmer tut.

AK-Wahlen 2004: durch die Zustimmung der ArbeitnehmerInnen gestärkt

Wir von der AK treten in enger Zusammenarbeit mit den Gewerkschaften und den Betriebsräten dafür ein, dass die Arbeitnehmerinnen und Arbeitnehmer nicht nur Rechte haben, sondern auch Recht bekommen.

Brigitte Pellar

Die Arbeiterkammern – das demokratische Plus

Dr. Brigitte Pellar leitet das ÖGB/AK-Institut zur Erforschung der Geschichte der Gewerkschaften und der Arbeiterkammern

Ein Blick auf die Geschichte der Kammern für Arbeiter und Angestellte als Teil der Geschichte der österreichischen Demokratie. Die Anlässe: „85 Jahre erstes AK-Gesetz", „80 Jahre AK-Frauenabteilung" und „60 Jahre Wiedererrichtung der Arbeiterkammern nach ihrer Entrechtung und Abschaffung in der Zeit von Diktatur und Faschismus".

Eine revolutionäre Idee

„Schuld" ist Napoleon. Während der Französischen Revolution, vor mehr als 200 Jahren, setzte das Bürgertum gesetzlich verankerte Institutionen durch, die nur eine Aufgabe hatten: die Interessen der Unternehmer gegenüber dem Staat zu vertreten und für sie „Lobbying" zu betreiben, unabhängig davon, wer gerade an der Regierung war. Mit den Siegen der napoleonischen Armeen verbreitete sich die Idee in ganz Europa. Fast überall entstanden nach und nach solche „Handelskammern", die zumeist bis heute aktiv blieben. In Österreich, wo sie erst mit der Revolution von 1848 durchgesetzt werden konnten, heißen sie jetzt „Wirtschaftskammern".

1848: Handelskammern der Unternehmer ...

... noch keine Chance auf Arbeiterkammern

Die Arbeiter mussten 1848 froh sein, dass sie das Wahlrecht zum Revolutionsparlament erreichten, die von ihnen geforderten Arbeiterkammern fanden keine Gegenliebe. Als sie durch die demokratische Republik dann endlich 1920 doch eingeführt wurden, blieben sie eine österreichische „Spezialität". Denn es entstanden zwar in mehreren Staaten ähnliche Institutionen, aber in Jugoslawien hielten sie sich nicht lange und keine andere erlangte eine vergleichbare Bedeutung. Heute gibt es noch in Bremen, im Saarland und in Luxemburg Arbeiter- und Angestelltenkammern.

Arbeiterkammern als Ersatz für demokratische Wahlen – nein danke

Die kaiserlichen Truppen schlugen die Revolution von 1848 blutig nieder. Die neue Diktatur duldete keine Parlamente, aber die Handelskammern blieben, wenn auch mit stark eingeschränktem Mitspracherecht, bestehen. Nachdem die Länder unter der Herrschaft Kaiser Franz Josephs aber 1867 doch noch eine Verfassung und ein eigenes Parlament erhalten hatten, diskutierten liberale Politiker und Gruppen der jungen Arbeiterbewegung, welche Möglichkeit es geben könnte, die „Habenichtse" (also die Arbeiter und Angestellten) in diesen „Reichsrat" einzubeziehen.

Ein Parlament ohne Arbeiter

Im „Herrenhaus" saßen ohnehin nur vom Kaiser ernannte Adelige und Personen, die für ihre Verdienste ausgezeichnet wurden, aber auch das Abgeordnetenhaus war alles andere als demokratisch organisiert. Es handelte sich um ein „Kurienparlament", in dem bestimmte Gruppen (wie Unternehmer oder Landwirtschaft) eine festgelegte Zahl an Abgeordneten stellen durften. Die Wahlen entschieden nur über die Stärke der Parteien innerhalb dieser Kurien, und die Abgeordneten stellten sich auch nicht einer allgemeinen Wahl, sondern wurden von Landtagen Handelskammern etc. delegiert. Ganz abgesehen davon sorgte das „Zensuswahlrecht" dafür, dass Bürger mit kleinem Einkommen erst gar nicht zur Wahl zugelassen wurden. Arbeiter und Angestellte waren damit automatisch vom Wahlrecht ausgeschlossen und hatten keine parlamentarische Vertretung.

Ein umstrittener AK-Antrag

1872 forderte der „Verein Volksstimme" in einem Memorandum an den Reichsrat die Errichtung von Arbeiterkammern, die auch die Mandatare einer neu zu schaffenden „Arbeiterkurie" entsenden sollten. Das Kurienparlament duldete aber keine Arbeiter in seinen Reihen, sein Ausschussbericht akzeptierte nur die Forderung nach wissenschaftlicher Erforschung der sozialen Lage. Der Antrag auf Errichtung von Arbeiterkammern, den der liberale Abgeordnete August von Plener 1886 stellte, entsprach ebenfalls ganz diesem Geist, die seit der Jahreswende 1888/89 als geschlossene politische Kraft auftretende sozialdemokratische Arbeiterbewegung lehnte ihn deshalb vehement ab. Sie wollte zwar auch keine Arbeiterkammer mit Delegierungsrecht für den Reichsrat, aber demokratische Wahlen und dazu eine gesetzliche Interessenvertretung mit Gewicht. Bei einer Zusammenkunft christlicher Sozialpolitiker 1890 wurden Arbeiterkammern wiederum als Teil eines „berufsständischen" Konzepts angestrebt, also in enger Verschränkung mit der Arbeitgeberseite und nicht als klares Gegenüber zu den Handelskammern.

1907: Männer dürfen demokratisch wählen

Für die Sozialdemokratische Arbeiterpartei und die Freien Gewerkschaften, die ihre „Reichsgewerkschaftskommission" 1893 gründeten, trat die Forderung nach Arbeiterkammern während der folgenden zwei Jahrzehnte in den Hintergrund, denn es wurden alle Kräfte mobilisiert, um die große Wahlrechtskampagne zu einem Erfolg zu machen. 1907 konnte dann der Durchbruch erzielt werden, im Mai dieses Jahres fanden die ersten demokratischen Wahlen für Männer statt.

Mit dem vorläufigen Abschluss der Wahlrechtskampagne war der Weg frei, um die Forderung nach Arbeiterkammern wieder gezielt aufzunehmen, aber die innen- und außenpolitische Entwicklung erlaubte höchstens erste Diskussionsansätze.

Vorboten der demokratischen Republik

Im Inneren Hungerrevolten, die blutig niedergeschlagen wurden, und eine Außenpolitik, die Europa mehrmals an den Rand eines großen militärischen Konflikts brachte, kennzeichneten die Situation am Vorabend des Ersten Weltkriegs. Der Reichsrat wurde noch vor Kriegsbeginn vertagt, das kaiserliche Kabinett regierte bis Ende 1916 autoritär. Die meisten Sozialgesetze waren außer Kraft und die von der Gewerkschaftsbewegung erkämpften Rechte ungültig. Aber bis 1917 änderte sich vieles. Der Mord am Grafen Stürgkh, dem Ministerpräsidenten der Kriegsdiktatur, durch Friedrich Adler, den Sohn des sozialdemokratischen Parteigründers Victor Adler, und der Tod des alten Kaisers Franz Joseph schwächten das Regime. Dazu kamen die russische Revolution, die auch in Österreich eine Friedensbewegung auslöste, und die nationalen Revolutionen in den Ländern Österreich-Ungarns. Der Reichsrat wurde endlich wieder einberufen, aber manche der Abgeordneten waren gleichzeitig schon Mitglieder von Revolutionsregierungen in Prag oder auf der Balkanhalbinsel. Das galt auch für den späteren tschechoslowakischen Staatspräsidenten Thomas Masaryk, der zu den Unterstützern der neuen Initiativen für die Errichtung von Arbeiterkammern zählte.

Kaiserliche Kriegsdiktatur

Die ersten, die 1917 Arbeiterkammern forderten, waren tschechische Sozialdemokraten und die Reichskommission der Freien Gewerkschaften. Sie wollten damit erreichen, dass den Interessen der Arbeitnehmer/-innen bei der Umstellung von der Kriegs- auf die Friedenswirtschaft gleiches Gewicht gegeben würde wie den Unternehmerinteressen. Der erste Entwurf eines demokratischen Arbeiterkammergesetzes wurde dann von Franz Domes, Metallarbeiterobmann und einer der beiden Vorsitzenden der sozialdemokratischen Gewerkschaftskommission, und Karl Renner, dem zukünftigen Staatspräsidenten der österreichischen Republik, vorgelegt. Der Reichsrat konnte das Gesetz aber nicht mehr beschließen. Denn der Staat, dessen Bevölkerung er vertrat, zerfiel Ende Oktober 1918 endgültig.

1917: Wieder Arbeiterkammern gefordert

Gewerkschaft für AK

Die Arbeiterkammern und die erste österreichische Demokratie

In der demokratischen Republik, die am 12. November 1918 ausgerufen wurde, konnte ein Gewerkschafter erstmals als Regierungsmitglied „große Politik" mitgestalten. Ferdinand Hanusch, Spitzenfunktionär der Union der Textilarbeiter und zweiter Vorsitzender der sozialdemokratischen Gewerkschaftskommission, übernahm die Aufgabe des Sozialstaatssekretärs. Bis zum Ende der Koalition aus Sozialdemokraten und Christlichsozialen entstand ein vorbildliches soziales Netz, dessen Beseitigung manche Kreise ab 1921 zu ihrem erklärten Ziel machten. Sie

1918: Demokratische Republik

Moderne Sozialgesetze

nannten das „den revolutionären Schutt wegräumen". Noch aber war es nicht so weit, und das 1919 erstmals wirklich demokratisch – unter Beteiligung der Frauen – gewählte Parlament leistete hervorragende Arbeit. Es verabschiedete nicht nur die bedeutenden Sozialgesetze, sondern bereitete auch eine demokratische Verfassung vor. Deshalb trug es die Bezeichnung „konstituierende Nationalversammlung."

1919: Frauenwahlrecht

Ein besonderes Anliegen der Republikgründer war die Anerkennung der Arbeitnehmerinteressen als gleichberechtigt in der Gesellschaft. Die gesetzliche Grundlage für Kollektivverträge, die Betriebsräte und die Kammern für Arbeiter und Angestellte wurden in diesem Geist geschaffen. Der Entwurf, den das Staatsamt für soziale Fürsorge zum ersten Arbeiterkammergesetz vorlegte, fand von Anfang an breite Zustimmung. Bei der Debatte zur Beschlussfassung am 26. Februar 1920 stritt man sich höchstens darum, wer die Urheberschaft für sich beanspruchen durfte.

Neue ArbeitnehmerInnenrechte

Die Gleichberechtigung der Arbeitnehmeranliegen durch den Staat, die mit der Errichtung der Arbeiterkammern 1920 ausgedrückt wird, gilt in der Arbeiterbewegung als große Errungenschaft. Ein Mandat als „Arbeiterkammermitglied" (heute „Kammerrat") in der Vollversammlung gilt deshalb als Auszeichnung, die gerne öffentlich dokumentiert wird – wie hier bei der Ehrung eines Bergarbeiterfunktionärs im oberösterreichischen Ampflwang.

In der sozialdemokratischen Arbeiterbewegung und bei ihren Sympathisanten/-innen galt die Errichtung der Arbeiterkammern als eine zentrale Maßnahme zum Ausbau der Demokratie. Eine Publikation der Gewerkschaftskommission aus dem Jahr 1924 formulierte diese Überzeugung: „Schon rein äußerlich stellen die ... Kammern für Arbeiter und Angestellte das Symbol der aus rechtloser Knechtung und Bevormundung befreiten und zu gleichberechtigten, über ihr wirtschaftliches und kulturelles Schicksal mit entscheidenden Bürgern eines freien Staates aufgestiegenen Arbeiterklasse dar." Darüber hinaus sahen die Gewerkschafter/-innen in den Arbeiterkammern ein „Schutzschild" für die sozialen Errungenschaften. Sie sollten den „Gewerkschaften ein Apparat sein, die Wirtschaft zu durchleuchten, sozialpolitisch das Gestrüpp gesetzlicher Einrichtungen zu durchdringen und arbeitsrechtlich alles verteidigen zu helfen".

Als Voraussetzung für eine unabhängige Interessenvertretung wurde wie bei den Unternehmerkammern eine demokratische Selbstverwaltung geschaffen, für deren Organe alle Arbeitnehmer/-innen das Wahlrecht besitzen, denen das Gesetz die „Kammerzugehörigkeit" zuerkennt.

1920: AK mit demokratischer Selbstverwaltung

„Pflichtmitgliedschaft" ist Bürgerrecht

Die so genannte „Pflichtmitgliedschaft" ist also in Wirklichkeit ein Bürgerrecht wie die Bürgerschaft in einer politischen Gemeinde. Nur die demokratische Selbstverwaltung in dieser Form, kombiniert mit einer Finanzierung ausschließlich aus Beiträgen der Zugehörigen, garantiert das umfassende Vertretungsmandat gegenüber dem Staat.

Die Vollversammlungen der Arbeiterkammern sollten ursprünglich nur in Sektionen für Arbeiter/-innen und Angestellte gegliedert werden, mit einer Gesetzesnovelle vom 1. Oktober 1920 wurden aber noch Sektionen für die Arbeiter/-innen und für die Angestellten der Verkehrsbetriebe eingerichtet. Am 1. Oktober 1920 beschloss das Parlament auch die österreichische Bundesverfassung – ein Zusammentreffen von symbolischer Bedeutung. Denn die Experten, die den Verfassungstext ausarbeiteten, an ihrer Spitze der bedeutende Jurist Hans Kelsen, und die Männer und Frauen, die sie politisch verhandelten (unter ihnen Ferdinand Hanusch als letzter sozialdemokratischer Vizekanzler der Ersten Republik) hatten zwei Grundsätze vor Augen: Das Mitbestimmungsrecht aller Bürger/-innen, auch der Arbeitnehmer/-innen über das Wahlrecht hinaus sowie klare und faire Spielregeln für die Auseinandersetzung zwischen den unterschiedlichen Interessen in Gesellschaft und Wirtschaft. Diese Grundsätze gelten übrigens auch für die Zweite Republik, da das wiedererstandene demokratische Österreich 1945 die Verfassung der Ersten Republik übernahm.

Verfassung 1920: im Zentrum Fairness

1921: Gleichstellung mit den Handelskammern

Mit der Errichtung der Kammern für Arbeiter und Angestellte und ihrer Gleichstellung mit den Handelskammern 1921 setzte das nun aus Nationalrat und Bundesrat bestehende Parlament einen Schritt, um die Grundsätze der demokratischen Republik zu verwirklichen. Nicht umsonst waren in der Folge die einzigen Phasen der österreichischen Geschichte, in denen die Arbeiterkammern „verstaatlicht" und dann abgeschafft wurden, die Jahre ohne Demokratie 1934 bis 1945.

Käthe Leichter und ihre Kollegen/-innen: Einer „streng wahrhaften Behandlung der Dinge" verpflichtet

1920 musste die AK-Struktur aus dem Nichts aufgebaut werden. So entstanden sieben Kammern für Arbeiter und Angestellte, wobei die Kammer in Wien auch für Niederösterreich zuständig war und ab 1925 auch den „Arbeiterkammerausschuss" im neuen Bundesland Burgenland betreute. Der Büroaufbau und die Vorbereitung der ersten AK-Wahlen begannen schon 1920 – koordiniert von Ferdinand Hanusch, der nach seinem Ausscheiden aus der Regierung diese Aufgabe übernahm. Er prägte von 1921 bis zu seinem Tod 1923 als Direktor der Arbeiterkammer in Wien und Vorsitzender der Arbeitersektion der Vollversammlung die Aufbauphase.

Aufbau der AK-Büros

Die Schwesternkammern übertrugen der AK in Wien die bundespolitische Vertretung, deshalb spielte das Expertenteam im Wiener AK-Büro eine wichtige Rolle. Die AK-Experten/-innen erwarben sich auch bei den Unternehmervertretungen, in den Ministerien und bei den politischen Gegnern bald hohes Ansehen. Sie wollten erreichen, „durch streng wahrhafte Behandlung der Dinge das Verständnis für soziale Probleme auch beim jetzigen Gegner wachzurütteln, Zweifelnde zu überzeugen, manche böse Schlagworte zu töten, die sich dem sozialen Fortschritt entgegenstellen". Wie rasch die Arbeiterkammer an Gewicht gewann, zeigt sich unter anderem daran, dass sie bereits 1921 einen „Arbeitslosenversicherungsbeirat" durchsetzte, dem AK- und Handelskammervertreter angehörten. Dadurch sollte die Kontrolle der Betroffenen über die Verwendung der Mittel sichergestellt werden.

Aufklärung statt Propaganda

Ein auch demokratiepolitisch wichtiger Schritt in der inneren AK-Organisation war die Einrichtung eines Referats für Frauenarbeit im Wiener Büro. Es nahm 1925 unter der Volkswirtschaftsexpertin Käthe Leichter seine Tätigkeit auf und hatte den Auftrag, Grundlagenarbeit zur Verbesserung der Lage der Arbeitnehmerinnen zu leisten. Erstmals in Österreich wurde damit die Situation der arbeitenden Frauen zu einem eigenständigen Forschungsgebiet,

1925: Frauenreferat in Wien unter Käthe Leichter

Gesprächsbereitschaft im Interesse der Arbeitnehmer/-innen

AK-Präsident in Wien wurde nach den Wahlen von 1921 Franz Domes. In Wien und Niederösterreich fanden die AK-Wahlen bereits im Februar 1921 statt und die meisten anderen Bundesländer folgten ebenfalls in diesem Jahr. Nur in Kärnten konnte die AK-Wahl erst 1922 nach der Volksabstimmung über den Verbleib Südkärntens bei Österreich abgehalten werden. Jetzt trat auch der „Österreichische Arbeiterkammertag" erstmals zusammen, der damals allerdings über die Koordination hinaus noch keine besonderen Aufgaben hatte.

1921/1922: erste AK-Wahlen

Die Freien Gewerkschaften waren in allen Bundesländern Wahlsieger, während das Wahlbündnis aus Christlichsozialen und Deutschnationalen wenig Gegenliebe fand. Die seit 1918 als Partei bestehenden Kommunisten konnten ebenfalls einige Mandate erreichen, spielten aber keine besondere Rolle. Die AK-Vollversammlungen waren die einzige Plattform in Österreich, wo demokratische Beschlüsse unter Einbeziehung aller Richtungsgewerkschaften gefasst werden konnten.

Das wichtigste überparteiliche Gesprächsforum bildete aber der „Jugendbeirat" der Arbeiterkammer in Wien, der 1924 gegründet wurde. Dort fasste man sogar noch gemeinsame Beschlüsse, als die Erwachsenen den Weg nicht mehr zueinander finden konnten. Die Jugendorganisationen der sozialdemokratischen und der christlichen Gewerkschaften sowie weitere sozialdemokratische und katholische Jugendorganisationen waren in ihm vertreten – unter anderem durch die beiden Sozialminister/-innen der Zweiten Republik Anton Proksch und Grete Rehor. Das „Jugendparlament" half entscheidend bei der Lehr-

1924: AK-Jugendparlament

lingsschutz- und Unterstützungstätigkeit der AK, vor allem für arbeitslose Jugendliche.

Bei den zweiten AK-Wahlen 1926 – es sollten die letzten bis 1949 sein – brachte der Verzicht auf eine gemeinsame Kandidatur mit den Deutschnationalen den christlichen Gewerkschaften zwar Vorteile, die klare „rote" Mehrheit konnten sie aber nicht gefährden. Die Vorwürfe, die Arbeiterkammern würden als Zentren einer „Fundamentalopposition" gegen die Regierung fungieren, nahmen zu.

Kaltstellen und mundtot machen

Angriffe auf die Demokratie

In der zweiten Hälfte der 1920er-Jahre wurden die Angriffe auf die parlamentarische Demokratie und ihre Institutionen immer heftiger. Die notwendige Sanierung des Staatsbudgets und der Währung war zwar mit Hilfe einer Völkerbundanleihe gelungen (seit damals nannte man den Schilling „Alpendollar"), aber die internationalen Geldgeber hatten rigorose Sparprogramme verordnet. Die Leidtragenden beim Zurückfahren der staatlichen Leistungen waren die Arbeitnehmer/-innen, zumal die bürgerlichen Koalitionsregierungen keinerlei Versuche unternahmen, die Härten wenigstens „sozial abzufedern". Soziale Konfrontation wurde als Normalzustand der Gesellschaft in Kauf genommen.

Arbeitermorde durch Rechtsextreme

Eine einflussreiche Gruppe im bürgerlichen Lager wies – parallel zum aufkommenden Faschismus – der parlamentarischen Demokratie die Hauptschuld an den sozialen Konflikten zu, weil sie der Arbeiterbewegung zu viel Raum geben würde. Die trotz Wahlerfolgen seit 1920 nicht mehr in die Regierungsverantwortung eingebundene Sozialdemokratie wurde zum „Feind Österreichs" erklärt, dessen Ausschaltung auch die Abkehr von der Demokratie rechtfertigte. Paramilitärische Organisationen spielten in der politischen Auseinandersetzung eine immer größere Rolle. Dem im Vergleich friedlichen sozialdemokratischen Schutzbund standen rabiate rechtsextreme Gruppierungen gegenüber, die auch vor einem Mord nicht zurückschreckten. Die Ende der 1920er-Jahre einsetzende Weltwirtschaftskrise ließ die ohnehin hohe Arbeitslosigkeit explosionsartig weiter ansteigen und engte den Spielraum der Staatshaushalte extrem ein. Jetzt sah der rechte Flügel des „bürgerlichen Lagers" seine Zeit für gekommen. Die Freien Gewerkschaften und die von ihnen politisch dominierten Arbeiterkammern gerieten direkt ins Schussfeld.

1930: AK einstimmig gegen „Antiterrorgesetz"

Die Regierungsvorlage zum so genannten „Antiterrorgesetz" machte 1929 den Anfang. Es ging darum, die Gewerkschaftsrechte insgesamt einzuschränken, weshalb es zunächst auch keine Zustimmung der regierungsnahen christlichen Gewerkschaften gab, obwohl sie von einigen Bestimmungen profitieren konnten. Die Stellungnahme, die die Arbeiterkammer in Wien 1930 zur Regierungsvorlage abgab, war dementsprechend negativ und sie wurde trotz der extremen politischen

Spannungen von allen wichtigen Fraktionen mitgetragen. Schließlich stimmten dann die christlichen Gewerkschaften dem Gesetz unter erheblichem Druck aber doch zu.
Als Nächstes war die Arbeiterkammer selbst betroffen. Am 12. Februar 1931, also genau drei Jahre vor dem Bürgerkrieg in Österreich, plante die Regierung Buresch eine Novelle zum Arbeiterkammergesetz, durch die die Eisenbahner und die Postbediensteten die AK-Zugehörigkeit verloren hätten. Auch das Begutachtungsrecht für Landesgesetze sollte praktisch aufgehoben werden. Der Plan wurde nach Protesten der Sozialdemokraten vorerst zurückgestellt, dafür setzte die Regierung die 1931 fälligen AK-Wahlen aus. Die Begründung klang plausibel: Bei mehr als einer Million Arbeitslosen, die ja ihre AK-Zugehörigkeit verloren hatten, wären AK-Wahlen nicht mehr repräsentativ und außerdem durch den Rückgang der AK-Beiträge auch nicht mehr finanzierbar. An eine organisatorische Hilfestellung durch die Behörden wie bei den Wahlen von 1921 war natürlich nicht gedacht. Die Funktionsperiode der Vollversammlung wurde bis zur Beschlussfassung eines neuen AK-Gesetzes verlängert, ein Vorgang, der sich bis Ende 1933 zweimal wiederholte. Damit stand die Rute im Fenster: entweder Zustimmung zu einer verkleinerten und politisch kaltgestellten Arbeiterkammer oder Entzug der Legitimationsbasis für die freigewerkschaftlichen Mehrheiten in den Vollversammlungen.

Über 1 Million Arbeitslose

Druck auf die Selbstverwaltung

Ende der Demokratie – Ende der demokratischen Arbeiterkammern

1933 stand die Demokratie nur noch auf dem Papier. Die Sozialdemokraten waren trotz ihres Erfolgs bei den Nationalratswahlen 1930 in Opposition geblieben. Die Regierungsumbildung 1932 hatte dann den zu erwartenden Rechtsruck gebracht. In der neuen Regierung Dollfuß saßen auch Heimwehrleute, also Repräsentanten einer Organisation, die die parlamentarische Demokratie ablehnte. Die Gelegenheit, das Parlament endgültig auszuschalten, bot sich am 1. März 1933. Bei einer Abstimmung über Sanktionsmaßnahmen nach einem Eisenbahnerstreik wurde der Nationalrat vorübergehend handlungsunfähig, weil die drei Nationalratspräsidenten wegen der knappen Mehrheiten zurücktraten, um ihre Fraktionen zu stärken. Die Regierung verhinderte seine Wiedereinberufung mit Polizeigewalt, und Bundeskanzler Dollfuß regierte ab sofort mit Hilfe von „Notverordnungen“. Im folgenden Jahr wurde der Plan zur Zerschlagung des demokratischen Systems konsequent weiter verfolgt.

1. März 1933: Ausschaltung des Parlaments

Im Herbst 1933 startete die Regierung Dollfuß die Initiative zur Abschaffung der Arbeiterkammern als autonome demokratische Selbstverwaltungseinrichtungen. Am 19. September 1933 erklärte Sozialminister Richard Schmitz, „dass ein Fortbestand der bisherigen Arbeiterkammern im Hinblick auf das bereits einsetzende große Werk der Neuordnung unserer Gesellschaft nicht in Frage" komme. Gegen Jahresende ging es dann Schlag auf Schlag. Am 21. Dezember wurde per Notverordnung bestimmt, dass die gewählten Vollversammlungen durch von der Regierung eingesetzte „Verwaltungskommissionen" abgelöst werden sollten.

Verwaltungskommission statt gewählter Vollversammlung

Das vorgesehene Vorschlagsrecht der Richtungsgewerkschaften an den Sozialminister für die Berufung in diese Kommission empfanden die oppositionellen Betroffenen als Verhöhnung, denn die Verordnung legte genau fest, welche Fraktion wie viele Mandate zu bekommen hatte. Die Zuordnung der Mandate entsprach dabei in keiner Weise den tatsächlichen politischen Kräfteverhältnissen – die Sozialdemokraten wurden benachteiligt, die Heimwehrgewerkschaften aufgewertet. Nachdem der Bund der Freien Gewerkschaften, was natürlich einkalkuliert war, seine Weigerung erklärt hatte, die „Verstaatlichung" und politische Umfärbung der AK-Vollversammlungen zu akzeptieren, erfolgte am 31. Dezember die amtliche Mitteilung: „Die vor zwei Jahren abgelaufenen und seither zweimal verlängerten Mandate erlöschen vollkommen."

AK-Präsidenten abgesetzt

Am 2. und 3. Jänner 1934 enthob das Regime die gewählten Arbeiterkammerpräsidenten ihrer Funktion. Sie mussten ihren Platz für die Vorsitzenden der Verwaltungskommissionen räumen, die nachträglich manchmal entgegen der Realität als „AK-Präsidenten" bezeichnet wurden. Die Kontrolle von oben wurde durch staatliche „Aufsichtskommissäre" zusätzlich verschärft. Sie hatten zum Beispiel das Recht, Sitzungen von sich aus einzuberufen, die Tagesordnung zu bestimmen und Entscheidungen der Verwaltungskommission außer Kraft zu setzen.

Staatliche Aufsichtskommissäre

Protest in den Betrieben – „Säuberungen" in den AK-Büros

Erstaunlich war der Widerstand, der sich trotz der Bedingungen einer Halbdiktatur gegen die Gleichschaltung und Entdemokratisierung der Arbeiterkammern erhob. Vom 2. bis zum 24. Jänner 1934 kam es in ganz Österreich zu heftigen Protesten, an denen 171.178 Beschäftigte aus 1.112 Betrieben beteiligt waren. Beachtet wurden sie ebenso wenig wie Stimmen aus dem westlichen Ausland, die vor dem „autoritären Kurs" warnten.

Der Protest wird ignoriert

Im Gegenteil: Regierung und Heimwehren provozierten weiter, bis sich Teile des bereits verbotenen sozialdemokratischen Schutzbunds und damit auch viele Mitglieder der Freien Gewerkschaften und etliche AK-Angestellte am 12. Februar 1934 mit der Waffe in der Hand zur Wehr setzten. Die Vorgangsweise des siegreichen Regimes war brutal und konsequent. Neun gezielte Todesurteile dienten der Abschreckung, auch Josef Stanek, Sekretär der Kammer für Arbeiter und Angestellte in Graz, starb am Galgen.

Die Säuberungswelle in den AK-Büros begann schon vor dem 12. Februar. Sie betraf vor allem leitende Angestellte, die als Verbindungsleute zu den Freien Gewerkschaften galten. Käthe Leichter und Fritz Brügel, der Leiter des Bereichs Öffentlichkeitsarbeit – Bildung – Bibliothek in Wien, kündigten ihr Dienstverhältnis freiwillig. Das nutzte ihnen aber nichts, die Selbstkündigung wurde nachträglich in eine Entlassung umgewandelt. Eine zweite Entlassungswelle folgte nach den Februarkämpfen. Alle AK-Mitarbeiter/-innen, die sich auf sozialdemokratischer Seite an den Kämpfen beteiligt hatten, wurden entlassen, nicht ohne schon vorher die Bezüge um 50 Prozent zu kürzen.

„Fristlose" für politische Gegner

Die „neue Arbeiterkammer" als Instrument des Ständestaat-Regimes

Das Regime redete von der „neuen Arbeiterkammer" und nutzte deren Kapazitäten. Als noch im Februar 1934 auch die Freien Gewerkschaften aufgelöst und verboten und die sozialdemokratischen Betriebsratsmitglieder abgesetzt wurden, mussten die Arbeiterkammern einspringen, bis regierungskonforme Einrichtungen geschaffen waren. Ihre Verwaltungskommissionen hatten interimistisch die neuen Betriebsräte zu bestellen, bis die unabhängigen betrieblichen Interessenvertretungen in „Werksgemeinschaften" umgewandelt worden waren, die unter dem Vorsitz des Unternehmers oder eines Managers zu tagen hatten. Mit dem Verbot der Freien Gewerkschaften verloren auch die von ihnen abgeschlossenen Kollektivverträge ihre Gültigkeit und die AK wurde zum Kollektivvertragspartner, bis es am 2. März 1934 zur Errichtung der „Einheitsgewerkschaft" kam.

Der „Gewerkschaftsbund der österreichischen Arbeiter und Angestellten", wie die „Einheitsgewerkschaft" mit voller Bezeichnung hieß, war eine per Verordnung des Sozialministers eingerichtete Staatsgewerkschaft, neben der es keine andere Arbeitnehmervertretung geben durfte. Die „neuen Arbeiterkammern" verloren jetzt den letzten Rest ihrer Eigenständigkeit. Sie wurden der „Einheitsgewerkschaft" unterstellt und fungierten auf Bundes- und Landesebene als ihre Geschäftsstellen. Damit verloren auch die Eisenbahner und Postbediensteten ihre AK-Zugehörigkeit, denn für alle im Bereich des öffentlichen Dienstes, in Staatsunternehmen und in der Landwirtschaft Beschäftigten wurde die Stände-Ideologie sofort umgesetzt, das heißt, die Arbeitnehmer/-innen waren dort mit dem Arbeitgeber in einer Organisation zusammengefasst. Auch die „Einheitsgewerkschaft" sollte ja nur die „Eingliederung" der Arbeiter und Angestellten „in den berufsständischen Aufbau der Gesellschaft vorbereiten". Ab 1. Mai 1934, als die Dollfuß-Regierung die demokratische Verfassung durch eine „Ständeverfassung" ersetzte, war der „berufsständische Aufbau der Gesellschaft" dann deklariertes Staatsziel.

1934: Geschäftsstellen der Staatsgewerkschaft

Ständeideologie bestimmt Arbeitnehmerpolitik

In den Fängen von Hitlers Terrornetzwerk

Der „Ständestaat" hielt gerade vier Jahre, dann musste Bundeskanzler und „Frontführer" Kurt Schuschnigg, der dem von Nationalsozialisten

10. April 1938: Die Nationalsozialisten demonstrieren ihre Machtübernahme auch am Gebäude der Staatsgewerkschaft und der „Neuen AK" der Ständestaat-Diktatur in Linz. Es wird wie in ganz Österreich der „Deutschen Arbeitsfront" zugeschlagen.

ermordeten Engelbert Dollfuß nachgefolgt war, dem Druck Hitler-Deutschlands weichen. Die Strategie, den Teufel mit dem Beelzebub auszutreiben, hatte nichts gebracht. Die Demokratie zu zerstören und die Feinde Hitlers in der Arbeiterbewegung zu verfolgen, war das falsche Rezept gewesen, um eine nationalsozialistische Machtübernahme zu verhindern. Es führte aber unter anderem dazu, dass die Informationen, die die Geheimpolizei der Ständestaat-Diktatur über Regimegegner zusammengetragen hatte, Hitlers Geheimer Staatspolizei nach dem Einmarsch der Deutschen Wehrmacht im März 1938 geschlossen in die Hände fielen. Zwei Persönlichkeiten, die von großer Bedeutung für die Geschichte der Arbeiterkammer sind, standen weit oben auf diesen Listen: Käthe Leichter und Karl Mantler.

Käthe Leichter ermordet

Käthe Leichter, die ab 1934 für die illegale sozialistische Bewegung gearbeitet hatte, war als Jüdin doppelt gefährdet und wurde 1942 in der Nähe des Konzentrationslagers Ravensbrück ermordet. Der Lebensmittelarbeiter Karl Mantler hatte ab 1935 als Vorsitzender des illegalen Bundes der Freien Gewerkschaften im Untergrund eine führende Rolle gespielt und überlebte das Konzentrationslager mit schweren Gesundheitsschäden. Er baute nach 1945 als Präsident der Wiener Arbeiterkammer und des Österreichischen Arbeiterkammertags zusammen mit Johann Böhm als Präsident des neuen Österreichischen Gewerkschaftsbunds das System der Arbeitnehmerinteressenvertretung in der Zweiten Republik auf. Selbstverständlich blieben auch die Spitzenleute der „Einheitsgewerkschaft" und der „neuen Arbeiterkammer" nicht verschont, die keine Nazis waren und sich ihnen nicht anbiederten. Das prominenteste Opfer war Johann Staud, Präsident des Staatsgewerkschaftsbunds und Vorsitzender der Verwaltungskommission der „neuen AK" in Wien. Er überlebte das Konzentrationslager nicht.

Karl Mantler überlebt Konzentrationslager

Johann Staud ermordet

Die Liquidation der „neuen Arbeiterkammer" durch die Nationalsozialisten

März 1938: Nazis übernehmen die AK

Die „Einheitsgewerkschaft" und die „neue Arbeiterkammer" wurden nach der Machtübernahme durch die Nationalsozialisten in allen Bundesländern Vertrauensleuten des neuen Regimes unterstellt. In Wien setzten die Nazis als „kommissarischen Leiter" für beide Institutionen Josef Lengauer ein, seit 1934 stellvertretender Vorsitzender des AK-Verwaltungsausschusses und Vizepräsident des Staatsgewerkschaftsbunds. Als Erster Sekretär der Arbeiterkammer und Generalsekretär der Einheitsgewerkschaft fungierte Dr. Karl Wenzl, seit 1935 Abteilungsleiter für Arbeitsrecht in der „neuen AK". Die von den neuen Herren bestimmten „Aufsichtskommissäre" hatten nicht nur in allen Personalfragen das letzte Wort, sondern zeichneten vor allem auch für die Überführung von Staatsgewerkschaftsbund und „neuer Arbeiterkammer" in die „Deutsche Arbeitsfront" de facto verantwortlich. Dabei ging es so gut wie ausschließlich darum, der DAF das Vermögen der Ständestaat-Institutionen zuzuschanzen, das diese wiederum aus den zerstörten demokratischen Einrichtungen kassiert hatten. Sobald diese Arbeit erledigt war, wurde die Liquidierung durchgeführt.

Am 13. Juni 1938 ordnete der „Stillhaltekommissar für Österreich" die Liquidierung von Staatsgewerkschaftsbund und „neuer AK" an, die Auflösungsbescheide wurden dann am 27. Juni ausgefolgt, das Dienstverhältnis der AK-Mitarbeiter/-innen endete mit 30. Juni 1938. Auch die Handelskammern, deren Integration in den „Ständestaat" unter Wahrung der Unternehmerinteressen möglichst schonend vollzogen worden war, mussten Teile ihres Vermögens zur DAF transferieren, deren riesiges Freizeit- und Kulturprojekt „Kraft durch Freude" Unsummen verschlang.

Nur noch „Deutsche Arbeitsfront" mit Führerprinzip

Zum Unterschied von der österreichischen Ständestaat-Diktatur gab es unter der nationalsozialistischen Herrschaft überhaupt keine Arbeitnehmer/-innenvertretung, auch keine gleichgeschaltete und von oben kontrollierte. In der DAF herrschte das blanke Führerprinzip: Unternehmer oder Management hatten als „Betriebsführer" das Sagen, die Belegschaft hatte als „Gefolgschaft" zu parieren.

Die Arbeiterkammern und der Wiederaufbau der Demokratie in der Zweiten Republik

Als Österreich nach der Niederlage Hitler-Deutschlands 1945 die Chance erhielt, wieder einen eigenen demokratischen Staat aufzubauen, knüpfte man ganz bewusst an die Verfassung der Ersten Republik an. Arbeiterkammern mit autonomer Selbstverwaltung zählten dabei zu den ersten Institutionen der österreichischen Demokratie, die wiedererstanden. Am 20. Juli 1945, genau ein Jahr nach dem Scheitern der größten organisierten Widerstandsaktion gegen die NS-Herrschaft, verabschiedete die provisorische Staatsregierung unter Karl Renner das Gesetz zur Wiedererrichtung der Arbeiterkammern. Es galt allerdings am Anfang nur in der sowjetischen Besatzungszone in Ostösterreich und konnte deshalb zunächst nur als Grundlage für die Konstituierung der Vollversammlung der Arbeiterkammer für Wien,

Ein Vertreter der amerikanischen Besatzungsmacht übergibt Johann Webersdorfer als „Kommissarischen Leiter" am 11. August 1945 den Schlüssel für das AK-Gebäude in Salzburg. Die provisorische Konstituierung der AK Salzburg erfolgt noch ohne Berufung auf das AK-Gesetz der provisorischen Staatsregierung in Wien. Die Eröffnungssitzung findet zwei Tage später im Mozarteum statt.

20. Juli 1945: Gesetz zur Wiedererrichtung demokratischer Arbeiterkammern

Niederösterreich und das Burgenland am 25. August 1945 im Wiener Konzerthaus dienen. Die AK-Gründungsversammlung im Salzburger Mozarteum am 11. August 1945 berief sich auf das Arbeiterkammergesetz von 1920, da die amerikanische Besatzungsbehörde alles, was aus der Sowjetzone kam, verbot. Unter ähnlichen Voraussetzungen erhielten Tirols Arbeitnehmer/-innen im Oktober 1945 von ihrer französischen Militärverwaltung die Genehmigung, mit dem Wiederaufbau einer Kammer für Arbeiter und Angestellte zu beginnen.

Der Alliierte Rat ließ sich mit der Anerkennung bis zum 31. Dezember 1945 Zeit. Jetzt stimmten auch die drei Westmächte zu, nachdem die Nationalratswahl im November 1945 die antikommunistische Grundstimmung der Mehrheit der Bevölkerung bewiesen hatte.

Das zerstörte AK- und Gewerkschaftsgebäude in Klagenfurt 1945. Als Sitz von NS-Dienststellen und dazu meistens in Bahnhofsnähe gelegen, sind die früheren Häuser der Arbeitnehmerinteressenvertretungen vom Bombenkrieg besonders betroffen. AK und ÖGB bekommen vielfach nur Ruinen zurück.

Es war aber nicht nur der beginnende „Kalte Krieg" zwischen den Supermächten, der die Anerkennung des AK-Gesetzes der Regierung Renner erschwerte. Vielfach sahen die Westeuropäer in den Arbeiterkammern auch Überbleibsel eines undemokratischen „korporatistischen" Systems aus dem Ständestaat – eine Vorstellung, die übrigens in der politikwissenschaftlichen Diskussion noch lange herumgeisterte. Es sei hier angemerkt, dass vor allem die Briten der Gründung des Österreichischen Gewerkschaftsbunds ähnlich reserviert gegenüberstanden. Eine überparteiliche, einheitliche, vergleichsweise wenige Großgewerkschaften umfassende Organisation, wie sie im April 1945 in Österreich entstand, war weit von dem entfernt, wie man sich in Großbritannien eine Gewerkschaft vorstellte. Und auch in diesem Fall bestand zusätzlich der Verdacht einer kommunistischen Unterwanderung.[1]

Der ÖGB und die Wiedererrichtung der demokratischen Arbeiterkammern

Bis Juli 1946: in allen AK Vollversammlungen

Das Vorhandensein einer anerkannten unabhängigen und überparteilichen Gewerkschaftsorganisation war die entscheidende Voraussetzung für die Konstituierung der ersten AK-Vollversammlungen, die bis Juli 1946 in allen Bundesländern vollzogen war. Denn die Kammermitglieder, die Mandatare in der Vollversammlung, wurden bis 1948 vom Sozialminister auf Vorschlag des ÖGB bestellt, da noch keine Möglich-

[1] Genaueres dazu im Beitrag „Der ÖGB – ein Teil von Österreich", Kapitel „Teil der österreichischen Identität".

Aufbauhilfe durch ÖGB

keit zum Abhalten von AK-Wahlen bestand. Die ersten AK-Präsidenten waren gleichzeitig Vorsitzende oder Sekretäre der Landesexekutiven des ÖGB. Das galt auch für die Arbeiterkammer in Wien, wo aber der erste ÖGB-Generalsekretär Karl Krisch die Funktion des AK-Präsidenten nur so lange ausübte, bis Karl Mantler wieder nach Österreich zurückkehren konnte.

Karl Mantler kandidierte dann 1949 sehr erfolgreich bei den ersten AK-Wahlen in der Zweiten Republik. Diese ersten AK-Wahlen fanden schon für neun Länderkammern statt, denn 1948 konnten Niederösterreich und das Burgenland ihre eigenen Arbeiterkammern errichten. 1948 trat auch der erste ÖGB-Bundeskongress zusammen, nachdem zuvor alle Gewerkschaftstage abgehalten worden waren.[2] Da die wahlwerbenden Gruppen bei den AK-Wahlen großteils mit den verschiedenen politischen Richtungen im ÖGB identisch waren und sind, bildeten die grundlegenden Beschlüsse über Aufbau und Struktur der österreichischen Gewerkschaftsbewegung eine entscheidende Voraussetzung für demokratiepolitisch unbedenkliche Wahlentscheidungen bei der AK-Selbstverwaltung.

Konstituierung der AK Niederösterreich am 6. Oktober 1948. Da auch im Burgenland eine eigene gesetzliche Vertretung der Arbeitnehmer/-innen entsteht, gibt es von diesem Jahr an in jedem österreichischen Bundesland eine eigene Kammer für Arbeiter und Angestellte.

AK und ÖGB: Der demokratisch organisierte Verstärkereffekt

Die Errichtung von Arbeiterkammern neben einer ohnehin bestehenden Gewerkschaftsbewegung war von Anfang an nicht ganz unumstritten. Bis heute kann man immer wieder die Frage hören: Ist es wirklich notwendig, dass sich Österreich zwei überbetriebliche Arbeitnehmerinteressenvertretungen leistet?"

AK in Frage gestellt

Die einen meinen, man solle auf die Arbeiterkammern verzichten, in anderen Ländern würden die Gewerkschaften auch ohne eine solche Einrichtung erfolgreich sein. Das trifft aber nur in Ausnahmefällen zu, etwa in Schweden, wo es eine lange Tradition der Zusammenarbeit zwischen Gewerkschaften und Staat gibt. Für Österreich wäre die Konsequenz auf jeden Fall klar, wie der damalige AK-Präsident Adolf Czettel, der aus den Reihen der Metallarbeiter kam, 1987 erklärte: „In den Ländern, die man mit Österreich vergleichen kann und die keine Arbeiterkammern kennen, müssen eben die Gewerkschaften eine große Anzahl von Experten beschäftigen. ... Wäre das auch bei uns so, dann

Nachteil für Gewerkschaften

[2] Genaueres dazu im Beitrag „Der ÖGB – ein Teil von Österreich", Kapitel „Teil der österreichischen Identität".

Informationsbroschüre über das 1980 fertig gestellte neue AK- und ÖGB-Gebäude in Eisenstadt. In den meisten Bundesländern sind die AK und die Landesorganisation des ÖGB unter einem gemeinsamen Dach für die Arbeitnehmer/-innen tätig.

wäre das Geld erheblich knapper, die Schlagkraft der Gewerkschaften wäre deutlich geringer."

Andere Gegner der AK wollten die „Pflichtmitgliedschaft" abschaffen, also die gesetzliche Festlegung, wer automatisch AK-zugehörig ist. Das würde zu einer Art staatlichen Gegengewerkschaft führen, ist aber im österreichischen Verfassungsrecht ohnehin nicht vorgesehen, weil es keine Kammern in Selbstverwaltung ohne „Pflichtmitgliedschaft" geben kann. Repräsentative demokratische Wahlen wären dann natürlich auch nicht mehr möglich.

Keine staatliche Gegengewerkschaft

Eine dritte Gruppe hält den ÖGB für überflüssig, wenn es ohnehin Arbeiterkammern und die Personalvertretung für den öffentlichen Dienst gibt. Das würde auf ein Gewerkschaftsverbot hinauslaufen und daher gegen die Grund- und Menschenrechte im demokratischen Österreich verstoßen. Denn sie alle sehen Vereinsfreiheit und darüber hinaus das Recht der Arbeitnehmer/-innen vor, sich freiwillig und ohne staatlichen Eingriff zu Gewerkschaften zusammenzuschließen.[3]

Angriffsziel: Stärke der Interessenvertretung

Es drängt sich der Verdacht auf, dass die meisten der erwähnten Kritiker eine starke Vertretung der Arbeitnehmerinteressen stört. Denn sie hatten nie Bedenken, wenn die Unternehmer und die freien Berufe den „Verstärkereffekt" zwischen gesetzlicher und freiwilliger Interessenvertretung schon lange nutzten, bevor Österreich ein demokratischer Staat wurde und auch die Arbeitnehmerseite diese Chance bekam. „Die Arbeiterkammern werden mit den Gewerkschaften und den Betriebsräten zusammen einen bedeutsamen demokratisch organisierten wirtschaftlichen Block bilden" – mit diesen Worten steckte Anton Hueber, der Sekretär der freigewerkschaftlichen Reichsgewerkschaftskommission, in der Diskussion um das erste AK-Gesetz 1920 das Ziel ab. Erreicht wurde es erst in vollem Umfang in der Zweiten Republik, die die Einbeziehung der Arbeitnehmer/-innenvertretungen in die politische Gestaltung wieder als Grundprinzip einführte und bis zum neoliberalen Bruch gegen Ende des 20. Jahrhunderts über alle politischen Veränderungen hinweg beibehielt.

Der erfolgreiche Doppelpass

„So wie zwei gute Fußballer durch einen gelungenen Doppelpass Erfolge erzielen, so könnte man auch das Zusammenspiel von Arbeiterkammer und Gewerkschaft sehen." Mit diesem Beispiel beschrieb Lore Hostasch,

[3] Mehr zu Staatsunabhängigkeit und Gewerkschaftsbewegung im Beitrag „Der ÖGB – ein Teil von Österreich", Kapitel „Immer NGO – nie „Regierungsgewerkschaft".

Vollversammlung der Wiener Arbeiterkammer im Rathaussaal im September 1949. Am Rednerpult: Präsident Karl Mantler von der Gewerkschaft der Lebens- und Genussmittelarbeiter, 1935 bis 1938 Vorsitzender des illegalen Bundes der Freien Gewerkschaften Österreichs.

zuvor Vorsitzende der Gewerkschaft der Privatangestellten, als neu gewählte AK-Präsidentin Ende 1994 die Aufgabenteilung und Zusammenarbeit zwischen der gesetzlichen Arbeitnehmerinteressenvertretung und der Gewerkschaftsorganisation.

Die Zeit ab 1987 war, um im Bild zu bleiben, durch Versuche gekennzeichnet, den „erfolgreichen Doppelpass" zu verhindern. Trotzdem gelang es gerade in dieser Phase, die Kooperation zwischen AK, ÖGB und Betriebsräten als gesetzlichen Auftrag für die Arbeiterkammern zu verankern. Die öffentliche Meinung zielte manchmal in die gegenteilige Richtung: Über die Medien wurde der AK die Empfehlung ausgerichtet, sie solle sich doch „aus der Umklammerung durch den ÖGB" lösen. Herbert Tumpel, Hostasch-Nachfolger als AK-Präsident in Wien und für Österreich ab 1997 und zuvor Leitender Sekretär des ÖGB, kommentierte diese „Empfehlungen" trocken: „Die Arbeiterkammer ist eine eigenständige Organisation. Wir werden aber wie in der Vergangenheit den Kurs des fruchtbaren Zusammenwirkens von Gewerkschaften und Arbeiterkammern fortsetzen."

1992: Zusammenarbeit AK-ÖGB auf gesetzlicher Grundlage

Der Beitrag zum demokratischen Fortschritt

Ferdinand Hanusch umriss 1920 die Aufgaben der AK – als Teil des demokratischen Systems auch für das Jahr 2005 noch gültig: „(Sie werden) zusammenfassend alle wirtschaftlichen Forderungen der Arbeiter und Angestellten als produzierende und konsumierende Bürger im Staate zu verfechten haben." Karl Korinek, seit 2004 Präsident des österreichischen Verfassungsgerichtshofs, erläuterte mehr als 70 Jahre später die Funktion der Kammern in Selbstverwaltung nicht viel anders. Sie hätten die Aufgabe, „die möglicherweise widerstreitenden Interessen ihrer Mitglieder im internen Bereich aufeinander abzustimmen und nach außen hin in allen Angelegenheiten eine gemeinsame Stellungnahme zu beziehen".

Interner Interessenausgleich

Erste Jungbürgerfeier Österreichs in der Sporthalle in Bregenz 1947 in Anwesenheit von Bundespräsident Karl Renner (Mitte) und Vorarlbergs AK-Präsident Anton Lindner (links). Die Jungbürgerfeiern sind eine AK-Idee, um die Jugendlichen nach dem Faschismus wieder an den demokratischen Staat heranzuführen.

Auf dieser Grundlage leisteten die gewählten Mitglieder der AK-Selbstverwaltungen, die die interessenpolitischen Grundsatzentscheidungen beschließen und tragen, und die AK-Experten/-innen mit ihrem fachlichen Wissen und ihrer politischen Verhandlungserfahrung einen Beitrag zur Ausformung der Zweiten Republik, dessen Umfang wohl erst in Zukunft erkennbar sein wird. Und sie leisteten diesen Beitrag, das ist eine entscheidende Tatsache, unabhängig davon, wie sich die Regierung zusammensetzte und wie das Kräfteverhältnis im Nationalrat aussah. Der Bogen der interessenpolitischen Intervention reichte von der Mitarbeit in den offiziellen Beiräten der Regierung über laufende informelle Kontakte mit den Ministerien bis zur Beratung der Ausschüsse des Nationalrats. Ob es sich um das Allgemeine Sozialversicherungsgesetz handelt, das noch im Jahr des Staatsvertrags 1955 beschlossen wurde, oder um das Berufsausbildungsgesetz, das in den Jahren der ÖVP-Alleinregierung unter Bundeskanzler Josef Klaus 1969 erreicht werden konnte, ob es das Arbeitsverfassungsgesetz von 1973 aus der Zeit der SPÖ-Alleinregierungen unter Bruno Kreisky war oder die Erhöhung des Mindesturlaubs, die während der SPÖ-FPÖ-Koalition 1983/84 umgesetzt wurde, oder ob eine modernere Gewerbeordnung durchgesetzt werden konnte, wie 1992 unter der SPÖ-ÖVP-Koalition – immer tragen die Bestimmungen, die für Arbeitnehmer/-innen wesentlich sind, auch die Handschrift der AK-Verhandler/-innen.

Verhandlungserfolge

Die Mitwirkung der Vertreter/-innen von Arbeiterkammer und Wirtschaftskammer im politischen Entscheidungsprozess wurde gerne als „Nebenregierung der Sozialpartner" und „Aushöhlung der parlamentarischen Rechte" angegriffen. Das ist schon deshalb falsch, weil kein Gesetz ohne Debatte und Beschlussfassung im Nationalrat Gültigkeit erlangen kann. „Die Alternative wäre" außerdem „eine Unzahl von kleinen Interessengruppen, die mit einer Unzahl von Petitionen und Lobbyisten das Parlament vor schwer zu lösende Koordinationsprobleme stellen

Einflusschance für Arbeitnehmer

würde und überdies die Interessen der zahlungskräftigeren Gruppen noch stärker dominieren ließe", stellte der Volkswirtschafsprofessor Gunter Tichy von der Universität Graz vor einiger Zeit fest. Darüber hinaus zeigt sich die Qualität einer Demokratie auch dadurch, dass einzelne Bürger/-innen, aber auch Institutionen offen und aktiv für ihre Ziele eintreten können, ohne dafür mit Sanktionen rechnen zu müssen. Der „offene Lobbyismus", bei dem man weiß, wer in den Verhandlungen welche Interessen vertritt, ist deshalb gegenüber einem „verdeckten Lobbyismus", wie er zum Beispiel in den USA praktiziert wird, ein Mehr und kein Weniger an Demokratie.

Offener Lobbyismus

Ein ununterbrochener Reformprozess

Demokratische Institutionen sollten sich durch die Fähigkeit auszeichnen, neuen gesellschaftlichen Voraussetzungen zu entsprechen und Fehlentwicklungen zu korrigieren, ohne die Grundsätze zu verleugnen, unter denen sie in die Geschichte eingetreten sind. Das gilt auch für die Kammern für Arbeiter und Angestellte. Das Arbeiterkammergesetz wurde mehrmals den veränderten Rahmenbedingungen und neuen Voraussetzungen angepasst – zumeist auf Initiative der AK-Organe. Die zwei größten Reformschritte fanden 1954 und 1992 statt.

1993 erhält die AK Tirol das Landeswappen verliehen, Festredner ist Bischof Stecher. Die Bresche zur Aussöhnung zwischen der katholischen Kirche und den Interessenvertretungen der Arbeitnehmer/-innen hat schon fast drei Jahrzehnte zuvor Wiens Erzbischof Kardinal Franz König geschlagen.

Das Arbeiterkammergesetz 1954 veränderte vor allem Aufgabenstellung und Organisation der AK-Organe und die Bestimmungen über die AK-Zugehörigkeit aufgrund der Erfahrungen seit 1945, weiter wurde das Wahlrecht ausgeformt. Das AKG 1992 brachte grundlegende Reformen hinsichtlich Kontrolle, Mitsprache- und Informationsmöglichkeit der Arbeitnehmer/-innen, Wahlrecht und Aufgabenstellung.

Für das gesamte Bundesgebiet erhielt der „Österreichische Arbeiterkammertag" den Status einer Körperschaft öffentlichen Rechts wie die einzelnen Länderkammern. Seit damals gibt es also, wie bei der Wirtschaftskammer, auch eine eigene Österreich-Kammer für Arbeitnehmer/-innen – mit einem entscheidenden Unterschied: Die Arbeiterkammer für Österreich hat kein teures eigenes Büro mit einem eigenen Expertenstab, diese Aufgabe erfüllt nach wie vor das Büro der AK Wien zusätzlich zu seiner Verpflichtung, für die Arbeitnehmer/-innen des Bundeslands Wien tätig zu sein. Mit dem AKG 1992 erhielt der Arbeiterkammertag dann die Bezeichnung „Bundeskammer für Arbeiter und Angestellte" oder „Bundesarbeitskammer". Es blieb aber nicht bei der Namensänderung, auch die Kompetenzen wurden

AKG 1954/1992: Bundesebene bei der AK aufgewertet

erweitert: Die gesamtösterreichischen Organe können zum Beispiel für alle Bundesländer verbindliche Rahmenrichtlinien über Rechtsschutztätigkeit oder Funktionsgebühren und Pensionen beschließen.

Fachausschüsse mit Gewerkschaften

1954 erhielten die Selbstverwaltungen der Länderkammern mit den Fachausschüssen ein zusätzliches Organ. Sie gingen aus den Gehilfenausschüssen der Genossenschaften hervor, den schon seit der Monarchie bestehenden ersten gesetzlichen Arbeitnehmerinteressenvertretungen in Österreich. Die Gehilfenausschüsse umfassten aber nur Facharbeiter und Handelsangestellte und konnten deshalb dem Anspruch einer umfassenden Interessenvertretung nicht mehr genügen, so wichtig ihre Funktion vor allem für die berufliche Aus- und Weiterbildung blieb. Diese Funktion übernahmen die AK-Fachausschüsse, die auf Antrag der zuständigen Gewerkschaft durch den AK-Vorstand eingerichtet werden. Der Tätigkeit der Fachausschüsse ist es zum Beispiel zu verdanken, dass es seit 1987 eine anerkannte Lehrausbildung für Berufskraftfahrer gibt oder dass das Kursprogramm für Angestellte unter dem Titel „Der weiße Rabe" zum Markenzeichen für berufliche Weiterbildung wurde.

Bei der Neuregelung der AK-Zugehörigkeit kam es 1954 vor allem zu großen Veränderungen im Bereich des öffentlichen Diensts. Bisher war die Pragmatisierung Ausschließungsgrund gewesen, jetzt wurde entscheidend, ob man bei der Hoheitsverwaltung beschäftigt ist, und auch Bundes- und Landeslehrer verloren die AK-Zugehörigkeit. Mit der beginnenden Entstaatlichungspolitik änderte sich die Situation ab Mitte der

Entstaatlichung: neue Gruppen kommen zur AK

1990er-Jahre allerdings wieder, im Jahr 2005 sind zum Beispiel Universitätsangestellte durch die Ausgliederung der Hochschulen wieder bei der AK. Seit 1992 behalten erstmals in der Geschichte auch Arbeitslose unter bestimmten Voraussetzungen ihre AK-Zugehörigkeit. Unverändert blieb immer, dass die Staatsbürgerschaft keine Rolle spielt.

Durch das AKG 1954 wurde vor allem auch die seit 1921 bestehende Organisation der Vollversammlungen verändert. Man verzichtete auf die Sektionen für Arbeiter, Angestellte und Verkehrsbedienstete mit eigener Geschäftsführung und eigenen Vertretungsorganen, die bisher das Plenum der Vollversammlung beschickten. Sie wurden zu „Wahlkörpern"

Organisation der AK-Wahl

umgewandelt, in denen die Wahl der „Kammerräte", wie die Mandatare ab jetzt hießen, zwar noch getrennt erfolgte, aber nur noch für eine gemeinsame Vollversammlung. 1998 trug man den Veränderungen in der Arbeitswelt Rechnung und schaffte auch die Wahlkörper ab. Gleichzeitig wurde der einheitliche Wahltermin für alle Länderkammern durch die Möglichkeit ersetzt, ähnlich wie in der Ersten Republik die Wahltage in einem vorgegebenen längeren Zeitraum selbst festzulegen. Kern der Wahlrechtsreform 1998 war aber das Anliegen, die AK-Wahl durch ein kombiniertes Angebot aus Betriebswahl, öffentlichen Wahllokalen und

AK-Wahlrecht für Lehrlinge

Briefwahl näher zu den Mitgliedern zu bringen. Eine demokratiepolitische Initiative mit Vorbildwirkung war das Wahlrecht für Lehrlinge und damit erstmals in Österreich für Jugendliche unter 19 Jahren. Mit dem Beitritt Österreichs zur Europäischen Union erfolgte automatisch die Gleichstellung aller Arbeitnehmer/-innen aus einem EU-Staat mit Österreicher/-innen, das heißt, sie dürfen nicht nur wählen, sondern auch kandidieren. Andere ausländische Arbeitnehmer/-innen sollten das passive Wahlrecht mit der AKG-Novelle 1998 erhalten, aber dieser Wunsch von AK und ÖGB fand nicht die notwendige einstimmige Befürwortung im Ministerrat der SPÖ-ÖVP-Regierung.

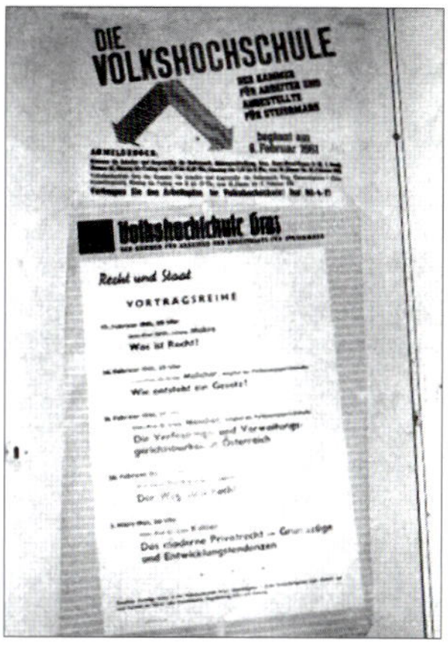

In vielen Bundesländern, wie auch in der Steiermark, sind die Arbeiterkammern Trägerinnen der Volkshochschulen oder wesentliche Unterstützerinnen der Volks- und Erwachsenenbildung. Vor allem dort, wo die Landesregierungen für solche Bildungsangebote wenig Mittel zur Verfügung stellen, ist dieses Engagement auch ein wesentlicher demokratiepolitischer Beitrag.

Bei den AK-Wahlen gab es über Jahrzehnte keine größeren Überraschungen. Es hielten sich in allen Bundesländern klare Mehrheiten der FSG (Fraktion sozialdemokratischer GewerkschafterInnen) und die Wahlbeteiligung war gut. Nach den Wahlen 1974 konnte der „Österreichische Arbeiter- und Angestelltenbund" der Volkspartei in Vorarlberg erstmals einen AK-Präsidenten stellen, 10 Jahre später erreichte der ÖAAB das auch in Tirol. In allen anderen Arbeiterkammern blieb die FSG trotz deutlicher Mandatsgewinne der Freiheitlichen in den 1990er-Jahren stärkste Kraft. Das große Problem, das der seit Mitte der 1980er-Jahre laufenden Kampagne gegen die Arbeiterkammer zusätzliche „Munition" verschaffte, war der Rückgang der Wahlbeteiligung. Der allgemeine Trend, der sich auch bei Landtags- und Nationalratswahlen auswirkte, verstärkte sich 1994 extrem, da durch die neuen Gruppen mit AK-Zugehörigkeit um über 600.000 Wahlberechtigte mehr registriert wurden, von denen ein großer Teil nicht zur Beteiligung motiviert werden konnte. Die große AK-Wahlrechtsreform von 1998 brachte aber die erhoffte Trendwende, die Beteiligung an den AK-Wahlen 1999/2000 und 2004 war wieder beachtlich.

Ab 1994: viel mehr Wahlberechtigte

In der Schusslinie des neoliberalen „Zeitgeists"

Über Jahrzehnte standen die Arbeiterkammern auch öffentlich kaum zur Diskussion, wenn man von den AK-Wahlzeiten absieht, aber das änderte sich in den 1980er-Jahren. Die Kampagne gegen den „Kammerstaat" mit seinen „Privilegienrittern" und gegen die „Zwangsmitgliedschaft" wurde über ein Jahrzehnt konsequent durchgezogen. In einer zweiten Phase stand, ähnlich wie in der Ersten Republik, der Vorwurf der „Fundamentalopposition" im Zentrum der Kampagne.

Die Forderung nach dem Abschaffen der „Zwangsmitgliedschaft" bei den großen Kammern wurde erstmals 1987 zum innenpolitischen Thema, als die FPÖ diese Forderung im Rahmen ihres „Anti-Privilegien-Volksbegehrens" erhob. Gemeint war in erster Linie die Arbeiterkammer, gegen die sich dann die Angriffe auch gezielt richteten. Die berechtigte Kritik an Bezüge- und Pensionsregelungen einzelner AK-Spitzenrepräsentanten wurde zum Anlass genommen, die Arbeit der Kammer als zwei-

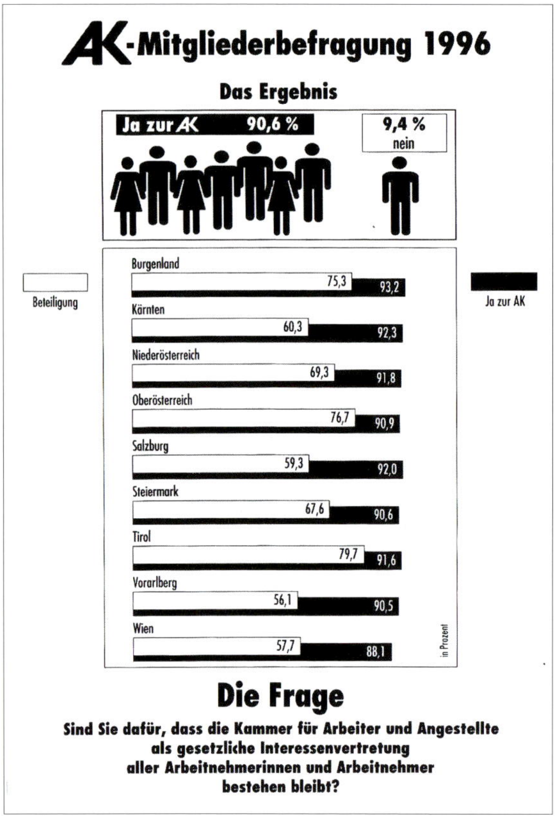

Wie sieben Jahre später die ÖGB-Urabstimmung ist 1996 die Mitgliederbefragung in den Arbeiterkammern ein von der „öffentlichen Meinung" nicht erwarteter Beweis für die starke positive Verankerung der Arbeitnehmerinteressenvertretungen im Bewusstsein der Menschen.

felhaft hinzustellen. Die Kampagne prägte nicht nur zwei AK-Wahlkämpfe, sondern auch zwei Nationalratswahlen – jene von 1990 und 1994.

Ideologie und Wahltaktik waren wohl gleichermaßen die Beweggründe für dieses Vorgehen. Die FPÖ setzte sich im Einklang mit neoliberalen Vorstellungen in ihren programmatischen Erklärungen der 1990er-Jahre das „Zurückdrängen der parteipolitisch orientierten Sozialpartner[4] und Gewerkschaften" zum Ziel. Da passte der Kampf gegen die „Zwangsmitgliedschaft" wunderbar ins Konzept. Aber die Sozialpartner galten auch in der öffentlichen Meinung als veraltet. Der neoliberale Zeitgeist konnte der FPÖ-Linie einiges abgewinnen, das galt für die Medien ebenso wie – in unterschiedlicher Form – für fast alle politischen Parteien. Die Angriffe auf die AK schienen deshalb auch aus wahltaktischem Kalkül brauchbar zu sein. Die Rechnung ging allerdings nur teilweise auf, denn die FPÖ-Erfolge fielen bei den AK-Wahlen deutlich geringer aus als bei den Nationalratswahlen.

Was die Arbeiterkammer betrifft, erwiesen sich die Erfolge ohnehin als sehr kurzfristig. Einerseits traten mit dem Arbeiterkammergesetz 1992 strenge Bezüge-, Gehalts- und Pensionsregelungen für die AK-Repräsentanten/-innen in Kraft und die Kontrollmechanismen wurden ausgebaut. Andererseits erwiesen sich die Vorstellungen über eine „Urabstimmung" zur Pflichtmitgliedschaft in den Kammern, die ab 1990 nicht nur in der FPÖ herumgeisterten, rasch als Unsinn. Seriöse verfassungsrechtliche Gutachten machten nämlich darauf aufmerksam, dass damit in Wirklichkeit über die Abschaffung der Kammern abgestimmt würde, weil es diese ja mit freiwilliger Mitgliedschaft nicht geben kann. Das Koalitionsübereinkommen zwischen Sozialdemokraten und Volkspartei sah dann 1994 auch nur eine Mitgliederbefragung vor, und im folgenden

Mitgliederbefragungen in allen Kammern

4 Mehr zur österreichischen Sozialpartnerschaft im Beitrag „Der ÖGB – ein Teil von Österreich", Kapitel „Wirtschafts- und Sozialpartnerschaft – das Markenzeichen".

Regierungsprogramm war auch darüber nichts mehr zu finden. Trotzdem führten alle Kammern eine solche Befragung durch, und alle mit eindeutig positivem Votum für die jeweilige Institution.

Die Arbeiterkammern stellten den AK-Zugehörigen im ersten Halbjahr 1996 in allen Bundesländern die Frage, um die es in der ganzen Auseinandersetzung wirklich ging: „Sind Sie dafür, dass die Kammern für Arbeiter und Angestellte als gesetzliche Interessenvertretung aller Arbeitnehmerinnen und Arbeitnehmer bestehen bleibt?" Das Ergebnis war ein überwältigender Vertrauensbeweis. Bei einer Beteiligung von mehr als zwei Dritteln beantworteten über 90 Prozent der Arbeitnehmer/-innen in ganz Österreich die Frage mit „Ja". Der Angriff schien abgewehrt, AK-Präsidentin Lore Hostasch konnte feststellen: „Ich sehe in diesem Ergebnis die Chance, gemeinsam mit den Gewerkschaften eine starke Arbeitnehmerpolitik zu betreiben."

Kernfrage gestellt

AK-Präsident Herbert Tumpel (links) und ÖGB-Präsident Fritz Verzetnitsch bei einer gemeinsame Pressekonferenz zu den Folgen der Pensions„reform" 2005. Weil die AK keiner Regierung ihre fundierte Kritik erspart, wenn sie Arbeitnehmer/-inneninteressen gefährdet sieht, wird immer öfter versucht, ihren Handlungsspielraum einzuengen – unter anderem durch Überlegungen, ihr die finanzielle Basis wegzunehmen. Bisher hatte das allerdings keinen Erfolg.

Genau das aber war unerwünscht, und die zweite Angriffswelle startete – zunächst wieder insgesamt gegen den „Kammerstaat": Das FPÖ-Beschäftigungsprogramm vom Frühjahr 1998 forderte eine Reduktion der AK-Umlage um 50 Prozent und auch der Wirtschaftskammerumlage II. Als die AK im Arbeitnehmerinteresse, wie es ihr gesetzlicher Auftrag ist, gegen die Sozialabbaupläne der im Jahr 2000 gebildeten Koalitionsregierung aus Volkspartei und FPÖ öffentlich Stellung bezog, sollte die Drohung mit der Kürzung der Finanzierungsbasis als politische Keule dienen, um die Kritik der Arbeiterkammer zum Verstummen zu bringen oder zumindest zu erschweren, auch wenn das nie offen ausgesprochen wurde. Denn weniger Geld (auch wenn die Kürzung „nur" ein Fünftel ausmachen würde) bedeutet natürlich nicht nur weniger Hilfestellung für die Arbeitnehmer/-innen, sondern auch weniger Experten/-innen, die zum Beispiel nachweisen können, dass die Pensions„reformen" der Regierung den Betroffenen wesentlich mehr Verluste bringen, als behauptet wird.

Fundierte Kritik soll erschwert werden

Bisher blieb es bei der Drohung, auch weil die „öffentliche Meinung" bei Aktionen gegen die AK keineswegs mehr automatisch applaudierte. Als Bundespräsident Heinz Fischer bei der letzten Drohung mit der Umlagenkürzung 2004 eingriff, wurde das zum Beispiel als Pluspunkt vermerkt: „Fischer empfängt AK-Präsident Herbert Tumpel, nimmt klar gegen die Beschneidung demokratisch legitimierter Interessenvertretung Stellung. Und Fischer setzt sich durch", hieß es in einem Zeitschriftenbericht.[5]

5 „News" vom 22. Dezember 2004, S. 38

Zentrale Frage des demokratischen Auftrages

Es geht also um die Anerkennung einer „demokratische Legitimation. Es geht darum, wie sich die österreichische Demokratie weiterentwickelt, ob sie weiter bereit ist, auch die Interessen der Arbeitnehmer/-innen als gleichberechtigten Teil der Politik zu akzeptieren. Das Kammersystem, wie es in Österreich besteht, setzt, so der Verfassungsexperte Karl Korinek, die „gemeinsame Überzeugung" voraus, dass es „nicht ein Volksinteresse, sondern unterschiedliche Interessen in der Gesellschaft gibt, auch wenn das von bestimmten politischen Ideologien her nur schwer verständlich sein mag." Diesem Hinweis ist wohl nichts mehr hinzuzufügen.

Dieser Beitrag stützt sich im Wesentlichen auf folgende Publikationen:

Österreichischer Arbeiterkammertag (Hrsg.): Die Kammern für Arbeiter und Angestellte 1945–1965 – Zwei Jahrzehnte ihres Wirkens festlich gewürdigt, Wien 1965

Bundesarbeitskammer (Hrsg.): 75 Jahre Kammern für Arbeiter und Angestellte, Wien 1995

Brigitte Pellar: Die Kammern für Arbeiter und Angestellte, Stand Jänner 2002. Skriptenreihe Gewerkschaftskunde Heft 7 der ÖGB-BAK-Skripten- und Folienbank

Gerald Stourzh, Margarete Grandner (Herausgeber): Historische Wurzeln der Sozialpartnerschaft. Wiener Beiträge zur Geschichte der Neuzeit Band 12/12, Wien 1986

Walter Göhring, Brigitte Pellar: Ferdinand Hanusch – Aufbruch zum Sozialstaat, Wien 2003

Walter Göhring, Brigitte Pellar: Anpassung und Widerstand – Arbeiterkammern und Gewerkschaften im österreichischen Ständestaat, Wien 2001

Walter Göhring (Redaktion): Wille zum Aufbruch – Politische Texte zum 1. ÖGB-Kongress und zur Konstituierung der Arbeiterkammern in der Zweiten Republik, Wien 1999

Fritz Klenner, Brigitte Pellar: Die österreichische Gewerkschaftsbewegung von den Anfängen bis 1999, Wien 1999

Artikel und Kommentare aus der Zeitschrift „Arbeit und Wirtschaft". „Arbeit und Wirtschaft" war von 1923 bis 1934 offizielles Organ des Österreichischen Arbeiterkammertags und der Freien Gewerkschaften und wird in der Zweiten Republik von ÖGB und Arbeiterkammertag/Bundesarbeitskammer gemeinsam herausgegeben.

Brigitte Pellar

Der ÖGB – ein Teil von Österreich

Dr. Brigitte Pellar leitet das ÖGB/AK-Institut zur Erforschung der Geschichte der Gewerkschaften und der Arbeiterkammern. Gemeinsam mit Fritz Klenner gab sie das Standardwerk „Die österreichische Gewerkschaftsbewegung" heraus

Ein Rückblick und Ausblick aus Anlass der Gründung des Österreichischen Gewerkschaftsbunds vor 60 Jahren.

Die antifaschistische Basis – der Beitrag zur Befreiung

Die Geschichte der Zweiten Republik beginnt eigentlich schon 1943. Denn in diesem Jahr beschlossen die Alliierten gegen Hitler nicht nur die Forderung nach bedingungsloser Kapitulation, sondern unter anderem auch, Österreich nach dem Sieg über den Faschismus wieder zum eigenen Staat zu machen. So erhielt das Land eine neue Chance, obwohl es vor 1938 eine Diktatur gewesen war, in der faschistische Gruppen eine zentrale Rolle spielten, und obwohl eine Reihe von Österreichern an den nationalsozialistischen Verbrechen führend beteiligt waren.

Mitverantwortung an Krieg und Terror

Die Außenminister der Alliierten, die im Oktober 1943 in Moskau zusammentrafen, anerkannten deshalb zwar Österreich in ihrer „Moskauer Deklaration" als erstes Opfer Hitlers, betonten aber gleichzeitig, dass Österreich für die Teilnahme am Krieg an der Seite Deutschlands eine Verantwortung trage, der es nicht entrinnen könne. Sein eigener Beitrag zur Befreiung, so die Alliierten weiter, werde bei der endgültigen Abrechnung also unvermeidlich in Rechnung gestellt werden.

Der eigene Beitrag zur Befreiung

Den eigenen Beitrag zur Befreiung von der nationalsozialistischen Herrschaft leisteten die Menschen, die unter Einsatz ihres Lebens in den Betrieben, in den Verwaltungsstellen, an den Universitäten, als Soldaten oder als Partisanen aktiv am Widerstand teilnahmen. Auch die „Imagewerbung" für Österreich durch die vielen Menschen, die zum Teil schon vor der Verfolgung im Ständestaat ins Exil geflohen waren, ganz besonders auch durch die Gewerkschafter/-innen mit ihren internationalen Verbindungen, darf nicht vergessen werden. Ohne sie alle, die wirklichen Gründungshelden der Zweiten Republik, hätten die Alliierten Österreich zweifellos härter angefasst, als sie es dann tatsächlich taten.

Zerschlagung der ersten Widerstandsgruppen

Die ersten Widerstandsgruppen, die 1938 aktiv wurden, konnten rasch zerschlagen werden, da den Terrorspezialisten des Nationalsozialismus die Akten der österreichischen Polizei über die illegalen sozialdemokratischen und kommunistischen Arbeiterorganisationen, aber auch über die Funktionäre der Einheitsgewerkschaft des Ständestaates, vor allem die ehemaligen christlichen Gewerkschafter, zur Verfügung standen.

Die Neuorganisation des Widerstands musste nach diesen Rückschlägen sehr vorsichtig vor sich gehen, aber ab 1943 begann sich vor allem der Betriebswiderstand zu formieren. Arbeiter, Werkmeister und Angestellte aus Widerstandszellen sorgten für die Herabsetzung der Arbeitsleistung, Maschinen wurden von „Krankheiten" befallen, Transporte wurden fehlgeleitet. In den letzten Kriegstagen gelang es sogar vereinzelt, alliierten Stellen Produktionspläne zuzuspielen. Das alles hemmte die Kriegsproduktion beträchtlich.

Betriebswiderstand

Als sich die alliierten Armeen den alten Grenzen Österreichs näherten, verstärkten die Widerstandsgruppen ihre Sabotagetätigkeit. Arbeiter verhinderten auch die von den abziehenden Nationalsozialisten befohlene Zerstörung von Industrieanlagen, Bahnanlagen und Eisenbahnbrücken und leisteten damit einen wichtigen Beitrag nicht nur zur Erleichterung des alliierten Vormarschs, sondern vor allem auch für die Zukunft der Zweiten Republik.

Zerstörung verhindert

Trotz aller Vorsicht flogen immer wieder Widerstandszellen oder einzelne Vertrauensleute auf, denn das Netz von Hitlers „Geheimer Staatspolizei" funktionierte zu gut. Sie mussten mit Hinrichtung oder Konzentrationslager rechnen, was für die meisten auch einem Todesurteil gleichkam. Sechs Menschen und eine Gruppe aus den Reihen der Gewerkschaftsbewegung seien hier stellvertretend für alle anderen genannt, die als Regimegegner in die Fänge des nationalsozialistischen Terrorsystems gerieten: Johann Staud, christlicher Gewerkschafter und Präsident der „Einheitsgewerkschaft" der österreichischen Ständestaat-Diktatur, starb im Konzentrationslager. Karl Mantler, der spätere AK-Präsident und Stauds Gegenspieler als Vorsitzender des illegalen Bundes der Freien Gewerkschaften, entkam dem Konzentrationslager gerade noch lebend.[1] Das gilt auch für den späteren Vorsitzenden der Bau- und Holzarbeiter, ÖGB-Präsidenten und Innenminister Franz Olah, für Karl Maisel, in der Zweiten Republik Vorsitzender der Metall- und Bergarbeiter, Sozialminister und Mantlers Nachfolger als AK-Präsident, und Rudolf Häuser, in der Zweiten Republik Vorsitzender der Gewerkschaft der Privatangestellten und ebenfalls Sozialminister. Wilhelmine Moik, die erste Frauenvorsitzende des Österreichischen Gewerkschaftsbunds, litt unter den Folgen einer Gestapo-Haft.

Opfer des NS-Terrors

Als einzige Gewerkschaft haben die Eisenbahner ihren Widerstand gegen den Faschismus ziemlich genau dokumentiert: 1.635 Eisenbahner/-innen wurden von der NS-Justiz als Oppositionelle verfolgt, 311 von ihnen bezahlten ihren Widerstand mit dem Leben.

[1] Weitere Informationen zu Arbeiterkammern und Gewerkschaften im österreichischen Ständestaat und zum Widerstand gegen den Nationalsozialismus von ArbeitnehmerInnenseite im Beitrag „Die Arbeiterkammern – das demokratische Plus"

Bis auf die allerletzte Phase vor Kriegsende gab es in Österreich allerdings – entgegen der Legende – fast keinen überparteilichen Widerstand, sondern einen „rechten" und einen „linken". Aber es gab Kontakte und die einstigen Gegner lernten, einander zu respektieren. Als dann die Republik Österreich wieder gegründet werden konnte, waren es dieser Respekt und die Ablehnung der nationalsozialistischen Ideologie, die aktiven Widerstandskämpfern/-innen, Überlebenden der Konzentrationslager, Oppositionellen, denen es gelungen war „durchzutauchen", und Rückkehrern/-innen aus dem Exil trotz der belastenden Vergangenheit den Mut gaben, einen gemeinsamen Neubeginn zu wagen.

Die neue Basis: Respekt zwischen den politischen Lagern und Antifaschismus

Neuanfang für die Gewerkschaftsbewegung

April 1945 – im Konzentrationslager Mauthausen in Oberösterreich wurde noch gemordet, in Wien fielen noch vereinzelt Schüsse, aber die Niederlage Hitler-Deutschlands war sicher. Aus den weltanschaulichen Lagern, die sich klar vom Hitlerfaschismus distanziert hatten, bildeten sich politische Parteien: Aus dem christlichsozial-konservativen Block entstand die ÖVP, die Österreichische Volkspartei, in der SPÖ, der Sozialistischen Partei Österreichs, waren die Revolutionären Sozialisten aus der Zeit des Ständestaats und die Vertreter der früheren sozialdemokratischen Parteilinie zusammengefasst. Die dritte Gruppe fand sich in der KPÖ, der Kommunistischen Partei Österreichs. Auf dieser Basis erließ die provisorische Staatsregierung unter Karl Renner am 27. April die Proklamation zur Wiederherstellung der demokratischen Republik und ihrer Verfassung.

27. April 1945: Österreich-Proklamation

ÖGB-Präsident Anton Benya im Gespräch mit dem früheren stellvertretenden Obmann der Gewerkschaft der Bau- und Holzarbeiter, Josef Battisti, in dessen Wohnung zwischen 11. und 13. April 1945 die ersten Gespräche zur ÖGB-Gründung stattgefunden haben.

Nicht die geflohenen „Betriebsführer", die ihre Unternehmen im Stich ließen, nicht die höheren Beamten, die ihre Schreibtische verließen, um sich in Sicherheit zu bringen, waren in den Apriltagen 1945 die Repräsentanten Österreichs, sondern die Arbeiter und Angestellten. Sie schlossen sich in „Aktionsausschüssen" oder in ähnlicher Form zusammen und brachten ohne Vorgesetzte und Manager langsam die Verwaltung, den Verkehr, die Produktion, die Versorgung wieder, wenn auch holpernd, in Gang. Sie wählten spontan Betriebsräte, die mit den „öffentlichen Verwaltern" im Regelfall reibungslos zusammenarbeiteten, die ab Mai 1945 die „Aktionsausschüsse" der ersten Tage ablösten, bis die Betriebsinhaber zurückkehren durften oder andere Eigentumsregelungen getroffen waren. In einigen Bundesländern konnten sich diese Betriebsräte auf Grund ihrer Leistungen einen Einfluss sichern, der über die Bestimmungen des alten Betriebsrätegesetzes hinausging. Und sie bildeten als gewerkschaftliche Vertrauensleute die Gremien, die die Beschlüsse zur Gründung und zum Aufbau einer neuen österreichischen Gewerkschaftsorganisation fassten.

Aktionsausschüsse der Arbeiter und Angestellten

Betriebsräte – Basis der Gewerkschaftsgründung

Die Vorbereitungen für den Wiederaufbau einer staatsunabhängigen Gewerkschaftsbewegung begannen am 13. April 1945. An diesem Tag trafen sich in der Wohnung Josef Battistis, des späteren Obmann-Stellvertreters der Gewerkschaft der Bau- und Holzarbeiter, Johann Böhm von den Bau- und Holzarbeitern und einige andere Vertrauensmänner der Freien Gewerkschaften der Ersten Republik und berieten, wie sie weiter vorgehen sollten. Noch am selben Tag stießen Lois Weinberger für die ehemaligen christlichen Gewerkschaften und Gottlieb Fiala für die Kommunisten dazu. Ein Vorbereitungsausschuss unter Beteiligung von sieben Gewerkschaftsgruppen und allen drei politischen Richtungen wurde eingesetzt und nach einem Tag fast pausenloser Verhandlungen stand die Grundstruktur einer überparteilichen, einheitlichen Organisation.

15. April 1945: ÖGB-Gründung beschlossen

Schon am 15. April konnte eine Vertrauensleutekonferenz in das noch benutzbare Direktionsgebäude der Westbahn in Wien einberufen werden, die aufgrund der Empfehlungen des Ausschusses die Gründung des Österreichischen Gewerkschaftsbunds beschloss und eine provisorische Leitung unter dem Vorsitz von Johann Böhm wählte. Deshalb gilt der 15. April als Gründungstag des ÖGB, obwohl die meisten Detailfragen noch zu klären waren.

Am 27. April, also am Tag der Ausrufung der Zweiten Republik, erfolgte dann die Einigung zwischen den ehemaligen Richtungsgewerkschaften so weit, dass die Einreichung bei der sowjetischen Militärverwaltung ins Auge gefasst werden konnte. Nachdem letzte Differenzen ausgeräumt waren, sprach am 30. April eine Gewerkschaftsdelegation bei der sowjetischen Kommandantur vor, und die Genehmigung zur Gründung des ÖGB wurde noch an diesem Tag erteilt.

Das Besondere am ÖGB

Richtungsgewerkschaften bis 1934

Die Organisationsform der österreichischen Gewerkschaftsbewegung ist weltweit einmalig. Bis 1934 hatten auch in Österreich die politischen Richtungsgewerkschaften jeweils ihre eigenen Zentralen, wie heute zum Beispiel noch in Italien oder Frankreich. Die größte, die Zentrale der Freien Gewerkschaften, war bis 1928 nur ein lockerer Dachverband, wo jede Gewerkschaft und jede Regionalorganisation im Rahmen der Beschlüsse der Gewerkschaftskongresse ziemlich selbständig agieren konnte. Außerdem gab es neben branchenorientierten Organisationen auch noch viele Fachgewerkschaften für spezielle Berufsgruppen. Der „Bund der Freien Gewerkschaften", der nur bis 1934 arbeiten konnte, war ähnlich konstruiert wie der Deutsche Gewerkschaftsbund nach 1945: Die Zentrale erhielt ein eigenes Vereinsstatut, die Gewerkschaften wurden als „juristische Personen" die Vereinsmitglieder und gleichzeitig schlossen sich viele Vereine zu größeren Organisationen zusammen. Auf Grund der Erfahrungen der vergangenen Jahrzehnte schienen aber alle diese Varianten den ÖGB-Gründern nicht ausreichend. Sie wollten eine Organisation, die gleichzeitig stark, garantiert staatsunabhängig und für die Anforderungen einer modernen Wirtschaft geeignet ist, und gingen dabei von den folgenden Organisationsprinzipien aus:

ÖGB: garantiert staatsunabhängig

- Einheitlichkeit – statt vieler Einzelvereine, die nur unverbindlich zusammenarbeiten, ein einheitlicher Gewerkschaftsbund, der alle Einzelgewerkschaften umfasst.
- Flexibles Industriegruppenprinzip – es gibt keine Fachgewerkschaften. Das heißt: In einem Betrieb sind die Arbeitnehmer/-innen unabhängig von ihrem Beruf nur noch in einer oder, soweit es die Angestellten in der Privatwirtschaft betrifft, in zwei Gewerkschaften organisiert.
- Überparteilichkeit – statt Richtungsgewerkschaften eine überparteiliche, aber nicht unpolitische Organisation.

Einheitlichkeit = eine einzige Organisation

Dem Prinzip der Einheitlichkeit entspricht die rechtliche Konstruktion des ÖGB. Es gibt nur noch einen Verein, den Gewerkschaftsbund, mit Geschäftsstellen in jedem Bundesland, das sind die Landesexekutiven, die später in „Landesorganisationen" umbenannt wurden. Die Gewerkschaften sind Teilorganisationen des „Vereins ÖGB", deren Aufgaben und Kompetenzen in den Statuten festgeschrieben sind. Deshalb liegt zum Beispiel die Letztentscheidung darüber, ob eine Gruppe die Gewerkschaftszugehörigkeit wechseln darf oder ob sich zwei Gewerkschaften vereinigen können, beim Bundeskongress oder beim ÖGB-Vorstand. Manche selbstbewusste Gewerkschafter/-innen waren und sind mit dem Zwang zum internen Interessenausgleich, der dadurch gegeben ist, alles andere als glücklich. Aber er ist wesentlich mitverantwortlich dafür, dass die österreichische Gewerkschaftsbewegung noch immer eine der stärksten der Welt ist.

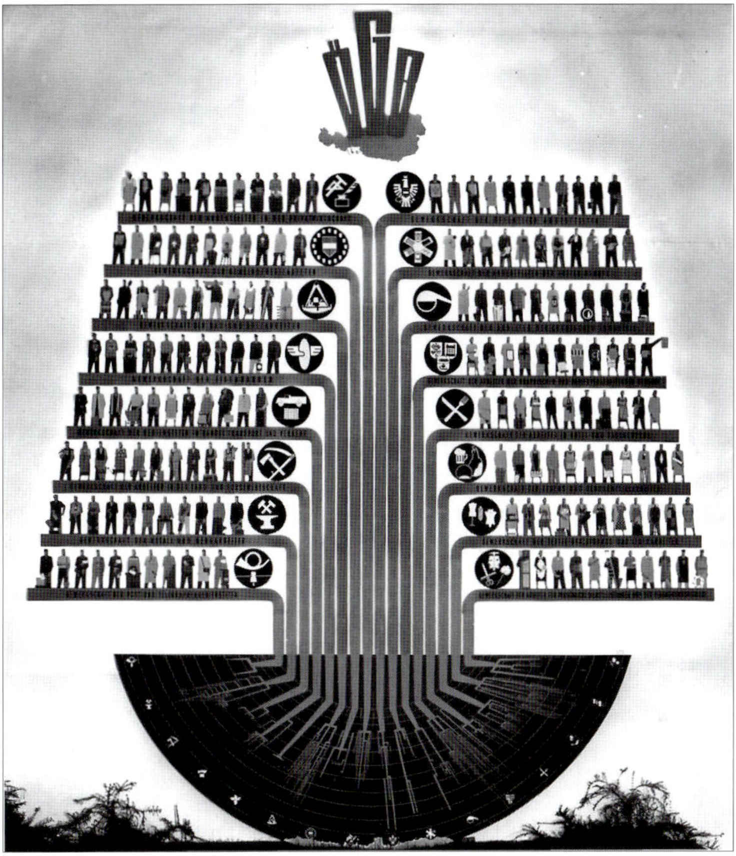

Die 16 Gründungsgewerkschaften des Österreichischen Gewerkschaftsbunds. Die Grafik stand im Zentrum der „Sozialausstellung", die die AK Wien 1951 unter dem Titel „100 Jahre Aufstieg einer Klasse" präsentierte. Gestalter der Schau im Wiener Künstlerhaus war Prof. Slama.

Flexibles Industriegruppenprinzip

Das Industriegruppenprinzip geht davon aus, dass Kollektivverträge in der modernen Wirtschaft nicht mit einzelnen Gewerbetreibenden, sondern für die Unternehmen einer oder mehrerer Branchen abgeschlossen werden, in denen Arbeitnehmer/-innen mit sehr unterschiedlichen Berufen arbeiten, und dass die Betriebsräte und Personalvertretungen für die gesamte Belegschaft eines Unternehmens sprechen. Eine Fachgewerkschaft müsste also zum Beispiel mit zehn verschiedenen Arbeitgebergrupppen verhandeln, weil eine Druckerei einen Betriebselektriker ebenso braucht wie ein landwirtschaftlicher Großbetrieb oder eine Bankzentrale. Und der Betriebsrat eines Stahlunternehmens hätte es mit einer ganzen Reihe von Gewerkschaften zu tun, wenn er Fragen für den Betriebstischler oder die Kantinenköche klären muss. Deshalb ist der erwähnte Haustischler bei der Gewerkschaft Metall-Textil organisiert und nicht bei der Gewerkschaft Bau-Holz.

Verzicht auf Fachgewerkschaften

Gleichzeitig sollte aber genug Flexibilität gesichert werden, um besondere Situationen berücksichtigen zu können. Dabei ging es vor allem um die 1945 noch kleine Gruppe der Angestellten, die auch vielfach eigene Betriebsräte haben. Und bei Unternehmen wie dem österreichischen Energiekonzern OMV, der sowohl eine Erdöl- als auch eine Erdgasproduktion betreibt, sind abgesehen von den Angestellten selbstverständlich zwei weitere Gewerkschaften zuständig, da die Erdgasproduktion bei den Chemiearbeitern angesiedelt ist.

Die Zuordnung zu den Gewerkschaften war auf jeden Fall nicht einfach und sie brauchte deshalb mehrere Jahre. Für manche Gewerkschaften war die Veränderung gegenüber der Ersten Republik besonders gravierend, da sie einen erheblichen Teil ihres Organisationsbereichs verloren, damit die vor 1945 in dieser Form nie existierenden Gewerkschaften der öffentlich Bediensteten, der Gemeindebediensteten und der Post- und Telegraphenarbeiter entstehen konnten. Aus den 16 Gewerkschaften, in die sich der ÖGB bei seiner Gründung gliederte, sind mittlerweile 13 geworden, weil die wirtschaftlichen Umbrüche neue Schwerpunkte notwendig machen. Dabei bestätigten sich die Erfahrungen von 1945 jedes Mal aufs Neue: Es ist nie leicht, bis die ideale Organisationsform bei neuen Herausforderungen gefunden wird, aber es ist möglich.

Organisationsreform: immer ein Thema

Überparteilichkeit nicht selbstverständlich

Auch die Überparteilichkeit ist ein Prinzip, um das immer wieder neu gekämpft werden muss. In der ersten Zeit nach der ÖGB-Gründung bestand durchaus die Gefahr, dass die weltanschaulichen Gegensätze doch noch die Oberhand gewinnen könnten. Besonders in Kreisen der ÖVP wurden einige Male Stimmen laut, die den Austritt aus dem Gewerkschaftsbund verlangten. Unter den Sozialisten gab es anfangs ebenfalls Anhänger der Richtungsgewerkschaft, doch waren sie Realisten genug, um die Vorteile der Überparteilichkeit anzuerkennen: Denn sie verhindert, dass die Gewerkschaften durch Unternehmen und Regierungen gegeneinander ausgespielt werden.

„Überparteilich" bedeutet natürlich nicht „unpolitisch". Die Vorstellung, dass Gewerkschafter/-innen mit unterschiedlichen Ansichten von der Aufgabe des Staates und vom Zusammenleben in der Gesellschaft ihre Überzeugung sozusagen in der Garderobe aufhängen, bevor sie den ÖGB betreten, war von Anfang an unrealistisch und auch nicht wünschenswert. Es gab natürlich die Kontakte zu den politischen Parteien, und es war sogar wichtig, dass möglichst viele Gewerkschafter/-innen als Politiker/-innen in den Parteien Einfluss bekamen. Nach und nach entstanden so die Fraktionen und Gruppen, die man als eine Art von „Gewerkschaftsparteien" bezeichnen kann und die mittlerweile auch nach den Statuten Teil der Gewerkschaftsorganisation sind.

Einfluss in der Parteipolitik erwünscht

Von den drei ehemaligen Richtungsgewerkschaften, die sich 1945 im ÖGB zusammenschlossen, begannen zuerst die Kommunisten/-innen mit der Fraktionsbildung. Ab 1952 nannten sie sich „Fraktion der ge-

KP-Fraktion

Beim großen Gewerkschaftsfest in Wien 1953 zum Jubiläum „60 Jahre gesamtösterreichische Gewerkschaftsorganisation" bewundern die Ehrengäste den Festzug: (von links nach rechts) Bundespräsident Theodor Körner, ÖGB-Präsident Johann Böhm, Sozialminister Karl Maisel, Vorsitzender der Metall- und Bergarbeiter und später AK-Präsident, ÖGB-Vizepräsident Erwin Altenburger, der Gründer der Fraktion christlicher Gewerkschafter, und ÖGB-Generalsekretär Anton Proksch, vor Karl Maisel Sozialminister.

werkschaftlichen Einheit/GE". 1968 spaltete sich die GE wegen der unterschiedlichen Haltung ihrer Mitglieder zum Einmarsch der Warschauer-Pakt-Truppen in die Tschechoslowakei. Die Kritiker der Militäraktion gegen die Reformkommunisten des „Prager Frühlings" bildeten eine eigene Gruppe, die den alten Namen beibehalten konnte und sich später stark der neuen politischen Partei der „Grün-Alternativen" annäherte. Die traditionelle kommunistische Fraktion führt seit damals den Namen „Gewerkschaftlicher Linksblock/GLB".

Neue „gewerkschaftliche Einheit"

Ein Teil der christlichen Arbeiter und Angestellten sammelte sich ab 1945 auf politischer Ebene im „Österreichischen Arbeiter- und Angestelltenbund/ÖAAB", der zusammen mit dem Bauernbund, der politischen Organisation der Landwirte, und dem Wirtschaftsbund, der politischen Organisation der Selbständigen und Unternehmer, die Österreichische Volkspartei bildet. Bis 1951 war die Fraktion der Österreichischen Volkspartei im ÖGB ein Teil des ÖAAB. 1952 konstituierte sich dann mit Unterstützung der katholischen Arbeiterverbände eine eigene „Fraktion christlicher Gewerkschafter/FCG".

Fraktion christlicher Gewerkschafter

Die Parteiarbeit der Sozialisten in den Betrieben wurde zunächst vom Betriebsreferat der SPÖ, also von einer Parteiinstanz, durchgeführt. Als letzte und eigentlich als Folge der Fraktionsbildung der anderen Parteien, bauten die Sozialisten ab 1952 dann die „Fraktion sozialistischer Gewerkschafter/FSG" auf. Nach der Änderung des Parteinamens wurde sie in „Fraktion sozialdemokratischer GewerkschafterInnen" umbenannt.

Fraktion sozialdemokratischer GewerkschafterInnen

Aufgrund der Wahlergebnisse in den Betrieben und Dienststellen hatte und hat die FSG die führende Position im ÖGB und in fast allen Gewerkschaften inne. Die Erfolge der FCG bei den Personalvertretungswahlen seit 1967 führten dazu, dass die Gewerkschaft Öffentlicher Dienst als einzige Gewerkschaftsorganisation mehrheitlich von der christlichen Fraktion geführt wird und diese den Gewerkschaftsvorsitzenden stellt. Um aber auch die kleineren Gruppen einzubinden, sind sie alle als kooptierte Mitglieder im ÖGB Bundesvorstand vertreten. Das gilt für die Kommunisten/-innen der GLB, aber zum Beispiel auch für die GE oder die freiheitlichen Arbeitnehmer.

Alle Gruppierungen im ÖGB-Bundesvorstand

Voraussetzung für das Erhalten der Einheitlichkeit und Überparteilichkeit des ÖGB war und ist Toleranz gegenüber den verschiedenen politischen Richtungen, soweit sie die Grundlagen der demokratischen Republik Österreich und selbstverständlich die Statuten des Gewerkschaftsbunds anerkennen. Natürlich kam es während der 60 Jahre, in denen der ÖGB besteht, auch zu heftigen Konflikten, aber schließlich siegte immer noch das Prinzip der Toleranz im gemeinsamen Arbeitnehmer/-inneninteresse. Die Trademark der Zweiten Republik war über Jahrzehnte die „Konsensdemokratie", die davon ausgeht, dass faire Kompromisse allen Beteiligten mehr Vorteile bringen als ein unreflektierter Konfrontationskurs. Die Organisationsform und die politische Praxis des ÖGB trugen entscheidend dazu bei und werden genau deshalb von jenen in Frage gestellt, die eine „Konfliktdemokratie" für schicker oder lukrativer halten.

Toleranz im Arbeitnehmer/-innen-interesse

Eine der Hauptkräfte im Leben Österreichs

Die Arbeiter/-innen und Angestellten, die die Zerstörungsbefehle der Nazis unterlaufen hatten, mussten auch beim Einmarsch der alliierten Truppen auf Posten bleiben, um Demontagen in den Betrieben zumindest einzuschränken, und die Bevölkerung machte mit den Befreiern (keineswegs nur mit den Sowjets) neben guten auch viele sehr schlechte Erfahrungen. Außerdem saß die Nazi-Propaganda noch in vielen Köpfen fest. Dass der demokratische Weg der Antifaschisten und Nazi-Gegner trotzdem von der Mehrheit mitgetragen wurde, lag wohl nicht nur an der Angst vor den alliierten Militärbehörde, sondern am Aufatmen, weil der Krieg zu Ende war.

Nazi-Propaganda in den Köpfen

Das ungebrochene Eintreten der österreichischen Regierungen und auch der österreichischen Gewerkschaftsbewegung für die volle Unabhängigkeit trug sicher entscheidend dazu bei, dass erstmals in der Geschichte eine österreichische Identität, ein österreichisches Nationalbewusstsein entstand. Dabei wurde allerdings gerne vergessen, dass die Alliierten Österreich von einer viel größeren Belastung befreit hatten, als sie selbst eine waren. Man war bemüht, Faschismus und Krieg so rasch wie möglich zu vergessen. Gerade deshalb kam der Ausbildung von Jugendfunktionären/-innen, die der ÖGB schon bald gemeinsam mit der Arbeiterkammer begann, eine besondere Bedeutung zu. Sie sollten, unterstützt durch die ÖGB-Jugendabteilung im Interesse der demokratischen Gewerkschaftsbewegung jenes politische Vakuum auffüllen, das durch den Faschismus entstanden war. Die Gedenkveranstaltungen für die Opfer der Konzentrationslager, die die Gewerkschaftsjugend schon in den 1950er Jahren abhielt, setzten notwendige Zeichen des Erinnerns an die antifaschistischen Grundlagen der neuen österreichischen Identität.

Ausbildung von Jugendfunktionären/ -innen

Antifaschistische Signale

Die Aktivitäten des ÖGB, die so rasch wie möglich und lange vor offiziellen Genehmigungen über die Grenzen der Besatzungszonen hinaus reichten, waren in der Anfangsphase der Zweiten Republik eines der wenigen funktionierenden gesamtösterreichischen Netzwerke. Post und Bahnverkehr funktionierten nicht mehr und mussten erst mühsam wieder aufgebaut werden. Deshalb begann die Errichtung der Gewerkschaften in vielen Orten der vier Besatzungszonen ohne Kontakt mit zentralen Stellen. Aber noch bevor der offizielle Zusammenschluss möglich war, nahm der ÖGB Verbindung mit den Bundesländern auf, und in Salzburg wurde eine eigene Verbindungsstelle eingerichtet.

Gesamtösterreichisches Netzwerk

Mit der Genehmigung der ÖGB-Gründung durch die Sowjets am 30. April 1945 konnte die Gewerkschaftstätigkeit in Wien, Niederösterreich, dem Burgenland und im nördlichen Teil Oberösterreichs legal beginnen. Ab Mai war in der britischen Zone, und damit in der Steiermark und in Kärnten Gewerkschaftsarbeit offiziell gestattet, Ende Mai folgte die Genehmigung für die amerikanische Zone, die Oberösterreich südlich der Donau und Salzburg umfasste, und die französische Behörde ließ in Tirol und Vorarlberg schließlich am 17. September die Gewerkschaften zu. Noch vor den ersten Nationalratswahlen der Zweiten Republik, die im November stattfanden, erhielt dann der ÖGB die Rechtsgrundlage für seine österreichweite Tätigkeit. Am 8. Oktober beschloss der Alliierte Rat als oberste Instanz der Militärverwaltung, die grundlegende Politik in allen Arbeits-

Bei einem Empfang der Sowjets in der Wiener Hofburg 1953 im Gespräch mit Marschall Malinowski (rechts): Außenstaatssekretär Bruno Kreisky und der spätere ÖGB-Präsident Franz Olah, der Vorsitzende der Bau- und Holzarbeiter. Trotz eindeutigem Bekenntnis zur westlichen Demokratie bleibt die Gesprächsbasis des ÖGB auch zur sowjetischen Besatzungsmacht bis 1955 intakt.

fragen einheitlich für das ganze Land zu handhaben. Das schloss auch den Abschluss von Kollektivverträgen ein, soweit ihre Auswirkung nicht im Gegensatz zur Wirtschaftspolitik der alliierten Behörden stand. Ende 1945 gab es bereits rund 300.000 ÖGB-Mitglieder. Vor dem Staatsvertrag war es schon deshalb etwas Besonderes, ÖGB-Mitglied zu sein, weil sich dadurch vor allem bei den gesamtösterreichischen Gewerkschaftstreffen die Gelegenheit bot, über die Besatzungszonen hinweg persönliche Kontakte zu knüpfen. Das 3. gesamtösterreichische Gewerkschaftstreffen in Wien war 1953 eine Demonstration über die Bedeutung der Gewerkschaftsbewegung für das demokratische Österreich. Mit einem Festzug über die Ringstraße feierte der ÖGB das 60-Jahr-Jubiläum des ersten Gewerkschaftskongresses in Wien 1893.

Die westlichen Alliierten betrachteten den Aufbau des ÖGB vorerst mit einigem Misstrauen, weil er stark von den eigenen Vorstellungen über Gewerkschaften abwich und weil ihn die Sowjets zuerst genehmigt hatten.

Eine Art demokratischer Kitt

Schon bald begannen sie ihn aber als eine Art demokratischen Kitt für das Land zu schätzen. In einem Bericht des „britischen Elements" der Alliierten vom Oktober 1946 hieß es dazu: „Von 1934 bis 1945 haben in Österreich keine Gewerkschaften bestanden. Und nun, in nicht viel mehr als einem Jahr, sind sie eine der Hauptkräfte im Leben Österreichs geworden. ... Sie haben in loyalster Weise mit den Militärregierungen zusammengearbeitet und geholfen, die unvermeidlichen Schwierigkeiten, die sich zwischen freien und unabhängigen Institutionen und Besatzungsstreitkräften ergeben, auszugleichen.

Keine Untertänigkeit gegenüber den Alliierten

Und doch ist die Gewerkschaft weit davon entfernt, untertänig oder allzu fügsam zu sein. Bei der Verteidigung und bei der Forderung ihrer Mindestrechte hat sie allen fünf Behörden Österreichs gegenüber (den vier Besatzungsmächten und ihrer eigenen Regierung) ihre Auffassung fest vertreten. ... Die österreichische Gewerkschaftsbewegung hat in den Augen so mancher viele Fehler ...; geachtet jedoch wird sie von allen. Hier ist etwas Großes, Mächtiges, Fähiges, Freies und Unabhängiges in Österreich, das weder wienerisch noch kärntnerisch noch tirolerisch, sondern einzig und allein österreichisch und international ist."

Politische Beteiligung von Anfang an

Die britischen Beobachter hoben 1946 die Bedeutung der österreichischen Gewerkschaftsbewegung auch durch den Hinweis hervor:

Mitarbeit an Gesetzen

„Kein wichtiges Gesetz hat ohne ihre Mitarbeit Einlass in das Gesetzbuch gefunden, und bei einigen ganz besonders wichtigen Maßnahmen ist ihre Stimme sogar entscheidend gewesen." Gleichzeitig sprachen sie die

Sozialleistungen

Sozial- und Wohlfahrtsaktionen an, die nach der Zeit von Diktatur und Faschismus sehr rasch wieder aufgebaut worden waren.

Die Gewerkschaftsbewegung war auf allen Ebenen gefordert – von der konkreten Hilfe für ihre Mitglieder in den Hungertagen nach Kriegsende über die interessenpolitischen Bildungsaufgaben in einer noch vom Faschismus und von militärischer Unterordnung geprägten Kultur bis zu den notwendigen wirtschafts- und sozialpolitischen Weichenstellungen. Und sie nahm die Herausforderung an.

Kampf gegen den Hunger

Das zentrale Problem war der Kampf gegen den Hunger. Die Ernährungslage war im Frühjahr 1946 so schlecht, dass der Kaloriensatz für Normalverbraucher auf 700 herabgesetzt werden musste, und es wurde immer schlimmer. Der ÖGB forderte im Herbst 1946 von der Regierung Bewirtschaftungsmaßnahmen, um die Versorgung der Bevölkerung sicherzustellen, und erreichte in schwierigen Verhandlungen auch eine Erhöhung der Lebensmittelrationen auf 1.550 Kalorien. Eine Intervention des ÖGB-Präsidiums beim Alliierten Rat, bei der das Bereitstellen einer genügenden Lebensmittelmenge, aber auch die Abschaffung der Zonengrenzen und eine Erleichterung bei den Besatzungskosten gefordert wurde, brachte immerhin einen kleinen Teilerfolg bei der Lebensmittelversorgung.

Internationale Hilfe für Österreich

Die UNRRA-Hilfe der Vereinten Nationen lief zwar 1947 aus, aber es gab die Zusage britischer und amerikanischer Sonderhilfe und private Organisationen halfen durch Spenden den Österreichern/-innen beim Überleben.

Die Gewerkschaften konnten zwar Lohnerhöhungen durchsetzen, aber den starken Preisanstieg damit nicht auffangen. Das führte vor allem in Ostösterreich dazu, dass sich viele Menschen kaum oder gar nicht Arbeitskleidung leisten konnten.

ÖGB-Kleideraktion in den Betrieben

Im Rahmen einer großen ÖGB-Aktion gelang es mit internationaler Hilfe, 100.000 Schuhe und 300.000 Kleidungsstücke über die Betriebsräte/-innen an die Arbeitnehmer/-innen zu verteilen. In Ostösterreich war die Lage deshalb besonders schlimm, weil im Gegensatz zu den von Kriegsschäden ziemlich verschonten westlichen Bundesländern vor allem im Raum Wien und Wiener Neustadt neben den Schwarzmarktproblemen Arbeitsplätze fehlten. Dazu kamen die Probleme des „Deutschen Eigentums", die den Wiederaufbau der Produktion hemmten.

„Deutsches Eigentum" als Kriegsentschädigung

Als „Deutsches Eigentum" kamen Unternehmen, die von den Deutschen errichtet oder einkassiert worden waren, als Kriegsentschädigung unter die Kontrolle der Alliierten, Dabei wurde unterschiedlich vorgegangen. Die Westalliierten beschlagnahmten nur Fabriken, die in der Zeit der deutschen Besetzung neu errichtet worden waren. Die Sowjets bezogen dagegen alles ein, was deutscher (öffentlicher wie privater) Besitz war, das heißt auch österreichische Unternehmungen und österreichische Vermögen, die sich die deutschen Machthaber nach 1938 angeeignet hatten. 252 Industriebetriebe und 140 landwirtschaftliche Betriebe gingen so in die „Verwaltung sowjetischer Güter in Österreich", die USIA, über. Um wichtige Betriebe wie die Erdölfirma ÖMV oder die Hermann-Göring-Werke in Linz, die spätere VÖEST, für Österreich zu retten, musste der Staat eingreifen, da kein ausreichendes privates

Verstaatlichungsgesetze 1946 und 1947

Kapital zur Verfügung stand – das forderte der ÖGB schon 1945. 1946 und 1947 wurden 87 Unternehmen per Gesetz verstaatlicht. Das erste Verstaatlichungsgesetz übertrug die Anteilsrechte an 70 Industrie- und Gewerbeunternehmungen und an den drei größten Banken dem Staat, der sich zu einer nachträglichen Entschädigung verpflichtete. 1947 folgte die Elektrizitätswirtschaft mit Ausnahme einiger kleiner Unternehmungen. Die Sowjets anerkannten das Verstaatlichungsgesetz allerdings nicht, aber wichtige Betriebe in den anderen drei Besatzungszonen gelangten wieder in österreichischen Besitz. Außerdem stand der USIA-Bereich ab jetzt verstärkt im Blickfeld auch der drei westlichen Alliierten. Als die USIA-Betriebe mit dem Staatsvertrag wieder österreichisch wurden, konnten etliche nicht mehr überleben, für andere begann erst der Aufholprozess gegenüber dem Westen. Denn die anderen Besatzungsmächte akzeptierten die Verstaatlichungsgesetze, und die Amerikaner verzichteten vor allem auch auf die VÖEST. Der Vorteil für die Privatwirtschaft bestand darin, dass der verstaatlichte Grundstoffsektor die nachgeordnete Verarbeitungs- und Finalindustrie mit billigem Vormaterial und Halbzeug versorgte. Was heute bereits vergessen ist: Die „Verstaatlichte" hatte besondere Bedeutung für Österreichs Wiederaufbau.

Unverzichtbar für den Wiederaufbau

Der Anteil am Staatsvertrag

Der erwähnte britische Bericht über den ÖGB endete mit der Feststellung, die Gewerkschaftsbewegung sei „eine feste Grundlage auf die Österreich bauen kann, und sie mag sich selbst als eine der besten Grundlagen erweisen, auf der die Engländer, Amerikaner, Russen und Franzosen sich zu einer allgemeinen Einigung über die strittigsten und bedeutendsten Probleme von Österreich zusammenfinden können". Hier spielte der Verfasser darauf an, dass die Einschätzung von Stabilität und sozialem Frieden entscheidend für den Zeitpunkt sein würden, an dem Österreich seine volle Souveränität erhalten sollte.

Mai 1948: 1. ÖGB-Bundeskongress

Im Mai 1948 fand in Wien der erste Kongress des Österreichischen Gewerkschaftsbunds statt – der ÖGB hatte schon fast 1,3 Millionen Mitglieder. Die wichtige Rolle, die er spielte, zeigte sich an den Ehrengästen; fast die gesamte Bundesregierung war anwesend und auf der Tribüne saßen alle vier alliierten Hochkommissare. Eine heftige Debatte gab es über den Marshall-Plan.

ÖGB-Mehrheit für Marshall-Plan

Die kommunistischen Gewerkschafter lehnten die amerikanische Wirtschaftshilfe ab, doch ÖGB-Präsident Johann Böhm meinte nach einer USA-Reise: „Wir haben erkennen können, dass Amerika bestrebt ist, Europa wirklich zu helfen. Und vor allem hat uns interessiert zu sehen, wie die amerikanischen Gewerkschaften sich intensivst in die Marshall-Hilfe eingeschaltet haben. Wir österreichischen Gewerkschafter sind besonders daran interessiert, von unserem Standpunkte aus darauf

Einfluss zu nehmen, und wie Marshall-Hilfe wirklich in Österreich verwendet wird."

Der amerikanischen Außenminister Marshall initiierte 1947 ein wirtschaftliches Wiederaufbauprogramm für Europa, das später neben der offiziellen Bezeichnung „European Recovery Program" auch nach ihm „Marshall-Plan" benannt wurde. Da die kommunistischen Gewerkschafter/-innen das ERP-Projekt in Österreich wie in anderen Ländern ablehnten, kam es zum endgültigen Bruch mit dem 1945 als überparteiliche Weltorganisation gegründeten „Weltgewerkschaftsbund". Auch der ÖGB verließ 1949 den WGB und wurde Gründungsmitglied des „Internationalen Bundes Freier Gewerkschaften". Der erste Weltkongress des IBFG fand noch im Dezember 1949 in London statt. Das war eine eindeutige Entscheidung für die westliche Demokratie. Sie fiel den Gewerkschaften umso leichter, als die damalige US-Regierung den Aufbau eines modernen Sozialstaats förderte.

Gründungsmitglied des Internationalen Bundes Freier Gewerkschaften

Im Gegensatz zum IBFG und sämtlichen ihm angeschlossenen Gewerkschaften hielt der ÖGB weiter seine Beziehungen zu den Gewerkschaften des Ostblocks aufrecht. Es zeigte sich, dass diese Kontakte, dazu beitrugen, ein günstiges Klima für die österreichischen Bestrebungen nach Unabhängigkeit zu schaffen. Diese „vertrauensbildenden Maßnahmen" waren ebenso wichtig wie die Politik des ÖGB gegenüber den Alliierten, bei der keine Macht bevorzugt behandelt wurde. Fritz Klenner, damals für die ÖGB-Medien zuständig und als einer der Kontaktleute eingesetzt, berichtete später: „Die Sowjets führten über ihre Botschaft viele Gespräche, um Österreich von der Teilnahme am Marshall-Plan abzuhalten, aber sie verliefen in durchaus verbindlicher Form. Auf den damaligen russischen Botschafter Lapin, vorher selbst Gewerkschaftsfunktionär, machten unsere Argumente wie auch auf andere Diplomaten Eindruck."

Kontakte zu allen vier Besatzungsmächten

Sicher spielten geopolitische Überlegungen die entscheidende Rolle, als die Sowjets darauf verzichteten, wegen der Beteiligung Österreichs am Marshall-Plan ernsthaft zu intervenieren, und das gilt auch für ihre Haltung in den Oktobertagen 1950. Aber das Auftreten des ÖGB trug zweifellos dazu bei, sie in ihrer Position zu bestärken.

1947 wurde das erste von insgesamt fünf Preis- und Lohnabkommen beschlossen, die zum Anhalten der Preis- und Lohnspirale führen sollten. Die Maßnahmen wurden im Rahmen einer „Wirtschaftskommission" verhandelt und überwacht, der Vertreter der Arbeitnehmerseite, der Arbeitgeberseite und der Regierung angehörten. Da sich die Unternehmer nicht an die vereinbarte Preisdisziplin hielten, kam es schon beim 3. Abkommen zu Reallohnverlusten und Protesten. Die besonders schwierigen Verhandlungen zum vierten Abkommen fanden dagegen hinter verschlossenen Türen statt, und ihr Ergebnis wurde nicht in seinem vollen Umfang bekannt gegeben. Das brachte in der ohnehin angespannten Situation das Fass zum Überlaufen. Es kam Anfang Oktober 1950 zu

Preis- und Lohnabkommen

Oktober 1950

massiven Protesten, die die Kommunisten für den Versuch nutzten, einen Generalstreik auszulösen. Er scheiterte am konsequenten Widerstand der ÖGB-Mehrheit und an der nur halbherzigen Unterstützung durch die sowjetische Besatzungsmacht.

Im Oktober 1950 sicherte die österreichische Gewerkschaftsbewegung die Chance auf den Staatsvertrag, denn es stand auf Messers Schneide: Amerikanisches Militär war gegen die Streikenden in Alarmbereitschaft. Ein Aufeinanderprallen der Supermächte, die sich damals schon im „Kalten Krieg" feindlich gegenüberstanden, hätte für Österreich unabsehbare Konsequenzen gehabt. Die Haltung des ÖGB machte es der österreichischen Bundesregierung möglich, eine militärische Intervention abzulehnen. Das erleichterte es den Sowjets, sich an das Kontrollabkommen der Alliierten zu halten und den Zusammenbruch des Generalstreikversuchs zu akzeptieren.

Chance auf Staatsvertrag gesichert

Bis zuletzt nutzte der ÖGB seine ausgezeichneten Kontakte nicht nur zu den kommunistischen, sondern vor allem auch zu den westlichen Gewerkschaften, um sich für die volle Unabhängigkeit Österreichs einzusetzen. So kam im Frühjahr 1954 auf sein Ersuchen eine Studienkommission des IBFG nach Österreich, die ihre Beobachtungen und Empfehlungen in einer Denkschrift an den Exekutivausschuss der Gewerkschaftsinternationale niederlegte und dabei neben der Sanierung der Notstandsgebiete in der Sowjetzone auch den Staatsvertrag ansprach. Kurz darauf entschied sich der IBFG für Wien als Ort seines 4. Weltkongresses, um Österreichs Unabhängigkeitsbestrebungen zu unterstützen. Als er Ende Mai 1955 stattfand, war der Staatsvertrag bereits unterzeichnet, das offizielle Österreich vergaß den Beitrag, den die Gewerkschaftsbewegung dafür geleistet hatte, rasch.

Mai 1955: IBFG-Kongress in Wien

Österreichisch und international

Die Verbindung der österreichischen Gewerkschaftsbewegung zu den internationalen Dachverbänden war immer eng. Im Auftrag des internationalen Gewerkschaftsbunds boykottierten etwa während der Ersten Republik österreichische Eisenbahner und Transportarbeiter Waffenlieferungen an die Gegner der ungarischen Räterepublik. Dass Solidarität keine Einbahnstraße ist, bewies der ÖGB besonders wieder 1956, während des Aufstands der Ungarn gegen die kommunistische Diktatur: Die Hilfsaktionen des IBFG wurden in Wien koordiniert.

1956: Hilfsaktion beim Ungarn-Aufstand

Seit 1956 hat sich Europa wirtschaftlich und politisch rasant verändert. Die Entwicklung vollzog sich ab den 1970er-Jahren immer rascher und führte ab etwa 1990 zu einer völlig veränderten europäischen Landkarte. 1958 schlossen sich westeuropäische Staaten zur EWG, der Europäischen Wirtschaftsgemeinschaft zusammen. Länder wie Österreich, für die aus unterschiedlichen politischen oder wirtschaftlichen Gründen ein Beitritt zur EWG nicht in Frage kam, gründeten daraufhin

1958: EWG-Gründung

1960 die Europäische Freihandelsassoziation EFTA. 1967 entstand die EG, die Europäische Gemeinschaft, der 1973 die ersten EFTA-Staaten beitraten. Die EG wandelte sich 1992 in die Europäische Union, die 1995 Schweden, Finnland und Österreich als Mitglieder aufnahm. Als Folge des Zusammenbruchs der kommunistischen Regime Mittel- und Osteuropas fiel die Sowjetunion auseinander, die Tschechoslowakei wurde in die Slowakei und in die Tschechische Republik geteilt. Jugoslawien fiel auseinander: Slowenien und Kroatien erklärten ihre Unabhängigkeit, damit begann am Balkan ein Jahrzehnt brutaler Kämpfe und des extremen Nationalismus. Bosnien behauptete seine Unabhängigkeit in einem blutigen Bürgerkrieg. Fast alle der „Transformationsstaaten" setzten sich von Anfang an eine Mitgliedschaft bei der Europäischen Union zum Ziel und acht von ihnen, darunter Ungarn erreichten dies am 1. Mai 2004. Von diesem Zeitpunkt an umfasst die EU insgesamt 25 Staaten.

1960: EFTA mit Österreich

1995: Österreich EU-Mitglied

Ende der kommunistischen Regime

EU-Erweiterung 2004

Das Zusammenwachsen Europas machte eine engere gewerkschaftliche Kooperation unabdingbar. 1973 entstand an Stelle der europäischen Regionalorganisation des IBFG der Europäische Gewerkschaftsbund, der ursprünglich nur EG- und EFTA-Gewerkschaften umfasste, mittlerweile aber auch zahlreiche Mitglieder außerhalb dieser beiden Zusammenschlüsse hat. 1998 vertrat der EGB zum Beispiel 28 west- und osteuropäische Gewerkschaftsorganisationen mit insgesamt 57 Millionen Mitgliedern. Der ÖGB spielte als Drehscheibe zwischen Ost und West in diesem Prozess eine wichtige Rolle und konnte sich darüber hinaus als starker Verhandlungspartner auf der europäischen Ebene profilieren. Von 1993 an war ÖGB-Präsident Fritz Verzetnitsch für 10 Jahre auch Präsident des Europäischen Gewerkschaftsbunds. In dieser Zeit trat die EU-Richtlinie über den Europäischen Betriebsrat in Kraft, mit der die Kooperation zwischen Belegschaftsvertretungen verschiedener europäischer Standorte rechtlich abgesichert wurde. Die Ausgestaltung des „Sozialen Dialogs", der einzige Weg für die Gewerkschaftsbewegung, die politische Entwicklung auf der europäischen Ebene mitzugestalten, wurde vorangetrieben.

1973: Europäischer Gewerkschaftsbund

Starke Rolle des ÖGB

Die österreichische EU-Präsidentschaft im Jahr 1997 trug nicht unwesentlich dazu bei, die Beschäftigungspolitik zu einem Thema der EU zu machen. 1999 setzte der EGB die regelmäßige Beteiligung der Sozialpartner an den Gesprächsrunden der Finanz- und Wirtschaftsminister, der Arbeits- und Sozialminister und der Vertreter/-innen der Europäischen Zentralbank durch.

In der Zeit der SPÖ-Alleinregierungen (1970 bis 1983) gibt es erstmals eine größere Zahl an weiblichen Regierungsmitgliedern. Staatssekretärin im Sozialministerium ist die Gewerkschafterin Franziska Fast von den Metallarbeitern.
Erste Frau als Ministerin war in der vorangegangenen ÖVP-Alleinregierung die Gewerkschafterin Grete Rehor von den Textilarbeitern.

Das Ziel: Konflikte fair regeln

Modell Sozialpartnerschaft

Eine „österreichische Erfindung", an der der ÖGB federführend beteiligt war, ist die Sozialpartnerschaft. In der EU heißt sie „sozialer Dialog", in der internationalen Konferenzsprache „Dreigliedrigkeit", denn sie ist mehr als Verhandlungen zwischen Arbeitgeber- und Arbeitnehmerseite, sie gleicht auch die verschiedenen Interessen in der „großen Politik" aus. Der Staat gehört also als dritter Partner dazu, wie das auch bei der „Paritätischen Kommission für Preis- und Lohnfragen" der Fall war, die in Absprache zwischen ÖGB-Präsident Johann Böhm und Bundeskanzler Julius Raab 1957 als inoffizielles Gremium geschaffen wurde. Welche positive Bedeutung eine funktionierende Sozialpartnerschaft in dieser Form für den sozialen Fortschritt haben kann, zeigte ÖGB-Altpräsident Anton Benya in einem Interview aus dem Jahr 1993 auf. Mit der Einführung der Paritätischen Kommission, so Benya, „seien die Weichen für eine vernünftige Sozialpolitik gestellt worden, und man habe bisher vernachlässigte Bereiche wie Familienpolitik, Pensionsreform, Entgeltsicherung, Arbeiterabfertigung, Regelung der Arbeitszeit und Mindesturlaubsanspruch in Angriff nehmen können."[2]

Der Staat als dritter Partner

Beim 11. ÖGB-Bundeskongress erfolgt die Generationenablöse in der ÖGB-Leitung. Neuer Präsident wird der junge Fritz Verzetnitsch, der wie Anton Benya von den Metallarbeitern kommt und sich seit 1983 bereits als einer der beiden Leitenden Sekretäre im Team mit Alfred Ströer bewährt hat. Neue „Leitende" werden Herbert Tumpel und Karl Drochter.

Die Sozialpartnerschaft, die Anton Benya zusammen mit Wirtschaftskammerpräsident Rudolf Sallinger repräsentierte, blieb auch während der Zeit der ÖVP-Alleinregierung bis 1970 funktionsfähig. Sie erreichte ihre größte Bedeutung aber in der Zeit der anschließenden SPÖ-Alleinregierungen unter Bruno Kreisky. Österreich brach den Rekord. Die Streikstunden lagen niedriger als in Japan, und Österreich entwickelte das Musterbeispiel eines modernen Sozialstaats.

Die österreichische Gewerkschaftsbewegung verwendete zur Beschreibung der Sozialpartnerschaft ursprünglich den Begriff „Wirtschaftspartnerschaft", um klarzustellen, dass es sich für sie nicht um eine soziale, also gesellschaftliche Partnerschaft handelt, die den Interessengegensatz zwischen Arbeit und Kapital leugnet. Die Zusammenarbeit wurde und wird nicht ideologisch, sondern pragmatisch gesehen und richtet sich nach dem Verhalten der Gegenseite.

Ein pragmatischer Ansatz

[2] Sozialistische Korrespondenz vom 15. Mai 1993, S. 18

Ein Motiv, das erklärt, warum die Sozialpartnerschaft seit Mitte der 1980er-Jahre in Österreich massiven Angriffen ausgesetzt war, ist die im internationalen Vergleich starke Position der Gewerkschaftsbewegung – ein Hindernis für alle, die soziale Spielregeln abschaffen wollen. Der einheitliche Gewerkschaftsbund verhindert, dass Arbeitnehmer/-innengruppen gegeneinander ausgespielt werden, und bringt die politische Kraft der freiwilligen Interessenvertretung ein. Ddazu repräsentieren die Arbeiterkammern die Arbeitnehmer/-innen in ihrer Gesamtheit. Die einzige wirkliche Gefahr für die Sozialpartnerschaft besteht damit in einer Haltungsänderung der Arbeitgeber oder der Regierung. Wenn einer der bisherigen „Sozialpartner" zu der Überzeugung gelangen sollte, dass ein übergreifendes, auf seriösen Kompromissen aufgebautes Konfliktregelungsmodell unter Einbeziehung der Arbeitnehmer/-innenseite nicht mehr im eigenen Interesse liegt, wird das System nicht funktionieren. Beim Umgang mit der Sozialpartnerschaft handelt es sich also um eine politische Grundsatzentscheidung über den weiteren Weg von Staat und Gesellschaft.

Starke Gewerkschaft = Schutz für soziale Spielregeln

Sozialstaat und Gewerkschaft im Visier des Neoliberalismus

Gegen Ende des Jahrhunderts, dessen größte Erfindung der europäische Sozialstaat war, wurden dieser Sozialstaat und seine Träger einer gezielten Negativkampagne ausgesetzt. Das galt ganz besonders für die Gewerkschaftsbewegung. Es hieß, die neue Wirtschaft und Gesellschaft bräuchten keine Gewerkschaften mehr. Die neoliberale Thatcher-Regierung in Großbritannien machte es vor. Kampf gegen die Gewerkschaften und Privatisierung, was das Zeug hält. Die Konsequenz – zum Beispiel bei der Bahn. Englische Züge haben zu 80 Prozent Verspätung, Hunderte Tote wegen defekter Gleisanlagen, die Hälfte der Gleis- und Signalarbeiter verloren den Job. Andere europäische Staaten fanden das Beispiel Großbritanniens attraktiv, und auch Österreich blieb davon nicht verschont. Die bis zur Stahlkrise profitable Verstaatlichte Industrie kam in die Privatisierungs-Pipeline. Der neue alte Geist des ungebremsten Kapitalismus zeigte sich an vielen Beispielen ganz offen.

Privatisierungsideologie

Die Stahlkrise traf Österreichs Verstaatlichte Industrie mit ihrem zu geringen Eigenkapital und der deshalb hohen Zinsenbelastung durch Kredite mit aller Wucht. Misslungene Projekte, mit denen versucht wurde, den Weg aus der Krise zu finden, führten bei der VOEST-Alpine 1985 zu einem Verlust von fast 12 Milliarden Schilling. Einschneidende Strukturveränderungen im Verstaatlichtenkonzern ÖIAG mit hohen Arbeitsplatzverlusten folgten. Die Entstaatlichungsbefürworter mit ihrem Glauben an die Allheilmittel des Marktes sahen sich bestätigt. Damit löste das VOEST-Debakel die ersten großen Privatisierungsschritte aus. Wenn der Österreichische Gewerkschaftsbund darauf verwies, dass den Ausgaben des Bundes für die ÖIAG insgesamt ein Mehrfaches an Steuer-

Stahlkrise

Beginn der Entstaatlichung in Österreich

1995 begeht der ÖGB sein Gründungsjubiläum mit einem klaren Bekenntnis gegen den neoliberalen „Zeitgeist". Eine der Redner/-innen ist die frühere Vorsitzende der Gewerkschaft der Privatangestellten und AK-Präsidentin Lore Hostasch.

leistungen und Dividendenzahlungen gegenüberstand und das zudem bei der Beurteilung auch politisch bedingte Auftragsausfälle wie das rund 1,7 Milliarden-Minus durch den Baustopp des Wasserkraftwerkes Hainburg zu berücksichtigen wären, so hatte er angesichts des veränderten gesellschaftlich-politischen Klimas wenig Chance, Beachtung zu finden.

Gemeinwirtschaftliche Leistungen

Es gehörte zu den Grundübereinkommen zwischen den gesellschaftlichen Kräften, die die zweite demokratische Republik begründeten, gemeinwirtschaftlichen Leistungen unabhängig von ihrem kommerziellen Nutzen einen eigenen Stellenwert zuzumessen. Die Absage an diese Übereinkunft gegen Ende des 20. Jahrhunderts. hatte weit reichende Konsequenzen nicht nur im Hinblick auf die politischen Gestaltungsmöglichkeiten im Interesse der Demokratie, sondern auch für den sozialen Ausgleich in der Gesellschaft. Denn gemeinwirtschaftliche Leistungen sind auch Transferleistungen für die sozial Schwachen, bei Privatisierungen und Auslagerungen kommt es aber oft zu empfindlichen Tariferhöhungen oder Leistungseinschränkungen.

Für Stärkung der Demokratie und sozialen Ausgleich

Einer, der völlig unverdächtig ist, altmodische Ideen zu propagieren, machte 2001 auf die Notwendigkeit gemeinwirtschaftlicher Leistungen aufmerksam – und darauf, dass der Markt nicht alles kann. Der beinharte Börsespekulant und Chef einer der reichsten Investmentfonds der Welt, George Soros, erklärte nüchtern: „Der Kapitalismus hat große Erfolge vorzuweisen, wenn es darum geht, Reichtum und Wohlstand zu schaffen, aber wir können uns nicht darauf verlassen, dass er Freiheit, Demokratie und rechtsstaatliche Verhältnisse genauso sicherstellt. Profit

Die österreichische Delegation beim Kongress des Europäischen Gewerkschaftsbunds in Helsinki 1999. Fast 10 Jahre lang ist der Präsident des ÖGB auch EGB-Präsident.

George Soros: Der Markt kann nicht Demokratie sein

ist der Motor der Wirtschaft, und deren Zweck liegt nicht darin, universale Prinzipien zu wahren und zu gewährleisten, sondern Gewinne zu erzielen. Wenn uns universale Grundsätze wie Freiheit, Demokratie und Rechtsstaat wirklich etwas bedeuten, dann dürfen wir sie nicht dem Spiel der Marktkräfte überlassen. Wir müssen andere Institutionen schaffen, um diese Prinzipien zu sichern. All das mag selbstverständlich klingen, und doch muss es gesagt werden, denn die Überzeugung, Märkte könnten und würden alle unsere Bedürfnisse regeln und befriedigen, ist weit verbreitet. Im 19. Jahrhundert nannte man diesen Glauben laissez faire. Ich habe einen besseren Namen dafür gefunden: Marktfundamentalismus. Marktfundamentalisten behaupten, dem Gemeinwohl sei am besten gedient, wenn man jedermann gestatte, seine Eigeninteressen zu verfolgen. Das hört sich nach einer verlockenden Idee an – leider stimmt sie nur zur Hälfte. Für die Verfolgung privater Interessen eignen Märkte sich hervorragend, aber sie sind nicht dafür gemacht, die Interessen der Allgemeinheit zu schützen."

ÖGB fordert sachliche Diskussion

Doch in der Auseinandersetzung „Gemeinwirtschaft kontra Markt" ging es nur zum Teil um die nüchterne Klärung von Sachfragen. Es ging zumindest im selben Ausmaß um grundsätzliche wirtschafts- und gesellschaftspolitische Ausrichtungen. Der ÖGB warnte von Anfang an davor, in der Privatisierung ein Allheilmittel zur Lösung aller Strukturprobleme zu sehen und die Auswirkungen auf die Qualität öffentlicher Leistungen und die politische Gestaltungsmöglichkeit außer Acht zu lassen. Er forderte sachlich statt ideologisch motivierte Entscheidungen ein, die der unterschiedlichen Funktion und Bedeutung von öffentlichen Aufgaben,

„natürlichen Monopolen", also gemeinwirtschaftlichen Leistungen und Industrie und Banken in (ganz oder mehrheitlich) staatlichem Besitz Rechnung tragen. Vor allem die ÖVP, ab 1986 wieder in einer Koalitionsregierung mit der SPÖ, ging dagegen mehrheitlich von der Überzeugung aus, „verstaatlichte Unternehmungen wirtschafteten schlechter", und die Privatisierung führe „zu einem Volk von Aktionären und bedeutet mehr Verständnis für marktwirtschaftliche Mechanismen". Aber auch etliche SPÖ-Politiker und der SPÖ nahe stehende Wirtschaftsexperten/-innen sahen, bemüht dem staatskritischen „Zeitgeist" zu entsprechen, die Chance, die „Trennung von politischen und wirtschaftlicher Verantwortung" zu vollziehen. Manche unter ihnen, wie der langjährige Finanzminister Ferdinand Lacina erkannten später die negativen Folgen des unreflektierten Privatisierungskurses, der dazu geführt hatte, dass ausländische Investment- und Pensionsfonds mit ihrer ausschließlichen Ausrichtung auf Aktionärsgewinne einen nicht zu unterschätzenden indirekten Einfluss auf die Unternehmenspolitik von österreichischen Schlüsselindustrien ausüben können. „Da wird nur die kurzfristige Gewinnmaximierung gefördert", kritisierte Lacina 1999 in einem Interview, „langfristige Strategien bleiben auf der Strecke. Das Shareholder-value-Konzept belohnt letztlich Arbeitsplatzabbau mit Aktienkurssteigerungen."

Staatskritischer Zeitgeist

Gefahr für Politikgestaltung

ÖGB-Urabstimmung im Herbst 2001. 56,5 Prozent der Gewerkschaftsmitglieder geben ihre Stimme ab, das sind mehr als 800.000 Menschen. Die politische Linie des ÖGB erhält überwältigende Zustimmung.

Wie tief greifend der Wandel war, der sich in Österreich ab Mitte der Achtzigerjahre vollzog, zeigt die Entwicklung der Eigentumsverhältnisse der österreichischen Wirtschaft. Vom System einer gemischten Wirtschaft mit verstaatlichten, privaten und im Eigentum der öffentlichen Hand befindlichen Unternehmungen, das die Situation in Österreich noch 1987 kennzeichnete, ist am Ende des Jahrhunderts fast nichts mehr übrig geblieben. Darüber hinaus hielten es die Koalitionsregierungen für angebracht, auch staatliche Leistungen, die bisher direkt in der Verantwortung der Hoheitsverwaltung gelegen hatten, „auszugliedern" und zum Teil ebenfalls zu privatisieren. Der Bogen spannte sich von der Arbeitsmarktverwaltung über Forschungsleistungen und Museen, Bahn und Post bis zum Plan, die Universitäten in „vollrechtsfähige" Einrichtungen umzuwandeln.

In den letzten Jahren vor dem neuen Jahrtausend brachte ein neuer Technologieschub neue Umwälzungen. Atypische Arbeitsverhältnisse wie Teilzeitarbeit, Heimarbeit am Computer oder geringfügige Beschäftigung werden vielfach zu „typischen".

In Österreich schieden die Sozialdemokraten im Februar 2000 nach 30 Jahren aus der Regierung aus. Die folgende Rechts-Koalition aus ÖVP und FPÖ stellte viele Werte der Zweiten Republik als veraltet in Frage, auch die Arbeitnehmermitbestimmung im Erfolgsmodell Sozialpartnerschaft. Der Sozialstaat sollte radikal beschnitten werden. Immer häufiger wurden Sozialreform und Sozialabbau gleichgesetzt. In der neuen politischen Landschaft war die Gewerkschaftsbewegung, gar nicht lange zuvor noch als starr und unbeweglich abgetan, als d i e Trägerin des Abwehrkampfs für den Sozialstaat unbestritten, angefeindet und gelobt. Die wichtigsten Stationen dieses Kampfs bis 2005:

Mai 2003 – Höhepunkt der Gewerkschaftsproteste gegen die Pläne der Regierung Schüssel zur „Sanierung" des Pensionssystems. Die Gewerkschaftsbewegung ist als die entscheidende Verteidigerin des Sozialstaats mittlerweile unbestritten.

5. Dezember 2000 – Menschenkette um das Parlament in Wien, Tausende Gewerkschafter/-innen protestieren gegen eine Budgetsanierung im Interesse des Turbokapitalismus.

Demo für Demokratie

5. Juli 2001 – Die große Demonstration für Demokratie nach einem einstimmigen Beschluss des ÖGB-Vorstands. Trotz Urlaubszeit nahmen an die 50.000 Menschen aus ganz Österreich teil.

ÖGB-Urabstimmung

September bis 15. Oktober 2001 – ÖGB-Urabstimmung. 56,5 Prozent aller Gewerkschaftsmitglieder gaben ihre Stimme ab – das sind mehr als 800.000 Menschen. Die politische Linie des ÖGB erhielt überwältigende Zustimmung. 88 Prozent befürworteten – falls notwendig – auch Kampfmaßnahmen.

6. bis 10. April 2002 – Volle Unterstützung für das „Sozialstaatsvolksbegehren" durch ÖGB und Arbeiterkammer. Engagierte Wissenschafter/-innen haben in privater Initiative die Forderung der Gewerkschaftsbewegung nach sozialen Grundrechten in der Verfassung aufgriffen.

6. Mai 2003 – Erster Höhepunkt beim Kampf gegen die Pensions„sicherungs"pläne der Regierung mit Streiks und Demonstrationen in ganz Österreich.

Demo gegen „Pensionsraub"

13. Mai 2003 – Die große „Regendemo gegen Pensionsraub". Trotz Unwetters kamen fast 200.000 Menschen.

Zukunftsprojekt Gewerkschaft

Zweifellos erlebt der ÖGB im 60. Jahr seines Bestehens nicht gerade die einfachste Phase seiner Geschichte. Aber: Wann war das Eintreten für Arbeitnehmer/-inneninteressen schon einfach? Nie. In einer Zeit, in der neoliberale Ideologien alles und alle zu vereinnahmen drohen, müsste die Gewerkschaftsbewegung erfunden werden, wenn es sie nicht schon gäbe, denn die Demokratie benötigt die Gewerkschaften angesichts der neuen Herausforderungen dringender denn je.

Demokratie braucht Gewerkschaft

„Gewerkschaften", sagte Fritz Verzetnitsch 1993 im Rückblick auf die hundertjährige Geschichte einer branchenübergreifenden gewerkschaftlichen Zusammenarbeit in Österreich, „waren und sind immer eine Antwort auf eine Welt, die nicht in Ordnung ist." Mit „Antwort" ist nicht gemeint, dass sich die Gewerkschaftsbewegung darauf beschränkt, einfach auf Entwicklungen zu reagieren. Sie kann zwar die kapitalistische Wirtschafts- und Gesellschaftsordnung nicht umwandeln, was ihr viele ihrer idealistischen Kritiker enttäuscht übel nehmen. Aber sie stellt – wie unvollkommen auch immer – eine und zunehmend die einzige organisierte „soziale Gegenmacht" innerhalb des Systems dar.

Soziale Gegenmacht

Das Prinzip des ÖGB und seiner Gewerkschaften, Lösungen auf dem Verhandlungsweg zu erreichen, wo immer dies möglich ist, schließt die Bereitschaft zu Kompromissen mit ein, solange diese dem Interesse der Arbeitnehmer/-innen eher dienen als der Verzicht auf eine Regelung durch das Beharren auf dem hundertprozentigen Durchsetzen der Forderung. Das verleitete manche Beobachter zu dem Schluss, die österreichische Gewerkschaftsbewegung habe freiwillig auf ihre Rolle als Gegenmacht verzichtet. Wer weiß, welchen immer größeren Einsatz es erfordert, Kollektivvertragsverhandlungen zu einem vertretbaren Abschluss zu bringen, einen Sozialplan zu verhandeln oder die Interessen der Arbeitnehmer/-innen zu wahren, wenn Gesetze geändert oder neu beschlossen werden, wird kaum Anlass haben, diese Einschätzung zu teilen.

Gegen Anpassung an den „Zeitgeist"

Das Unbehagen mit der Gegenmacht Gewerkschaft liegt letztlich darin begründet, dass sie aufgrund ihres Auftrags nicht bereit sein kann, sich dem „Zeitgeist" anzupassen, nur um „modern" zu erscheinen.

Ein Ausdruck dafür waren die Auseinandersetzungen um den 1. Mai, den „Tag der Arbeit" als gesetzlicher Feiertag, die seit Beginn der 90er-Jahre nicht mehr nur versteckt und 1999 seitens der Wirtschaftskammer Wien besonders aggressiv geführt wurden. Der Mai-Aufruf des ÖGB-Präsidenten 1997 erklärte den Grund dafür: „Jeder Beschäftigte hat das Recht auf gerechten Anteil an dem, was er miterwirtschaftet hat! Der Tag der Arbeit ist genau der Tag, an dem sich Arbeitgeber und Wirtschaftsfunktionäre daran zu erinnern haben. ... Umverteilung von unten nach oben, Angriffe auf Arbeitnehmerrechte, Philosophien über die gewerkschaftliche Kollektivvertragsautonomie und das In-Frage-Stellen des gerechten

Anteils der Beschäftigten am Produktivitätszuwachs der Wirtschaft: Sie alle schaffen keine neuen Arbeitsplätze. ... Wir treten gegen das Kapital auf, das keine Arbeit schafft! Wir Gewerkschafter setzen uns bei diesem Engagement für jene ein, die Arbeit suchen, für jene, deren Arbeitsplatz gefährdet ist, und für jene, die Arbeit haben."

Engagement für Arbeit als Lebensgrundlage

„Das Verhalten der Gewerkschaften beruht", um nochmals Fritz Klenner zu zitieren, der die Geschichte des ÖGB besser kannte als jede/jeder andere in Österreich, „auf der Verpflichtung, sich Änderungen entgegenzustellen, die die Lebensinteressen davon betroffener Arbeitnehmer entscheidend gefährden könnten. Hinter Neuerungen und auch Veränderungen stehen Interessen. ... Der Fortschritt hat nämlich ein ‚Janusgesicht', und es ist offen, in welche Richtung er geht. Die Tätigkeit der Gewerkschaften soll ihm seine soziale und humane Balance in Bezug auf die Arbeitswelt geben – darum ging es in der Vergangenheit, und so wird es in der Zukunft bleiben."

Gewerkschaft steht für soziale Verantwortung

Dieser Beitrag stützt sich im Wesentlichen auf folgende Publikationen:

Fritz Klenner, Brigitte Pellar: Die österreichische Gewerkschaftsbewegung von den Anfängen bis 1999, Wien 1999.

Artikel und Kommentare aus der Zeitschrift „Arbeit und Wirtschaft". „Arbeit und Wirtschaft" war von 1923 bis 1934 offizielles Organ des Österreichischen Arbeiterkammertags und der Freien Gewerkschaften und wird in der Zweiten Republik von ÖGB und Arbeiterkammertag/Bundesarbeitskammer gemeinsam herausgegeben.

Agnes Broessler, Gottfried Duval, Walter Göhring: ÖGB – Stationen vom ersten Kongress ins nächste Jahrhundert. AW Spezial 90, Beilage in der Juni-Nummer von „Arbeit & Wirtschaft" 1998.

40 Jahre ÖGB – Erfahrungen, Entwicklungen, Bildungsinformation, Arbeit & Wirtschaft 4A/85.

Kammer für Arbeiter und Angestellte für Wien (Hrsg.) Stationen der österreichischen Gewerkschaftsbewegung vom Revolutionsjahr 1848 bis in das Elektronikzeitalter – Geschichten zur Geschichte – Hintergründe – Zusammenhänge. Ausstellungskatalog des Instituts für Gewerkschafts- und AK-Geschichte (Textgestaltung Sabine Lichtenberger), Wien 2001.

CD-ROM „110 Jahre Gewerkschaft der Eisenbahner". Ein Produkt der GdE (Bildungsreferat).

Skript zum Filmprojekt „Solidarität" – Clips aus der Geschichte der österreichischen Gewerkschaftsbewegung, Wien 2004.

Anton Pelinka

Der ÖGB und die Republik. Anmerkungen zu einer gemeinsamen Geschichte

Univ.-Prof. Dr. Anton Pelinka lehrt an der Universität Innsbruck Politikwissenschaft, Leiter des Instituts für Konfliktforschung in Wien. Zahlreiche Veröffentlichungen zu Problemen der Demokratie-Theorie, des politischen Systems Österreichs und der vergleichenden Parteien- und Gewerkschaftsforschung

Die Zweite Republik Österreich ist das Produkt des Zweiten Weltkriegs. Der Sieg der Alliierten bedeutete die Befreiung eines Landes, das 1938 dem Druck des deutschen NS-Regimes und dem der österreichischen Nationalsozialisten zum Opfer gefallen war; das schon davor, 1934, seinen demokratischen Charakter verloren hatte; und das – als Erste Republik – immer vom Schatten der Selbstzweifel überlagert worden war.

1945 war das Jahr der Befreiung Österreichs – 1955 das Jahr der Herstellung der vollen Souveränität. Die Unabhängigkeitserklärung vom 27. April 1945 signalisierte den demokratischen Neuanfang – der Staatsvertrag vom 15. Mai 1955 die internationale Anerkennung der Republik Österreich.

Zweite Republik und ÖGB entstanden fast zeitgleich

Zeichen des Neuanfanges und der Demokratie war es, dass die Zweite Republik und der Österreichische Gewerkschaftsbund zeitlich fast parallel entstanden: Schon am 15. April 1945 wurde die Gründung des Österreichischen Gewerkschaftsbundes von den Vertretern der alten Richtungsgewerkschaften verabredet – und am 30. April 1945 wurde der ÖGB offiziell gegründet. Dem ersten (provisorischen) Bundesvorstand gehörten 15 Vertreter der ehemaligen (sozialdemokratischen) Freien Gewerkschaften, 6 Vertreter der KPÖ und 6 der ehemaligen Christlichen Gewerkschaften (also der ÖVP) an. (*Klenner, Pellar* 381 f.)
Die Zweite Republik begann als Konzentrationsregierung – in der von Staatskanzler Karl Renner geführten Provisorischen Staatsregierung waren SPÖ, ÖVP und KPÖ zu gleichen Teilen vertreten. Der ÖGB begann als Zusammenschluss der in der Ersten Republik noch getrennten Richtungsgewerkschaften – in dem von Johann Böhm geführten Bundesvorstand fanden sich ebenfalls Repräsentanten der drei Parteien, die für die Gründung der Zweiten Republik die Verantwortung trugen.

Gründung des ÖGB im Zeichen der Überparteilichkeit

Die Überparteilichkeit des ÖGB war einerseits eine Selbstverständlichkeit. Es entsprach dem Geist der Stunde, dass sich die Vertreter des Gewerkschaftsgedankens und der Gewerkschaftsbewegung – Vertreter, die es in allen drei Parteien gab, die gemeinsam die Unabhängigkeitserklärung verfasst und eine gemeinsame Regierung gegründet hatten – zu einer gemeinsamen Gewerkschaftsorganisation zusammenfanden.
Doch das, was am Ende des Zweiten Weltkriegs fast selbstverständlich schien, war keineswegs ein Produkt der gewerkschaftlichen Traditionen. Insbesondere die Entwicklung, die die sozialdemokratischen und die christlichen Gewerkschafter vor 1934 genommen hatten, war vor allem vom Gedanken der zwischengewerkschaftlichen Konkurrenz bestimmt gewesen; und die Jahre zwischen 1934 und 1938, als die sozialdemokratischen Gewerkschafter sich in der Illegalität fanden, die christlichen aber – als Teil des autoritären Ständestaates – die „Einheitsgewerkschaft" einer Diktatur lenkten, hätten ebenfalls eher ein Gegeneinander als ein Miteinander der beiden Richtungsgewerkschaften vermuten lassen. Doch die Erfahrung der Jahre von 1938 bis 1945 wog stärker: Die totalitäre Diktatur des NS-Regimes relativierte die alten Gegensätze, die sich bis 1938 noch verstärkt hatten.
Auch hier ist die Parallele deutlich: Die Zweite Republik war möglich, weil die Bürgerkriegsgegner des Februar 1934 die Erfahrung der Zerstörung der Ersten Republik durch die Erfahrung der siebenjährigen NS-Diktatur nicht wegschieben, aber doch relativieren konnten. Insbesondere der SPÖ und den sozialdemo-

Wien, XXI. Schlingerhof

kratischen Gewerkschaftern war es so möglich, die Repräsentanten des katholisch-konservativen Lagers nicht nur als die Verantwortlichen der Dollfuß- und der Schuschnigg-Diktatur zu sehen, sondern auch als Opfer des Nationalsozialismus. Die erste Erfahrung trennte – die zweite aber verband.

Diese Relativierung der Geschichte wurde auch noch von einem außenpolitischen Kalkül begleitet: Die Moskauer Deklaration vom 1. November 1943 hatte klar gemacht, dass Österreich auf internationaler Ebene zu gewinnen hatte, wenn das Land sich primär als Opfer des Hitler-Regimes darstellen konnte. Dadurch wurde die reale Opferrolle besonders wichtig und glaubwürdig, die in den persönlichen Biographien von Leopold Figl und Alfred Migsch, Franz Olah und Alfred Maleta, Benedikt Kautsky und Lois Weinberger und Adolf Schärf zum Ausdruck kam. Die persönlichen Opfererlebnisse verbanden.

Siamesische Zwillinge?

Aus den Anfängen der sozialistischen Arbeiterbewegung stammt die Vorstellung, Partei und Gewerkschaft seien siamesische Zwillinge – auf Gedeih und Verderb aneinander gebunden, voneinander abhängig. Wegen der Überparteilichkeit des ÖGB kann dieses Bild nur noch für die Fraktion sozialdemokratischer Gewerkschafter gelten – und nicht mehr für den gesamten Gewerkschaftsbund. Dieser ist viel eher mit der Zweiten Republik insgesamt verbunden; oder war es zumindest in deren ersten Jahrzehnten. Das hängt auch mit den Anfängen dieser Republik und des ÖGB zusammen.

Im Gleichklang: Die Republik wurde stärker – der ÖGB wurde stärker

Dass die Zweite Republik und der ÖGB noch vor dem Ende des 2. Weltkriegs in Europa gegründet wurden, weist sie als Zwillinge, als Produkte ein und derselben Zeit aus. Und tatsächlich hängen die besonderen Qualitätsmerkmale dieser Republik eng mit der Entwicklung des ÖGB zusammen. Die Republik wurde stärker – und der ÖGB wurde stärker. Die Zweite Republik erreichte, anders als die Erste, eine breite Akzeptanz im In- und im Ausland – und der ÖGB identifizierte sich mit dieser seiner Republik ohne Vorbehalt. Die Republik gab dem ÖGB einen offiziellen Status – von der arbeitsrechtlichen Anerkennung der vom ÖGB abgeschlossenen Kollektivverträge bis zur Einbeziehung des ÖGB in den vorparlamentarischen Raum der Gesetzgebung. Der ÖGB beteiligte sich an der Republik – von ÖGB-Vertreterinnen und -Vertretern in den Nationalratsfraktionen verschiedener Parteien (vorrangig der SPÖ) bis (jedenfalls bis 2000) zu den Bundesministerinnen und Bundesministern, die an der Spitze der Arbeitsmarktverwaltung Verantwortung für die soziale Balance des Landes hatten.

Der ÖGB als Teil der Republik

Der ÖGB wurde so Teil der Republik – Teil ihrer Geschichte, Teil ihrer Qualität. Dass – zumeist mit negativem Unterton – das Wort vom „Gewerkschaftsstaat" aufkommen konnte, zeigt nur, wie weit Republik und

ÖGB als Einheit wahrgenommen wurden. Dem Verfassungsrecht konnte – grundsätzlich zu Recht – die Verfassungswirklichkeit entgegengestellt werden; und in dieser kam dem ÖGB eine wesentliche Rolle zu. Die Realität österreichischer Politik wurde in den ersten Jahrzehnten der Zweiten Republik wesentlich auch vom Gewerkschaftsbund bestimmt: Die Lohn-Preisabkommen und die Gründung der Paritätischen Kommission, das ASVG und die gesetzliche Verkürzung der Arbeitszeit – alles das trug auch die politische Handschrift des ÖGB. Der ÖGB konnte sich mit dieser Republik identifizieren – und die Republik hatte im ÖGB eine starke Stütze.

Diese Einheit zwischen Republik und ÖGB hatte ihre Vorzüge, aber auch ihren Preis. Der ÖGB war in der Lage, die Republik teilweise nach den Vorstellungen (mit) zu gestalten, die den Interessen der Arbeitnehmerinnen und Arbeitnehmer entsprachen. Dass die Zweite Republik zu einem Sozial- und Wohlfahrtsstaat wurde, war wesentlich das Verdienst einer starken, durch den ÖGB eins gewordenen Gewerkschaftsbewegung. Die unbestreitbare Erfolgsgeschichte der Zweiten Republik ist auch und wesentlich das Resultat der Integration des ÖGB in diese Republik.

ÖGB in Verantwortung

Doch damit übernahm der ÖGB auch eine Verantwortung für diese Republik. Eine solche Verantwortung konnte der ÖGB relativ leicht tragen, solange das Wirtschaftswachstum eine weit gehende Vollbeschäftigung und ständige Erhöhungen der Realeinkommen sicherte: Der ÖGB sorgte für eine weitgehend als „gerecht" empfundene Einkommensverteilung und half so mit, Gesellschaft und Politik Österreichs zu stabilisieren. Sobald jedoch die ökonomische Erfolgsbilanz widersprüchlich wurde

und soziale Kosten zu verteilen waren, war (und ist) es für den ÖGB nicht leicht, von einer Rolle des Stabilisators zu einer Rolle des Kritikers überzugehen.

Diejenigen, die den „Gewerkschaftsstaat" kritisierten, waren immer entweder politisch naiv – oder aber an anderen als den von den Gewerkschaften vertretenen Interessen orientiert. Naiv war und ist es, anzunehmen, dass in den von der Verfassung vorgezeichneten Kanälen allen speziellen Interessen der außerparlamentarische Zugang erfolgreich verwehrt werden könnte: Immer und überall beschreibt eine Verfassung nur einen Teil der Wirklichkeit; immer und überall ergänzt der Druck spezieller Interessen diese von der Verfassung normierte Realität. Daher war und ist der (oft erfolgreiche) Versuch des ÖGB, auf den politischen Prozess – etwa im vorparlamentarischen Bereich – im Interesse der Arbeitnehmerinnen und Arbeitnehmer Einfluss zu nehmen, immer nur als Ergänzung und Korrektiv anderer Interessen zu sehen. Die Lobbys der Arbeitgeberverbände haben jedenfalls eine viel längere Tradition als die Druckausübung der Gewerkschaften.

Balance zwischen den Interessen des Kapitals und den Interessen der Arbeit

Die Zweite Republik sorgte für eine Balance zwischen den Interessen des Kapitals und den Interessen der Arbeit. Dass die Arbeitgeberverbände diese Balance nach 1945 zu akzeptieren bereit waren, war weniger einer idealistischen Einsicht und mehr einem Kräfteparallelogramm zuzuschreiben: In den Zeiten der Besatzung und des Wiederaufbaus, dann aber auch in denen des rasanten Wirtschaftswachstums und der – annähernden – Vollbeschäftigung war es die Folge einer nüchternen Analyse, wenn Wirtschaftskammern und Industriellenvereinigung den ÖGB und die Arbeiterkammern als gleichberechtigte Partner akzeptierten. Diese Gleichberechtigung – in Österreich „Sozialpartnerschaft" genannt – war nicht das Resultat einer Liebesbeziehung, sondern einer Interessenkonstellation.

Sozialpartnerschaft als Ausdruck des Gleichgewichts

So entstand, als Identitätsmerkmal der Zweiten Republik, das spezifische Netzwerk der österreichischen Sozialpartnerschaft. Dass der ÖGB daran verantwortlich und führend mitwirkte, drückte sich in der Personalisierung der Sozialpartnerschaft aus: Sie wurde von Anfang an mit den beiden Namen Johann Böhm und Julius Raab (später oft auch mit Anton Benya und Rudolf Sallinger) assoziiert. Der Präsident des ÖGB steht, gemeinsam mit dem Präsidenten der Bundeswirtschaftskammer, für jene Strategie, die – frei nach Bruno Kreisky – auch als „Sublimierung des Klassenkampfes" bezeichnet werden kann:

Sozialpartnerschaft als „Sublimierung des Klassenkampfes"

Die Gegensätze zwischen Arbeit und Kapital werden durch die Sozialpartnerschaft nicht aufgehoben; doch die Austragung der Konflikte wird auf eine neue Ebene gehoben, auf die der (oft zähen, oft gar nicht so friedlichen) Verhandlungen. Die Widersprüche der Interessen werden

durch Abtausch, durch Kompromisse ausgetragen. Die Logik der Sozialpartnerschaft ist der eines Nullsummenspiels entgegengesetzt, in dem die Verluste der einen mit den Gewinnen der anderen Seite gleichzusetzen sind. Die Sozialpartnerschaft baut auf der Annahme, dass eine „Win-win"-Logik möglich ist: Die Ergebnisse eines Verhandlungsprozesses können allen nützen und niemanden schwächen.

Diese Logik der Kompromissbildung durch Verhandeln wurde zunächst realisiert, als zwischen 1947 und 1951 die Bundesregierung – die 1947 durch das Ausscheiden der KPÖ von einer Allparteien- und Konzentrationsregierung zu einer Großen Koalition geworden war – im Einvernehmen mit ÖGB und Arbeiterkammer, Wirtschafts- und Landwirtschaftskammer die Entwicklung der Löhne und Preise zu stabilisieren versuchte. Und das war der Fall, als 1957 – ergänzt durch die Zusatzabkommen von 1962 (Raab-Olah-Abkommen) und 1963 (Raab-Benya-Abkommen) – dieselben Akteure die Paritätische Kommission aufbauten, deren Hauptaufgabe ursprünglich ebenfalls die einvernehmliche Kontrolle der Preise und Löhne war, die aber zunehmend auch eine Plattform einer kooperativen Wirtschaftssteuerung wurde.

Die österreichische Sozialpartnerschaft war (ist) ein institutionelles Gefüge – also eine Vielfalt von Netzwerken ebenso wie Teil einer bestimmten politischen Kultur. Zu den Netzwerken zählten, neben der Paritätischen Kommission, das System der autonomen Lohnpolitik (Kollektivverträge), die gemeinsame Mitgestaltung der Währungspolitik (im Generalrat der Oesterreichischen Nationalbank) und bestimmter Bereiche der Rechtssprechung (im arbeits- und sozialgerichtlichen Verfahren) und vor allem auch die konkrete Ausgestaltung des Systems der Sozialversicherungen.

Der Beitrag der Sozialpartnerschaft und damit auch des ÖGB zur politischen Kultur bestand (besteht) in bestimmten politischen Verhaltensregeln, die – ungeschrieben, aber internalisiert – das politische Gleichgewicht sichern helfen. Das kam vor allem in den beiden Jahrzehnten zum Tragen, in denen Österreich nicht von einer Großen Koalition regiert wurde, von 1966 bis 1986. Kanzler und ÖVP-Parteiführer Josef Klaus legte ebenso großen Wert auf die bestmögliche Gesprächsbasis zur ÖGB-Spitze, wie der

Kanzler und SPÖ-Parteivorsitzende Bruno Kreisky die vitalen Interessen der Wirtschaftskammer und der Industriellenvereinigung zu respektieren bemüht war.

Zwischen 1966 und 1986 war die Sozialpartnerschaft eine Fortsetzung der Großen Koalition mit anderen Mitteln. Während zunächst die SPÖ, dann die ÖVP von der zentralen Entscheidung durch Regierung und Parlamentsmehrheit ausgeschlossen waren, sorgten die Sozialpartner dafür, dass die Zweite Republik dennoch in der Balance blieb. Weder die Regierung Klaus noch die Regierung Kreisky – und auch nicht die Koalitionsregierung Sinowatz-Steger – versuchten, den bestimmenden Einfluss der Sozialpartnerschaft auf entscheidende Bereiche der Wirtschafts-, Finanz- und Sozialpolitik zurückzudrängen.

ÖVP-FPÖ: Versuche, die Sozialpartnerschaft zu schwächen

Eben das sollte sich 2000 ändern: Das Ende der (zweiten) Großen Koalition und die folgende Koalitionsregierung ÖVP-FPÖ waren durch die systematischen Versuche der regierenden Mehrheit charakterisiert, die Sozialpartnerschaft zu schwächen. Am deutlichsten kam dies in der Neuordnung der Sozialversicherungen zum Ausdruck („Lex Sallmutter"): Diese sollten nicht mehr von den Verbänden der Sozialpartnerschaft in Autonomie, das heißt vor allem unabhängig von der regierenden Mehrheit bestimmt werden; vielmehr sollte, in Form einer faktischen Verstaatlichung, diese Autonomie durch direkte Zugriffsrechte der Regierung ersetzt werden.

Eine „Dritte Republik"?

Doch es wäre falsch, hinter dieser Entwicklung primär einen „bösen Willen" zu sehen. Denn unabhängig von den – natürlich interessengeleiteten – Intentionen der Akteure der ab 2000 regierenden Koalition hatte sich davor schon der gesellschaftliche Rahmen verschoben, der nach 1945 der Sozialpartnerschaft und damit dem ÖGB einen so prominenten Platz im Gefüge der Republik erlaubt hatte.

Die wesentlichen Veränderungen der Rahmenbedingungen waren lange vor 2000 zu spüren gewesen. Die wachsende Integration der österreichischen Wirtschaft in den europäischen und den globalen Markt führte zur Erosion traditioneller Steuerungsinstrumente, die vor allem der ÖGB genutzt hatte – etwa der freiwilligen Preiskontrolle im Rahmen der Paritätischen Kommission. Globale ökonomische Tendenzen wie etwa die europäische Stahlkrise bewirkten, dass schon ab 1987, in der Großen Koalition und unter der Federführung sozialdemokratischer Politiker, mit einer schrittweisen Privatisierung der verstaatlichen Industrie und der verstaatlichten Banken begonnen wurde. Darüber hinaus schwächte die gesellschaftliche

und wirtschaftliche Entwicklung den sekundären Sektor (Industrie) und begünstigte den tertiären Sektor (Dienstleistungen) – und damit verloren die Großbetriebe der Industrie, traditionelle Herzstücke gewerkschaftlicher Organisationskraft, allmählich an Bedeutung.
Damit begann der gewerkschaftliche Organisationsgrad zu sinken – parallel mit einer analogen Entwicklung in fast allen Industriestaaten. Dadurch geriet aber das nicht auf Idealen, sondern auf Interessen gebaute System sozialpartnerschaftlicher Balance ins Rutschen. Denn warum sollten die Arbeitgeber, warum sollte der Produktionsfaktor Kapital nicht versucht sein, aus solchen Entwicklungen einen Nutzen zu ziehen?
In den 70er- und noch in den 80er-Jahren wurde die österreichische Sozialpartnerschaft vor allem von „links" kritisiert; von einer Position, die – im Sinne Otto Bauers – ein „Gleichgewicht der Klassenkräfte" nur als Zwischenstation auf dem Weg zum Sozialismus akzeptieren wollte. In den späteren 80er-Jahren verschob sich die kritische Perspektive nach rechts: Die Sozialpartnerschaft wurde zunehmend als Hindernis für die konsequente Durchsetzung der „reinen" („neoliberalen") Lehre der Marktwirtschaft gesehen.

„Gleichgewicht der Klassenkräfte" oder Hindernis für Marktwirtschaft

Ist damit schon ein Beleg dafür erbracht, dass die Zweite Republik irgendwann – wohl rund um die Regierungsbildung des Jahres 2000 – einer Dritten Republik Platz gemacht hat, in der nicht mehr ein soziales und politisches Gleichgewichtsdenken dominiert, sondern die Gleichsetzung von Demokratie mit ungebremsten politischem und wirtschaftlichem Wettbewerb? Hat die Konsensdemokratie der uneingeschränkten Konkurrenzdemokratie Platz gemacht?
Die für viele überraschende Mobilisierungskraft, die der ÖGB bei den Streiks des Jahres 2003 bewiesen hat, könnte als Beleg für ein Ja angeführt werden: Dass der ÖGB zur Waffe eines so breiten Streiks gegriffen hat, demonstrierte den Wandel der politischen Kultur Österreichs. Dass der ÖGB aber dazu in der Lage war, zeigte, dass dies sicherlich nicht ein letztes Aufbäumen, sondern eher ein Einüben in eine offene und vehemente Form der Konfliktaustragung war.

Eine besondere Herausforderung für den ÖGB war und ist auch, dass sich eine wachsende Zahl der Österreicherinnen und Österreicher nicht mehr in eines der traditionellen „Lager" einordnen lässt und zu politischen Parteien prinzipiell Distanz wahrt. Am Beginn des ÖGB stand der Konsens zwischen gewerkschaftlichen Gruppierungen, die sich einer der drei „Republik gründenden" Parteien des Jahres 1945 zugehörig fühlten. 60 Jahre später muss sich der ÖGB verstärkt um jene Arbeitnehmerinnen und Arbeitnehmer kümmern, die sich weder der SPÖ noch der ÖVP fest verbunden fühlen. Darauf müssen erst organisatorische Antworten gefunden werden – in Form einer Verstärkung innergewerkschaftlicher Demokratie, die nicht nur auf die (parteipolitisch definierten) Fraktionen aufbaut.

Der ÖGB hat einiges eingebüßt – an Organisationskraft, aber auch an seiner Fähigkeit, im informellen Bereich der politischen Vernetzungen die von ihm vertretenen Interessen „am grünen Tisch" durchzusetzen. Aber er hat nicht seine Fähigkeit verloren, diese Interessen in aller Offenheit und in kämpferischer Form zu mobilisieren. Das aber ist ein wesentliches Definitionsmerkmal einer Konkurrenzdemokratie.

Die britische Militärdoktrin ging in den ersten Jahrzehnten des 20. Jahrhunderts von der Annahme aus, dass die britische Kriegsflotte durch ihre bloße, alle Konkurrenten abschreckende Existenz – als „Fleet in Being" – jeden wirklichen Kampfeinsatz auf hoher See überflüssig machen würde. 1939 und in den Jahren danach musste die britische Führung erfahren, dass diesem Konzept die Realität davon gelaufen war. Der ÖGB konnte Jahrzehnte hindurch von der Annahme ausgehen, dass seine organisatorische Stärke und seine strategische Vernetzung als Potenzial dafür ausreichend wären, dass sich der Gewerkschaftsbund politisch durchzusetzen vermag. Von 2000 an ist der ÖGB aber nun gezwungen, den Nachweis zu erbringen, dass sein Potenzial nicht nur am Papier, sondern auch im offenen Konflikt besteht. Er hat aufgehört, die „Fleet in Being" der österreichischen Demokratie zu sein.

Gewerkschaftsbewegung internationalisiert sich

Das mag das Ende einer bestimmten, für die Zweite Republik entscheidenden politischen Kultur anzeigen. Aber das ist nicht das Ende der Demokratie – und erst recht nicht einer unabhängigen Gewerkschaftsbewegung. Doch diese muss sich, um durchsetzungsfähig zu bleiben, mit den sich ändernden gesellschaftlichen Bedingungen auch weiter entwickeln – vor allem in Richtung auf Internationalität. Nur eine transnationale, zunächst vor allem die europäische Vernetzung der Gewerkschaften sichert die Fähigkeit des Faktors Arbeit, ein Gegengewicht gegenüber einem schon längst transnational agierenden Faktor Kapital zu bilden. Der Europäische Gewerkschaftsbund ist ein Schritt in diese Richtung.

Welches Jubiläum – 1945 oder 1955?

2005: zwei Jubiläen

2005 ist das Jahr der zwei Jubiläen. Es erinnert an die Befreiung Österreichs – und an seine Freiheit; daran, dass die Niederlage des Deutschen Reiches 1945 den demokratischen Neubeginn eines unabhängigen Österreich ermöglichte; aber auch daran, dass der internationale Status der Zweiten Republik erst 1955 geklärt werden konnte.

Diese beiden Jubiläen sollen und können nicht gegeneinander ausgespielt werden – aber sie haben eine höchst unterschiedliche Resonanz: Fast alle in Österreich sehen den 15. Mai 1955, den Tag des Staatsvertrages, und den 26. Oktober 1955, den Tag der Erklärung der Neutralität, uneingeschränkt positiv. Die Erinnerung an 1955 eint. Die Erinnerung an 1945 hingegen ist kontrovers: Vielen ist der 27. April 1945 der Tag der Befreiung – und als solcher ein Freudentag; aber für andere ist eben dieser Tag gleichbedeutend mit persönlicher Niederlage und Katastrophe. Für die österreichischen Nationalsozialisten – die etwa 600.000 Mitglieder der NSDAP und diejenigen, die auch ohne eine Mitgliedschaft mit dem Regime sympathisierten und eine Niederlage der „Großdeutschen Wehrmacht" fürchteten – für diese musste und muss das Jahr 1955 ein Jahr der Aussöhnung sein, an dem Gegner und Anhänger des Hitler-Regimes sich auf einer Seite wieder fanden: auf der Seite derer, die den Staatsvertrag bejubelten.

Widersprüche

Das Gedenkjahr 1955 hat deshalb auch etwas Verharmlosendes – das Gedenkjahr 1945 hingegen etwas Provokatives. Das Gedenkjahr 1955 deckt wesentliche Widersprüche in Österreichs Geschichte zu: etwa den Widerspruch zwischen dem 1943 Österreich von den Alliierten verliehenen (und ab 1945 erfolgreich von österreichischen Regierungen genutzten) Opferstatus und dem Verhalten des offiziellen Österreich, das sich schon bald nach 1945 viel mehr um die verzeihende und vergessende Integration der (ehemaligen) Nationalsozialisten bemühte als um die Integration vieler realer Opfer des NS-Regimes. Das Gedenkjahr 1945 hingegen schärft den Blick auf solche Widersprüche.

Doch für den ÖGB ist wohl auch wesentlich, was für die Entwicklung der Gewerkschaftsbewegung entscheidend war. Und diese Überlegung spricht ganz eindeutig für eine besondere und vorrangige Betonung des Jahres 1945. Dieses war das Jahr der Gründung eines einerseits überparteilichen, andererseits aber auch die richtungsgewerkschaftlichen Traditionen fortführenden gewerkschaftlichen Dachverbandes.

Weichenstellung vor 1955

Die Jahre unmittelbar nach 1945 waren auch die für die Formung des ÖGB entscheidenden: die fünf Lohn- und Preisabkommen; der Konflikt mit der KPÖ im Zusammenhang mit dem 4. Lohn-Preisabkommen 1950, der zu einer Zurückdrängung der kommunistischen Fraktion im ÖGB und zu einer Festigung der antikommunistischen Orientierung des Gewerkschaftsbundes führte; und die Verabschiedung des ASVG: Alle diese Weichenstellungen wurden schon vor 1955 vorgenommen.

Sicherlich konnte und kann sich der ÖGB zu denen zählen, die das Jahr 1955 eindeutig als positiv erfahren und deshalb gute Gründe haben, sich daran auch und ohne Einschränkungen positiv zu erinnern. Aber für die Geschichte der österreichischen Gewerkschaften ist 1945 das entscheidende Jahr, das die weitere Entwicklung primär geprägt hat. Gerade für den ÖGB sind die Ereignisse des Jahres 1955 in erster Linie die Bestätigung und Absicherung dessen, was 1945 erfolgreich und bleibend errichtet werden konnte: eine demokratische Republik und ein freier Gewerkschaftsbund.

Literatur:

Bischof, Günter; Pelinka, Anton (eds.): Austro-Corporatism. Past, Present, Future. Contemporary Austrian Studies, Vol. 4. New Brunswick 1996 (Transaction Press).

Karlhofer, Ferdinand; Tálos, Emmerich: Sozialpartnerschaft und EU. Integrationsdynamik und Handlungsrahmen der österreichischen Sozialpartnerschaft. Wien 1996 (Signum).

Klenner, Fritz; Pellar, Brigitte: Die österreichische Gewerkschaftsbewegung. Von den Anfängen bis 1999. 2., bearbeitete und aktualisierte Auflage. Wien 1999 (Verlag des ÖGB).

Pelinka, Anton; Welan, Manfried: Austria Revisited. Demokratie und Verfassung in Österreich. Wien 2001 (WUV).

Tálos, Emmerich (Hg.): Sozialpartnerschaft. Kontinuität und Wandel eines Modells. Wien 1993 (Verlag für Gesellschaftskritik).

Oliver Rathkolb

Demokratieentwicklung in Österreich seit 1945. Eine historische Rückschau

Univ.-Doz. Dr. iur. et phil. Oliver Rathkolb, Zeithistoriker, Universitätsdozent (Universität Wien), wissenschaftlicher Leiter des Demokratiezentrums Wien sowie des Ludwig-Boltzmann-Institutes für Geschichte und Gesellschaft

60 Jahre nach Kriegsende soll Bilanz über die Entwicklung der Demokratie in Österreich gezogen werden. Immerhin sind erst sechzig Jahre vergangen, seitdem die Alliierten – vor allem die Rote Armee, US-Einheiten und britische Soldaten sowie vereinzelte österreichische Widerstandsgruppen von Tirol über das Ausseerland bis Wien – das NS-Regime und die nationalsozialistische Diktatur zerschlugen. Ein historischer Rückblick vor 1938 zeigt aber, dass auch vor 1918 keineswegs von einer funktionierenden demokratischen (konstitutionellen) Monarchie gesprochen werden kann – sogar der eher repräsentative „Reichsrat" war bereits 1907 von Kaiser Franz Joseph aufgelöst worden und erst 1917 wieder von seinem Nachfolger, Kaiser Karl, einberufen worden.

Autoritäre Kontinuitäten vor 1938

„Der Staat, den keiner wollte"

Während 1918 die maßgebenden politischen Kräfte die Demokratie und die Abschaffung der Monarchie uneingeschränkt befürworteten, war die Akzeptanz der Kleinstaatlichkeit gering. Der Satz vom „Staat, den keiner wollte" drückt diese Zweifel an der wirtschaftlichen und nationalstaatlichen Lebensfähigkeit des Kleinstaates nach Zerfall Österreich-Ungarns präzise aus. Der „Anschluss-Wille" an das inzwischen ebenfalls demokratisch organisierte Deutsche Reich ging quer durch die politischen Parteien, wurde aber von den Alliierten Siegermächten (vor allem von Frankreich) 1920 endgültig nicht akzeptiert und fand auch in Deutschland selbst nur halbherzige Unterstützung.

Trotz der geglückten Demokratisierung Österreichs in den Jahren der Großen Koalition von Sozialdemokraten und Christlichsozialen 1918/1919 bis 1920 wurde die politische Kultur zunehmend radikalisiert. Die nachfolgenden Jahrzehnte waren von der steigenden Militarisierung der politischen Auseinandersetzung, der Radikalisierung der Konflikte (Stichwort: Justizpalastbrand 1927) inmitten sozialer und ökonomi-

Bürgerkrieg 1934

scher Dauerkrisen geprägt. Der autoritäre Kurs des christlichsozialen Bundeskanzlers Engelbert Dollfuß mit der Ausschaltung des Parlaments nach einer Geschäftsordnungskrise brachte keineswegs eine breite Akzeptanz des Modells des Kleinstaates, sondern führte zum Bürgerkrieg im Februar 1934 und dem Verbot der Sozialdemokratischen Partei. Das Ziel, durch die autoritäre Etablierung einer Regierungsdiktatur den Nationalsozialismus, der seit 1933 in Deutschland an der Macht war, zurückzudrängen, scheiterte. Die Terrorattentate gingen weiter und Dollfuß wurde im Juli 1934 bei einem missglückten Putschversuch ermordet.

Sein Nachfolger Kurt Schuschnigg setzte vorerst auf Ausgleich mit Hitler-Deutschland (Juli-Abkommen 1936) und Fortsetzung der Regierungsdiktatur. Die vorsichtige Öffnung gegenüber der verbotenen „Linken" und den Gewerkschaften Ende 1937 war zu spät und brachte ebenso wenig Erfolg wie die Volksabstimmung, die Hitler untersagte und dann nach dem „Anschluss" unter massiver Kontrolle und politischen Druck als „offenes" Referendum durchführen ließ. Von einer demokratischen Abstimmung kann hier nicht mehr gesprochen werden. Der Einmarsch der deutschen Wehrmacht am 12. März 1938, dem kein Widerstand entgegengesetzt wurde, beendete sowohl die Kleinstaatlichkeit als auch die zarten Ansätze zu einer Redemokratisierung. Noch in den ersten Tagen tobte der österreichische Mob gegen Juden und Jüdinnen und erniedrigte viele von ihnen bei Straßenwaschungen zur Entfernung der Pro-Österreich Propagandaslogans von Kanzler Schuschnigg. Diese Radikaliserung und der überbordende Antisemitismus war aber großteils hausgemacht und sollte nicht den „Deutschen" in die Schuhe geschoben werden.

Lehren aus dem Nationalsozialismus 1938–1945: Opfermythos und der Geist der Lagerstraße

Vielschichtige Formen des Widerstands

Trotz der durch alle gesellschaftlichen Schichten gehenden Anpassungswilligkeit an das NS-Regime kristallisierten sich vielschichtige Formen von Widerstand heraus, die vor allem eine Reaktion gegen die reichsdeutsche Dominanz und die negativen Folgen der Expansionsfeldzüge der deutschen Wehrmacht in ganz Europa waren. Nach Befreiung durch die Alliierten 1945 stand aber nicht die eigene Verantwortung und Mitwirkung an Holocaust und Krieg im Zentrum gesellschaftlicher Debatten, sondern die eigene Opfersituation: als Kriegsgefangene, Bombenopfer, und Verfolgte von NS-Repressionen. Die Leiden jüdischer Opfer, von denen rund 150.000 Personen ins Exil getrieben wurden und 65.000 Menschen Opfer des NS-Terrors und der Vernichtungsmaschinerie geworden waren, wurden hingegen rasch verdrängt. Es dominierten die sehr ich-bezogenen Auseinandersetzungen mit dem eigenen Schicksal der „Daheimgebliebenen" im Zweiten Weltkrieg.

Auch die politische Auseinandersetzung mit dem autoritären Ständestaat wurde nach 1945 nicht gesucht, sondern wurde der Staatsdoktrin der gemeinsamen Zusammenarbeit zur Etablierung eines souveränen Staates und des Abzugs der vier Alliierten (USA, UdSSR, GB und FRK) untergeordnet. Auch hier wurden das Leiden unter dem Nationalsozialismus zur Rechtfertigung herangezogen und der „Geist der Lagerstraße" beschworen. Darunter verstand man die gemeinsame Leidenserfahrung von ÖVP- und SPÖ-Funktionären in nationalsozialistischen Konzentrationslagern, die mitgeholfen habe, die früheren massiven Kontroversen zu überwinden. Tatsächlich gab es zwar punktuelle Kontakte in Konzentrationslagern, aber die Mehrheit der 1945er SPÖ-Elite (wie Karl Renner, Adolf Schärf oder Oskar Helmer) war nicht im KZ gewesen, wohingegen eine Reihe von ÖVP-Politikern (wie Leopold Figl, Felix Hurdes, Heinrich Gleissner oder Lois Weinberger) diese individuellen Erfahrungen gemacht hatten und diese zur indirekten Rechtfertigung der Nichtthematisierung der Jahre 1933/1934–1938 heranzogen. Der Mythos „Lagerstraße" sollte ebenso einen Schlussstrich unter die Vergangenheit ziehen, wie der Mythos Opferdoktrin die Kollaboration von Österreicher/-innen in der nationalsozialistischen Vernichtungs- und Expansionsmaschinerie auf wenige Täter/-innen reduzieren sollte.

„Geist der Lagerstraße"

Doch „Gehorsam" und „Unterordnung" waren kein Phänomen, das erst der Nationalsozialismus entwickelt hatte, obwohl er in dieser Zeit seine extremste Ausformung und Pervertierung erfahren hatte. Wer die Erziehungstraditionen der Monarchie betrachtet, dem wird sofort der stark autoritäre Gehorsams- und Zwangscharakter auffallen. Daran änderten auch meist auf Wien beschränkte vereinzelte offenere Erziehungskonzepte der Zwischenkriegszeit wie die Gloeckel-Reform nichts, abgesehen von der Ausbildung einer marginalen Gegenelite. Das autoritäre Dollfuß-Schuschnigg-Regime zerschlug diesen alternativen und aus heutiger Sicht fortschrittlichen Zugang im Erziehungsbereich. Der Nationalsozialismus besorgte den Rest. Auch unter dem Primat des politischen und vor allem ökonomischen Wiederaufbaus nach 1945 waren weitere „gehorsame Jahrzehnte" angesagt. Erst in den späten Fünfzigerjahren regte sich Widerstand – vor allem in der Jugendkultur –, der in den Sechzigerjahren politisch geprägt war, ohne aber nur annähernd die Explosionskraft der Jugend- und Protestbewegungen in Frankreich oder der Bundesrepublik Deutschland anzunehmen.

Autoritärer Gehorsamscharakter seit der Monarchie

Provisorische Staatsregierung Renner, 27. April 1945

Die formalen Rahmenbedingungen für die Redemokratisierung Österreichs wurden vor allem mit der Etablierung der Provisorischen Staatsregierung Renner am 27. April 1945 gesetzt. Daher wird die sowjetische Politik an dieser Stelle genauer analysiert. In den westlichen Besatzungszonen hingegen waren vorerst alle politischen Aktivitäten verboten worden. Oberösterreich und Salzburg waren US-Zone, Tirol und Vorarlberg standen unter französischer Verwaltung, Kärnten und die Steiermark waren von britischen Einheiten befreit und verwaltet worden. Die Nachkriegsziele des sowjetischen Diktators Stalins unterschieden sich in Österreich von den Zielen in anderen zentraleuropäischen Ländern. Zwar wurden einerseits ähnliche pragmatische Schritte zur Etablierung neuer politischer Kulturen gesetzt (z. B. Zulassung von wenigen Parteien unter Einschluss der KPÖ, die Schlüsselressorts im Bereich „Polizei, Inneres" und im Bereich „Unterricht" erhielt, jedoch mit nicht-kommunistischer Führungspersönlichkeit), andererseits wurde aber im Falle Österreichs jede ideologische Systemänderung verhindert – und zwar nicht nur in Richtung eines kommunistischen Regimes. Karl Renner, sozialdemokratischer Staatskanzler der Jahre 1918–1920, wurde, nachdem er sich am 3. April 1945 (im Alter von 74 Jahren) bei einem lokalen sowjetischen Kommandanten gemeldet hatte, binnen eines Tages von Stalin de facto zum „Jolly Joker" einer ersten Nachkriegsregierung ernannt. Renner hatte vorgeschlagen, dass Sozialdemokraten und Kommunisten an der Etablierung einer demokratischen Ordnung zusammenarbeiten sollten, da sie ein Ziel gemeinsam hätten: Ausmerzung des Faschismus. Stalin kabelte zurück, Renner zu trauen und ihm zu signalisieren, dass sowjetische Truppen Österreich nicht integrieren wollten, sondern von den faschistischen Besatzern befreit hätten. Signifikant für die unterschiedlichen Ziele, die Renner und die sowjetischen Politoffiziere verfolgten, war, dass Renner offensichtlich die ehemaligen „Christlichsozialen" nicht in der Regierung wollte und mehrfach versuchte, eine Reduktion des Parteienschemas auf Sozialdemokraten, Kommunisten und unabhängige „Bauern" (inklusive dem ehemaligen deutschnationalen Landbund) zu erreichen – mit deutlichen Hinweisen auf den Austrofaschismus und das autoritäre Dollfuß-Schuschnigg-Regime 1933/1934–1938. Überdies strebte er in den ersten Tagen und Wochen eine neue Verfassung an bzw. zumindest eine Aufhebung der Verfassungsänderung von 1929, die vor allem den Bundesländern mehr Kompetenzen zuteilte. Renner forcierte eine zentralistische Verwaltung, die jedoch auch einen parteipolitischen Hintergrund hatte – aufgrund der traditionellen Schwäche bis Marginalisierung der Sozialdemokraten in den Bundesländern.

Dr. Karl Renner

Moskau wollte keine revolutionäre politische Struktur

Moskau wollte aber keine revolutionäre politische Struktur, sondern die Rückkehr zu den Verhältnissen vor Auflösung des Parlaments 1933 (unter Verbot der NSDAP und ihrer Gliederungen) und mit einer formalen Gleichstellung der Kommunisten. Bereits bei der Etablierung der Wiener Stadtverwaltung wurde das Drei-Parteien-Schema – SPÖ, KPÖ und ÖVP (letztere als Nachfolgepartei der Christlichsozialen unter Verzicht besonders prononcierter Vertreter des Ständestaates) – durchgezogen. Die vorhandene „Widerstandsbewegung" O5 wurde unter Zwang von den Sowjets aufgelöst und als Partei verboten; Versuche von einzelnen Aktivisten der O5, die bei der Befreiung Wiens eine bescheidene, aber letztlich mutige Rolle eingenommen hatte, sich im „Untergrund" wieder zu organisieren, wurden von NKWD und kommunistischer Staatspolizei durch gezielte Verhaftungen (ohne nachfolgende Anklagen bei Gericht) verhindert.

Die Entwicklung nach 1945

Am 19. April 1945 übermittelte Marshall Tolbuchin Renner und dem ehemaligen christlich-sozialen Spitzenpolitiker Leopold Kunschak die sowjetischen Rahmenbedingungen für eine „kontrollierte" und eigentlich sehr restaurative Konzeption der politischen Strukturen der II. Republik: Errichtung einer Provisorischen Staatsregierung mit den drei, von der Sowjetunion zugelassenen Parteien (d. h. aber keine SPÖ-KPÖ-Dominanz, wie von Renner angestrebt); Ausarbeitung einer Regierungserklärung, die aber von diesen drei Parteien getragen wurde und nicht als sowjetischer Befehl umgesetzt werden sollte (wie dies Renner wünschte) und die Vorbereitung von demokratischen Wahlen.

Die Programme und Konzepte, die kommunistische Exilanten in Moskau erarbeitet hatten, wurden dadurch Makulatur. So hatte Ernst Fischer eine unabhängige Kanzlerpersönlichkeit vorgesehen und war (trotz anderer Pläne 1944, in denen Renner ebenfalls eine Rolle spielte) entsetzt, wie er von der Beauftragung Renners gehört hatte. Ähnlich wie Renner tendierte er in Richtung einer Verfassungsreform und keineswegs in Richtung rascher demokratischer Wahlen. Vor allem die sowjetische Besatzungspolitik (Vergewaltigungen und Plünderungen sowie Beschlagnahmungen) und die vorhandenen tief sitzenden anti-bolschewistischen Vorstellungen in der öffentlichen Meinung, die aufgrund der Wahlrechtsverbots für ehemalige NSDAP-Mitglieder und der Kriegsgefangenen, eine weibliche Mehrheit aufwies (über 64 % der Wahlberechtigten der November-Wahlen 1945 waren Frauen), verhinderten jede theoretische Wahlchance der KPÖ, die letztlich nur auf 5,4 % der abgegebenen Stimmen kamen; ÖVP 49.8 % und SPÖ 44,6 %.

Renner-Regierung und die Westzonen in den Bundesländern

Provisorische Staatsregierung mit Teilkompetenzen

Dass in den ersten Monaten nach der Befreiung die von den Sowjets initiierte Provisorische Staatsregierung Renner eigentlich nur Kompetenzen in Wien, Niederösterreich und im Burgenland ausüben konnte, hing mit der ersten, negativen Reaktion der USA und Großbritanniens auf die nicht auf alliierter Ebene akkordierte rasche Zulassung von politischen Parteien sowie einer Zentralregierung zusammen. Die US- und britischen Planungen und ersten praktischen Umsetzungen gingen von einem absoluten Verbot jeder Form politischer Tätigkeit aus (bis hin zum Verbot von Zeitungen von Widerstandsbewegungen). Erst in weiterer Folge sollten, basierend auf strikter Militärverwaltung auch erste politische Parteien und Zeitungen auf Lizenzbasis zugelassen

werden und Schritt für Schritt den Österreichern wieder Demokratie beibringen (immerhin hatten die letzten Wahlen 1931/32 stattgefunden. Dies bedeutete, dass in der Praxis bis 1. Oktober 1945 jede offizielle Kommunikation zwischen den „West"-Zonen und der „Ostzone" ebenso untersagt war wie der Postverkehr. Ab Juli 1945 hatten jedoch die US-Geheimdienst-Recherchen bereits grünes Licht für eine gesamtösterreichische Anerkennung gegeben, falls Politiker aus Westösterreich auch in die Regierung einbezogen und rasch Wahlen abgehalten würden. Im September 1945 wurden schließlich die notwendigen rechtlichen und politischen Angleichungen auf zwei Länderkonferenzen durchgeführt, wobei die politischen Parteien längst die Zonengrenzen mittels Geheimkontakten überschritten und die Einheit des Landes sichergestellt hatten (am ehestens gab es Widerstände im Bereich der Gruppierung um den Landeshauptmann von Tirol, Karl Gruber, und seiner Staatspartei, die sich jedoch dann der ÖVP anschloss, die auch Teile der ehemaligen O5 absorbierte).

Wahlen – oder das Ende der Angst vor einer kommunistischen Volksdemokratie?

In der frühen Sekundärliteratur gibt es das immer wieder auch an anderer Stelle gebrauchte Argument, dass die sowjetische Führungselite in Österreich und in Moskau vom Ausgang der Wahlen und der vernichtenden Niederlage der KPÖ (5,41 % der Stimmen und nur 4 Sitze im Nationalrat, wobei das repräsentative Wahlrecht bei der Sitzverteilung die KPÖ etwas benachteiligte) überrascht worden war. Kürzlich deklassifizierte Akten aus dem sowjetischen Außenministerium hingegen dokumentieren, dass zumindest die politischen Offiziere der sowjetischen Militärverwaltung in Österreich keineswegs total überrascht wurden. So berichtete der politische Berater des sowjetischen Hochkommissars Konjew, Kiselew, zwei Tage vor dem Wahltermin über ein Gespräch mit Staatskanzler Renner, in dem dieser den Kommunisten 20 % der Stimmen in Aussicht stellte. Kiselev hielt diese „Schätzung ohne Zweifel für übertrieben". Bei Betriebsratswahlen hatte die KPÖ – trotz massiver Wahlhilfe – nie mehr als 10 % der Stimmen erreicht.
Sicherlich ist es aber richtig, dass nach dem extrem schlechten Abschneiden der KPÖ, die sowjetische Österreich-Politik wesentlich rigider wurde und bestimmte Elemente neu in die Diskussion gebracht wurden. So wurden einzelne Mitglieder der neuen Regierung abgelehnt – wie Julius Raab (ÖVP), Vinzenz Schumy (ÖVP) und Andreas Korp (SPÖ) –, obwohl sie bereits dem früheren Kabinett angehört und die Akzeptanz der sowjetischen Politoffiziere gefunden hatten: „Wir halten es für notwendig, die Frage der Zurückweisung von Ferdinand Graf aus der

Regierung zu stellen, der in viele antisowjetische Auftritten involviert war, sowie Dr. Schumy (sic! Schumy), der für seine pronazistischen Auftritte bekannt ist. Wir werden auch die Frage der Ersetzung von Raab und Korb (sic! Korp) stellen. Im Übrigen ist die Liste akzeptabel." Primär wurden Schumy „antisowjetische" (d. h. im Politjargon „profaschistische") Reden vorgeworfen, wie überhaupt die Wahlkampagne der ÖVP – restrospektiv betrachtet – von sowjetischen Diplomaten als „antikommunistisch" stigmatisiert wurde. Julius Raab (ÖVP) und Andreas Korp (SPÖ) waren zwar als „Frage" auf der sowjetischen Wunschliste, doch nicht unbedingt als Priorität, d. h., dass bei härteren Verhandlungen diese beiden auf der Regierungsliste hätten vielleicht bleiben können. Nur Schumy wurde pronazistische Gesinnung vorworfen – so unter anderem mit Hinweis auf eine Wahlkampfrede, in der er angeblich behauptet hatte, dass das deutsche Volk den Krieg gewonnen hätte, wenn Adolf Hitler so gehandelt hätte, wie er es in seinem Buch „Mein Kampf" beschrieben hatte. Überdies apostrophierte er „Heimwehrleute" als „die besten Demokraten" und attackierte die österreichischen Partisanen in den Österreicher-Bataillons in Jugoslawien.

Sowjets forderten eine rigide Entnazifizierungspolitik

Insgesamt gesehen änderte die sowjetische Führung spätestens ab der ersten Jahreshälfte 1946 ihre Politik in der Entnazifizierungsfrage und forderte nunmehr kategorisch eine rigide Entnazifizierungspolitik von der österreichischen Regierung (bei gleichzeitiger Kritik an dem verstärkten Einfluss von ehemaligen „Austrofaschisten" auf die Politik der ÖVP, die überdies zunehmend offen proamerikanisch ausgerichtet gesehen wurde). Es ist bemerkenswert, dass diese politische Linie – verbunden mit der daraus resultierenden „Notwendigkeit" des Verbleibs sowjetischer Einheiten in Österreich – bereits einen Tag nach den Wahlen von kommunistischen Funktionären wie dem Wiener Kulturstadtrat Viktor Matejka oder Zentralsekretär Friedl Fürnberg lanciert worden war.

Anti-demokratische Einstellungskontinuitäten

Selbst in der Redemokratisierung nach 1945 blieben Diktaturen zugewandte Ideologiemuster latent präsent. So testete die US-Besatzungsadministration in ihren Zonen in Wien, Linz und Salzburg im Juni 1948 die „Beliebtheit" des Kommunismus und des Nationalsozialismus. Drei Jahre nach Kriegsende votierten 26,4 % der Befragten in Linz, über 43,2 % in Salzburg und bis zu 35,6 % in Wien offen zu Gunsten des Nationalsozialismus. Sowohl in Wien als auch in Salzburg bekannten sich knapp über 50 % zu „weder noch", nur in Linz war das Ergebnis gegen autoritäre Ideologien noch stärker (62,8 %). In einer anderen Befragung sprachen sich 39,3 % für eine Demokratie aus, 23,7 % für eine sozialistische Republik (wobei hier die meisten eine sozialdemokratisch regierte, antikommunistische Republik verstanden haben, hingegen die US-Befrager ein kommunistisches Regime), 3,3 % traten für eine Diktatur ein,

und beachtliche 15,9 % für die Monarchie bei 17,8 % an Meinungsenthaltung. Also auch hier wird ein latentes autoritäres Potential deutlich, wobei Beobachter wie der Politologe Hans J. Morgenthau in den fünfzigerjahren zusätzlich die autoritären Strukturen der österreichischen Universitäten kritisierten: Trotzdem blieb auch er zuversichtlich, dass trotz zahlreicher Indizien für „Klerikalismus und korporativstaatliche Traditionen aus dem Ständestaat" die Praxis der „erzwungenen" Großen Koalition und der Zwang der alliierten Administration die Gefahr eines neuerlichen Aufflammen eines autoritären Kurses verhindere.
Insgesamt gesehen stellt sich daher die Frage, wie die österreichische Gesellschaft diese Transition von autoritären-diktatorischen Regimen hin zu einer Demokratie verarbeitete. Noch 1966 fürchteten manche in der Sozialdemokratie wie Bruno Kreisky nach dem Ende der Großen Koalition, dass in der ÖVP autoritäre Traditionen durchschlagen könnten. Es sollte daher die Große Koalition um fast jeden politischen Preis seitens der SPÖ aufrecht erhalten werden. Was den Parlamentarismus und die Sozialpartnerschaft betraf, so sollten diese Befürchtungen nicht zutreffen. Hier ist anzumerken, dass die ÖVP-Alleinregierung Klaus ebenso wenig wie die sozialistischen Alleinregierungen Kreiskys das Systems des informellen Interessens- und Konfliktausgleichs im Rahmen der Sozialpartnerschaft in Frage stellten. Dieser Bereich blieb tabu, und die entsprechenden Kommunikationskanäle zwischen einer kleinen Gruppe von Entscheidungsträgern blieben intakt. Sie wurden sogar noch ausgebaut. Grundsätzlich wird aber der Eindruck vermittelt, dass im politischen Alltag – abgesehen von einzelnen ideologischen temporären Meinungsverschiedenheiten – die Sozialpartnerschaft während der Alleinregierungen an Bedeutung noch zunahm.

Demokratie-Reformdebatte erst seit dem Ende der 60er-Jahre

Erst Ende der Sechzigerjahre gibt es in Österreich eine offene und vor allem von der oppositionellen SPÖ und konservativen bzw. unabhängigen Medien und Experten getragene Demokratie-Reformdebatte. Auch hier ging es eher um Verbesserungen im demokratischen System und so gut wie gar nicht um die Entwicklung demokratischer Einstellungen der Wähler und Wählerinnen. Prinzipiell sollten die Rechte des Parlaments und der Parlamentarier gestärkt werden, aber auch die Staatsbürgerschaftsrechte gegenüber Verwaltung und Exekutive. Die Sozialpartnerschaft als solche wurde nicht kritisiert, hingegen eine Verregelung dieses informellen Interessenausgleiches zur Diskussion gestellt.

Sozialpartnerschaft und Große Koalition: Garanten für effiziente Transformation in Richtung Demokratie

„Sonderfall Österreich"

Bei genauer Betrachtung der internationalen Bewertung hingegen fällt auf, dass dieser „Sonderfall Österreich" mit zwei starken politischen Parteien erst im letzten Jahrzehnt international als negativ eingestuft wird. Dies obwohl die beiden Großparteien via Sozialpartnerschaft außerhalb des Parlaments auf Ebene der Interessenvertretungen zwar effizient, aber keineswegs transparent agiert hätten. Noch in den Achtzigerjahren galt das System der „Austrian Social Partnership" als ein Wunder an politischer Stabilität und ökonomischem Aufschwung in einem Staat, dem man 1945 kaum derartige Zukunftschancen zugetraut hatte.

Österreichs Nachkriegsszenario: spezifische autoritäre Strukturen

Diese Einschätzungsänderung ist ein Produkt der Transformationsphase nach Ende des Kalten Kriegs 1989. In den Fünfzigerjahren war politischen Analytikern klar, dass die österreichischen Nachkriegsstrukturen keineswegs einem klassischen liberal-demokratischen System entsprachen. Der bereits vorher zitierte renommierte Politologe, der deutsche Emigrant Hans J. Morgenthau, kommentierte seine Fact Finding Mission nach Österreich im Oktober 1951 trocken: Gerade durch diese spezifischen autoritären Strukturen und die Große Koalition wurde „der Radikalismus des Kommunismus und Neo-Nazismus in seine Grenzen gewiesen", ohne dass die Wähler diesen Parteien davongelaufen wären.

So wirbelte 1952 ein interner Bericht zu den „unamerikanischen Strukturen" der Entscheidungsprozesse und -strukturen in der Wirtschaft Österreichs viel Staub auf. Dieser – versehentlich publizierte – Bericht eines untergeordneten Mitglieds der Economics Division der US-Botschaft über Wettbewerbsbeschränkungen („The Restraint of Competition in the Austrian Economy") sollte Strukturmängel aufzeigen. Deren Behebung erschien wesentlich, um weitere Mittel aus dem Marshall-Plan erhalten zu können. Realpolitisch gesehen war jedoch der Bericht nichts anderes als ein internes Planspiel ohne wirkliche Zielsetzungen und Folgen für Österreich. Auch im Bereich der Marshall-Plan-Hilfe sollte in erster Linie wirtschaftliche Stabilisierung und keineswegs ökonomische Restrukturierung erzielt werden. Stabilität – unter bewusster Akzeptanz der kritisierten Konzentration der wirtschaftlichen Macht bei verstaatlichten Großbanken, verstaatlichten Unternehmen und im „Kammerstaat" – war ein grundlegendes Ziel zur Absicherung der Westintegration Österreichs. Es ist kein Zufall, dass gerade Julius Raab, der bereits damals einflussreichste ÖVP-Politiker, diese US-Kritik in Grund und Boden verdammte.

Stabilisierung durch Marshall-Plan

Die Alliierten waren bereits 1945 ziemlich überrascht, wie rasch die Rekonstruktion staatlicher Autorität und die Abhaltung von Wahlen durch die Provisorische Staatsregierung Renner organisiert werden konnte, eine Regierung, die ohne Zustimmung der Westalliierten autonom von der Sowjetunion initiiert worden war. Für die US-Experten und Diplomaten hingegen war es unvorstellbar, dass eine österreichische Regierung ohne eine starke alliierte Militärregierung – unter Umständen unter der Hoheit der Vereinten Nationen – funktionieren könne. Mitte 1944 stellten die Planer des US-Geheimdienstes OSS (Office of Strate-

gic Services) mit pessimistischem Unterton fest, einem unabhängigen österreichischen Staat fehle alles Staats- bzw. Nationsbildende, da keine Armee und Polizei, keine unabhängige Wirtschaft und eine heterogene Bevölkerung mit vielen „Reichsdeutschen" vorhanden sowie der Mangel an Nationalgefühl nach wie vor spürbar sei.
Die Konfliktbereitschaft mancher österreichischer Politiker hingegen war 1945 größer als die der Allparteienregierung, die „Allianz- und breite Konkordanzregierung" signalisierte. Renner versuchte durchaus in den ersten Gesprächen, die ÖVP – unter Hinweis auf deren christlichsoziale Wurzeln – wieder hinauszudrängen oder zumindest an Einfluss zu beschränken, was jedoch die sowjetischen Politoffiziere nicht akzeptierten. Stabilität hatte Priorität – sowohl aus der Sicht der Sowjetunion als auch aus der Sicht der USA, politische Konkurrenz war nur im Drei-Parteien-Schema ÖVP, SPÖ und KPÖ erlaubt.

Massive sozio-ökonomische Zwänge

Bei den österreichischen Entscheidungsträgern dominierte nicht, wie oft angenommen, die gemeinsame KZ-Erfahrung; formgebend waren die Realsituation und vielfachen Zwänge der alliierten Administration und die massiven sozio-ökonomischen Probleme vor dem Hintergrund der Wiedererrichtung staatlicher Strukturen.
Eine weitere Priorität in der Arrondierung der Stabilität 1945 war „Erfahrung", das heißt aber auch politische Berechenbarkeit bzw. Anpassungsfähigkeit. Dies signalisierte vor allem Bundeskanzler Renner, dessen deutschnationale Tendenzen um 1938, die auch zu völlig unnötigen öffentlichen und publizistischen Anbiederungen an das NS-Regime geführt hatten, 1945 so gut wie gar nicht erwähnt wurden.

Österreichische Konkordanzdemokratie und der Parteienproporz

Proporz-Idee als Kontrollelement

Die österreichische Konkordanzdemokratie, die auch gerne als Proporzdemokratie bezeichnet wurde, war, wie die Beispiele zeigen, sowohl ein Ergebnis innerösterreichischer, aber auch geostrategischer Zwänge in einem Land, in dem zuletzt 1932 gewählt worden war, und vor der Sisyphos-Aufgabe, sofort die Abtrennung von Deutschland und den Aufbau eigener kleinstaatlicher Strukturen sowie die Etablierung eines republikanischen Systems mit Status vor 1933 durchzuführen.
Die Proporz-Idee an sich war ein eher altes Kontrollelement. So hatte Renner selbst bereits 1914 für die Einführung des Proporzes in einem Verhältniswahlsystem plädiert, welches zum Unterschied vom Mehrheitswahlrecht tendenziell keine klaren Mehrheiten und Parteienzersplitterung fördert: „Ein System, das zwar der Mehrheit die Herrschaft lässt, aber der Minderheit doch die gebührende Vertretung schafft." 1920 gab es den Ansatz eines transparenten „Proporzkabinetts", doch erst 1945 wurde dieses System realisiert, wobei in der Provisorischen Staatsregierung Renner auch die KPÖ Teil dieses komplexen Macht- und Kontrollverteilungsmechanismus wurde; das heißt in der Praxis, dass

jedem Staatssekretär zumindest zwei Unterstaatssekretäre als Kontroll- und Kommunikationsorgane zugeteilt waren. Der Proporz setzte sich auch in den diversen Beamteneliten fort, wobei hier auch angemerkt werden sollte, dass dies die einzige Möglichkeit für Sozialdemokraten war, in dem exklusiv christlichsozial bis konservativ-deutschnational dominierten Elitenbereich Fuß zu fassen.

Dieser Proporz fungierte als eine Art „Auffangsystem" für die nach wie vor bestehenden gesellschaftlichen Säulen in Österreich, deren Konfliktpotenzial auf diesem Weg kanalisiert wurde. In diesem Sinne hatte er eine wichtige Stabilisierungsfunktion. Erste Widerstände regten sich in den Sechzigerjahren, als sich das System zunehmend auf Posten- und Wohnungsvergabe reduziert hatte und kaum noch sachpolitische Kompetenz und Reformkraft signalisierte. Besonders stark war die Opposition im Medienbereich, in dem sich seit Mitte der Fünfzigerjahre ein rigider Proporz herausgebildet hatte. So wurden beispielsweise die Nachrichtensendungen der Rundfunkanstalt RAVAG von jeweils zwei Parteijournalisten kontrolliert, wobei es einmal sogar zu handgreiflichen Auseinandersetzungen kam, als eine zu einseitige Nachrichtenmeldung gesendet wurde. Mit Beginn des Fernsehens erweiterte sich das Proporzspektrum in Richtung „Schwarze Welle" (Fortsetzung des ÖVP-Primats im Rundfunk) und „Roter Schirm" (Fernsehen mit von der SPÖ nominierten Direktoren). Das Rundfunkvolksbegehren von 1964, wesentlich vom Kurier und dessen Chefredakteur Hugo Portisch getragen, war ein erster Versuch, Öffentlichkeit gegen die totale Machtaufteilung im staatlichen Rundfunk und Fernsehen zu mobilisieren.

Proporz in der RAVAG

Bundeskanzler Josef Klaus skizzierte diese Auswüchse in der ersten Großen Koalition völlig ungeschminkt: „Im Proporz fand die Praxis der totalen Machtergreifung im Staat durch die Koalitionsparteien ihre Fortsetzung, Stellenbesetzungen, Subventionen, ja sogar Regierungs- und Beamtendelegationen, die ins Ausland reisten, mussten im Verhältnis 1:1 besetzt werden."

Der positive Aspekt des Proporzes hingegen war, dass nicht ein gesellschaftspolitisches Modell radikal – wie in der Ersten Republik nach 1920 das katholisch-konservative – durchgezogen werden konnte. Die Verstaatlichte Industrie war zwar ideologisch umstritten, realpolitisch war sie aber auch von der ÖVP akzeptiert. So wurden die Führungspositionen in der Verstaatlichten Industrie und in den verstaatlichten Großbanken mit ihrem eigenen Industriekomplex teilweise minutiös geregelt, so dass nach einem deutlichen Vorteil der ÖVP Mitte der 1950er-Jahre die SPÖ eine Art Parität erreicht hatte.

Das zentrale Problem des Proporzes in den Fünfziger- und Sechzigerjahren war, dass die ursprüngliche wechselseitige Kontrollfunktion einer totalen Machtaufteilung gewichen war. In diesem Sinne ist auch das

Wahlergebnis 1966 zu interpretieren, das vor allem im Bereich der Erstwähler und Frauen einen höheren Anteil für die ÖVP erbrachte, welche am glaubwürdigsten signalisierte, aus diesem System ausbrechen zu wollen. Ab 1970 gab dann Bruno Kreisky seine Bereitschaft zu erkennen, durch unabhängige Minister und Persönlichkeiten (zum Beispiel Rudolf Kirchschläger als Außenminister und Bundespräsident, Erich Bielka als Außenminister) die Parteidominanz in zentralen Machtpositionen reduzieren zu wollen. Auch die Bestellung des ehemaligen ÖVP-Finanzministers Stephan Koren zum Präsidenten der Oesterreichischen Nationalbank war ein solches Signal. Im außenpolitischen Apparat förderte Kreisky – zum Unterschied von den ÖVP-Außenministern der Großen Koalition – durchaus auch nicht parteinahe Kandidaten. So arbeitete der frühere Klaus-Sekretär Thomas Klestil – später als ÖVP-Kandidat zum Bundespräsidenten gewählt – als Diplomat an der Umsetzung der Pläne für ein internationales Konferenzzentrum mit.

Proporz neu: 1986–1999 und 2000–2004

„Proporz neu" seit dem Jahr 2000

In Österreich hingegen hat die zweite Große Koalition SPÖ–ÖVP 1986 bis 2000 das alte Proporzsystem neuerlich perpetuiert, vor allem im Bereich der Spitzenbeamten. Umso effektiver war daher auch die Kritik an derartigen Machtaufteilungen. 1986 trat Bundeskanzler Vranitzky zwar mit einem Koalitionsübereinkommen in Sachfragen an und versuchte, die Personalfragen, mit denen der Proporz immer verbunden wurde, in den Hintergrund zu drängen. In der Praxis aber tauchten rasch Hindernisse auf, die dann vor allem gegen Ende der Koalition unter Bundeskanzler Viktor Klima eskalierten. Dabei setzte die ÖVP häufig geschickt ihre Kandidaten durch, in der Öffentlichkeit wurde die SPÖ als Alleinverantwortliche für den Proporz – zum Beispiel bei hohen Beamtenentscheidungen – kritisiert.

In der ÖVP-FPÖ-Koalition seit 2000 ist „Proporz neu" angesagt, das heißt, dass vor allem Beamte, die der SPÖ zugerechnet werden, massive Kompetenzverluste sowie Frühpensionierung zu gewärtigen haben. In Aufsichtsräten und Vorständen der ÖIAG wurden umfassende Personalwechsel durchgeführt. Zum Unterschied von den 1970er-Jahren, als zwar die SPÖ-Regierungen die Zentralverwaltung der Verstaatlichten Industrie dominierte, aber die ÖVP-Sympathisanten relativ stark präsent in den Vorständen und Aufsichtsräten der Unternehmen waren, wurde nunmehr eine starke politische Partei, die SPÖ, deutlich ausgeklammert. In diesem Sinne sind jetzt amerikanische Verhältnisse eingekehrt, die aber wiederum nach koalitionären Interessen auf zwei Parteien aufgeteilt werden, unabhängige Manager/-innen ohne ÖVP- oder FPÖ-Sympathien werden in diesem Schema ebenso wenig berücksichtigt. In diesem Zusammenhang spielt neuerdings nicht so sehr die Frage des formalen Parteibuches eine Rolle, sondern die konkrete ideologische Nähe. Am Proporz wird sich an sich nicht so rasch etwas ändern, die Repräsentativität – umgerechnet auf Wählerstimmen – wird aber deutlich sinken.

Österreich im internationalen Demokratie-Ranking

Insgesamt gesehen hat die österreichische Demokratie seit 1945 eine positive Entwicklung genommen. Weder die Alleinregierungen der ÖVP 1966-1970 noch jene der SPÖ 1970-1983 haben die demokratischen Strukturen zurückgeschraubt, und selbst die international und national heftig kritisierte Kleine Koalition ÖVP-FPÖ hat die demokratiepolitischen Strukturen nicht angetastet, trotz deutlicher Änderungen der politischen Inhalte und der Dominanz neoliberaler Konzepte. In einem weltweiten Demokratie-Vergleich vom Mai 2004 nimmt Österreich den 15. Platz an, hinter Großbritannien (10. Platz), Belgien, USA, Deutschland und Irland – jedoch weiter hinter den ersten sechs: Finnland, Dänemark, Neuseeland, Schweden, Norwegen und Schweiz. Auch gibt es im Bereich Pressefreiheit aufgrund der starken Medienmonopole Probleme, was sich auch im 19. Rang niederschlägt. Das zeigt, dass die Entwicklung weitergehen muss, und es durchaus noch vielschichtigen Reformbedarf gibt.

Demokratie-Ranking: Österreich auf Platz 15

Ausgewählte und verwendete Literatur

Dachs, Herbert, Peter Gerlich, Wolfgang Müller (Hrsg.), Die Politiker. Karrieren und Wirken bedeutender Repräsentanten der Zweiten Republik. Wien 1995

Dachs, Herbert, Peter Gerlich, Herbert Gottweis u. a. (Hrsg.), Handbuch des politischen Systems Österreichs. Wien 1991

Gehler, Michael, Hubert Sickinger (Hrsg.), Politische Affären und Skandale in Österreich. Thaur, Wien, München 1995

Gehrlich, Peter, Wolfgang Müller (Hrsg.), Zwischen Koalition und Konkurrenz. Wien 1983

Müller, Wolfgang, Kaare Strom, Koalitionsregierungen in Westeuropa: Bildung, Arbeitsweise und Beendigung, Wien

Pelinka, Anton, Sieglinde Rosenberger, Österreichische Politik. Grundlagen – Strukturen – Trends, Wien 2000

Plasser, Fritz, Peter Ulram, Franz Sommer (Hrsg.), Das österreichische Wahlverhalten. Wien 2000

Plasser, Fritz, Peter Ulram, Das österreichische Politikverständnis. Wien 2002

– 50.000 – 500.000 – 230.000 –
JEDEN TAG
DIE EISENBAHNER-GEWERKSCHAFT

Walter Kratzer

Erfolgsstory Zweite Republik: Wie alles begann

Walter Kratzer, Redakteur der Eisenbahnergewerkschaft, Leitender Redakteur von „FSG direkt"

Bruno Kreisky, dessen erstes Regierungskabinett in diesem Jahr der Jubiläen 35 Jahre zurückliegt (also auch ein erinnerungswürdiges Jubiläum), hat im ersten Band seiner Memoiren „Zwischen den Zeiten" daran erinnert, dass „die Österreicher vom ersten Tag der Befreiung an, also ab dem 27. April 1945, die Wiederauferstehung Österreichs trotz allen Elends als großes Glück empfunden" haben. „Über Nacht war ein österreichischer Patriotismus entstanden, wie ich ihn bis dahin nie wahrgenommen hatte."

An diesen Satz musste ich denken, als ich kürzlich die Bilder in den historischen Fotoarchiven durchblätterte. Das zerstörte Wien, der Stephansdom in Flammen, Rathaus und Parlament ohne Dach, das Burgtheater ausgebrannt, im ganzen Land zerstörte Industrieanlagen, Städte wie Wiener Neustadt zu mehr als 80 Prozent zerstört.

Und doch: Inmitten dieser Trümmerlandschaft, des Chaos, des Hungers und der letzten Kanonendonner treffen sich am 11. April 1945 erstmals Vertrauensmänner der ehemaligen „Freien Gewerkschaften" in der Parterrewohnung des Bauarbeiterfunktionärs Battisti in der Kenyongasse in Wien-Neubau, um über die Gründung einer neuen überparteilichen Gewerkschaftsbewegung zu beraten. Vier Tage später dann im Wiener Westbahnhof die historische Konferenz, bei der offiziell die Gründung des ÖGB beschlossen wurde. Am 30. April 1945 wird von der sowjetischen Militärkommandantur in Wien die Genehmigung zur Gründung des ÖGB erteilt, am 20. Juli 1945 beschließt die provisorische Staatsregierung das Gesetz zur Wiedererrichtung der Arbeiterkammern, am 25. August konstituiert sich im Wiener Konzerthaus die Arbeiterkammer für Wien, Niederösterreich und das Burgenland. Am 25. November 1945 finden die ersten Nationalratswahlen statt.

So begann die Zweite Republik. Bis zum Staatsvertrag sollte es noch zehn Jahre dauern, in denen Österreich neu entstand.

Die „Erfolgsstory Zweite Republik" entstand eng verzahnt mit dem ÖGB – eine Entwicklung, die auf den folgenden Seiten nachgezeichnet wird.

Als der Zweite Weltkrieg zu Ende war lagen weite Teile Europas in Schutt und Asche, auch Wien war weitgehend zerstört. Nur das Riesenrad stand noch…

Noch vor dem offiziellen Kriegsende wurden am 13. April 1945 in der Wohnung des späteren Vorsitzenden der Bau- und Holzarbeitergewerkschaft, Battisti, die ersten Gespräche über die Gründung einer neuen Gewerkschaftsbewegung geführt. Die Gründungsväter“ des ÖGB, Lois Weinberger, Johann Böhm und Gottlieb Fiala (von links) repräsentierten die früheren Richtungsgewerkschaften.

Am 15. April 1945 wurde im einem Direktionsgebäude am Wiener Westbahnhof die Gründung des überparteilichen ÖGB beschlossen.

Am 25. August 1945 konstituierte sich im Kleinen Konzerthaussaal in Wien die Vollversammlung der Arbeiterkammer für Wien, Niederösterreich und das Burgenland. Am Rednerpult Karl Renner als Kanzler der provisorischen Staatsregierung.

Ein Vertreter der amerikanischen Besatzungsmacht übergibt dem „kommissarischen Leiter" der Salzburger Arbeiterkammer, Johann Webersdorfer, am 11. August 1945 den Schlüssel zum Salzburger AK-Gebäude.

Auf dem ersten ÖGB-Bundeskongress standen erstmals die organisatorischen Grundlagen des ÖGB öffentlich zur Diskussion. Bundespräsident Theodor Körner (vorne links) nahm regen Anteil.

Aufmerksame Beobachter auf der Galerie: Vertreter des alliierten Hochkommissariates.

Der erste ÖGB-Bundeskongress fand vom 18. bis 25. Mai 1948 in Wien statt.

Das erste Gewerkschaftstreffen fand am 3.und 4. Juni 1950 in Neuberg an der Mürz statt. Hier der erste ÖGB-Präsident Johann Böhm bei seiner Rede.

Soziale Sicherheit im Mittelpunkt: Eine Woche lang (vom 29. August bis zum 6. September 1953) wurden mit dem „Festzug des ÖGB“ in Wien Fragen der sozialen Verantwortung in den Vordergrund gestellt.

„Österreich ist frei": Außenminister Figl zeigt den österreichischen Staatsvertrag vom Balkon des Belvederes. Neben ihm die Außenminister der Alliierten, Vizekanzler Schärf und Bundeskanzler Raab.

Die österreichischen Partner des Staatsvertrags: Staatssekretär Bruno Kreisky, Außenminister Leopold Figl, Vizekanzler Adolf Schärf und Bundeskanzler Julius Raab.

Die stabile Achse der österreichischen Sozialpartnerschaft: ÖGB-Präsident Anton Benya und Wirtschaftskammerpräsident Rudolf Sallinger.

Das ÖGB-Präsidium des Jahres 1964 mit Anton Benya (Bildmitte), Vizepräsident Erwin Altenburger, Erich Hofstetter, Franz Senghofer, Fritz Klenner, Alfred Ströer, und den Vizepräsidenten Josef Zak, Rudolf Häuser und Karl Flöttl.

Generationssprung: 1987 übergibt Anton Benya sein Amt an Fritz Verzetnitsch.

ÖGB in Bewegung: Anton Benya und Fritz Verzetnitsch bei der „Demo für Demokratie“ am 5. Juli 2001 auf dem Wiener Ballhausplatz

„Menschen sind unsere Stärke": Fritz Verzetnitsch auf dem 15. ÖGB-Bundeskongress (14. bis 17. Oktober 2003).

Das „Parlament der Arbeit" in Aktion: Delegierte am 15. ÖGB-Bundeskongress.

Dynamisch in die Zukunft: Fragen der Aus- und Weiterbildung werden vom ÖGB ernst genommen.

Heinz Kienzl

Dr. Dkfm. Heinz Kienzl war Leiter des Volkswirtschaftlichen Referates des ÖGB, vom 7. bis zum 12. ÖGB-Bundeskongress in ununterbrochener Reihenfolge Vorsitzender der Kontrollkommission des ÖGB, langjähriger Generaldirektor und Vizepräsident der Oesterreichischen Nationalbank, Gründer und Obmann der Sozialwissenschaftlichen Studiengesellschaft (SWS)

Wirtschafts- und Sozialpartnerschaft gestern, heute, morgen

Dr. Heinz Kienzl, einer der Sozialpartner der „ersten Stunde", schildert in einem sehr persönlichen Bericht Entstehen, Wirkungsweise und Zukunftschancen der österreichischen Sozialpartnerschaft. Kienzls Darstellung wird in einer stark erweiterten Fassung unter dem Titel „Mitbestimmung – Wirtschafts- und Sozialpartnerschaft gestern, heute, morgen", in der auch andere in die Entwicklung der österreichischen Sozialpartnerschaft involvierte Zeitgenossen zu Wort kommen, 2005 auch in Buchform erscheinen.

Karl Popper war zweifellos der wirkungsmächtigste Philosoph des 20. Jahrhunderts, er bezeichnete den Wohlfahrtsstaat als die größte politische Erfindung der Menschheit. Ohne Anmaßung können wir österreichische Gewerkschafter für uns in Anspruch nehmen, einen der erfolgreichsten Wohlfahrtsstaaten Europas geschaffen zu haben.
Der Polier Johann Böhm war der wichtigste Baumeister. Johann Böhm hatte an der Schaffung der Wirtschafts- und Sozialpartnerschaft, welche die entscheidende Grundlage für das Funktionieren des österreichischen Wohlfahrtsstaates bildete, den größten Verdienst. Bei all seinen Verdiensten und bei aller Schärfe seines Verstandes und der Kraft seiner Überzeugungen für die Schaffung des Wohlfahrtsstaates gab es jedoch eine Fülle von Bedingungen, Wurzeln und natürlich auch weitere Persönlichkeiten, die ihn mit geschaffen und mitgestaltet haben.
Obwohl die Paritätische Kommission und ihre Unterorganisationen jahrzehntelang im Blickpunkt der Öffentlichkeit standen, die überbetriebliche Mitbestimmung, die der Gewerkschaftsbund erfunden hatte, war nur machbar, weil auf unterer Ebene in den Betrieben ein Klima der Zusammenarbeit von Betriebsräten, Unternehmern und Managern bestanden hatte. Erfolgreiche Manager wussten, was sie an einem guten Betriebsrat hatten, und gute Betriebsräte verstanden auch, dass sie nur eine fleißige, korrekte und auch betriebsverbun-

dene Belegschaft auf die Dauer wirkungsvoll vertreten konnten. Der patriarchalische Unternehmer war nicht ein Geschöpf des Ständestaats, sondern seine Wurzeln reichten weit in den Beginn der Industrialisierung Österreichs zurück. In einem hohen Maß waren Aristokraten, die noch die Familientradition der Verpflichtung für ihre Gefolgsleute anerzogen bekommen hatten, an der Industrialisierung beteiligt. So erinnere ich gerne daran, dass ein österreichischer Industrieller, Mayer-Gunthof, mir erzählte, dass er einst mit seinem Vater über den Fabrikhof ging, und ihn ein alter Arbeiter grüßte. Als er nicht zurückgrüßte, bekam er von seinem Vater eine saftige Ohrfeige mit der Erklärung: „Der Mann arbeitet für uns, und er verdient es, von dir auch zurückgegrüßt zu werden." Über eben diesen Mayer-Gunthof sagte mir ein Betriebsrat: „Wenn uns die Arbeit ausgeht, dann packt der Alte seinen Koffer und fliegt nach Moskau und kommt mit Aufträgen zurück."

Wirtschaftskommission als Basis für umfassend gewerkschaftlicher Mitbestimmung

Natürlich darf auch nicht vergessen werden, dass die Idee der Volksgemeinschaft, die von den Nationalsozialisten so entsetzlich missbraucht wurde und in den Köpfen der Österreicher noch vorhanden war, sozusagen durch das Kriegsende von ihrem Nazimist gereinigt worden war. Weiters darf nicht übersehen werden, dass Österreich in den Jahren als Johann Böhm und seine Mitarbeiter die Idee einer Wirtschaftskommission, also einer rechtlichen Grundlage für eine umfassende gewerkschaftliche Mitbestimmung in allen Bereichen der Wirtschafts- und Sozialpolitik entwickelten, in einer schrecklichen Zwangslage war. Wir hatten eine schwere Nachkriegsinflation zu bewältigen, es musste die österreichische Wirtschaft von der Infrastruktur bis zu den letzten Verzweigungen der Distribution wieder aufgebaut werden.

Zu all den Nachkriegsnöten kamen noch die vierfache Besetzung Österreichs und die Aufteilung in vier Besatzungszonen hinzu. Gegen sie zusammenzuhalten und sie auch auszunützen, war ein selbstverständliches nationales Ziel.

Österreich lebte nach 1947 in einem hohen Maß von amerikanischer Wirtschaftshilfe, denn die eigene Produktion, vor allem am Agrarsektor, musste erst in Schwung gebracht werden. Die Sowjetbesatzungsmacht hatte zwar das deutsche Eigentum an sich gerissen, aber dafür hatten sie wenigstens einige Erdölfelder entdeckt und erschlossen, so das große Erdölfeld von Matzen. Die französische Besatzung lieferte einige wichtige Beiträge zum kulturellen Wiederaufbau Österreichs, und die englischen Besatzungstruppen waren im politischen Bereich für die Sozialdemokratie von großer

Bedeutung. Knapp nach dem Kriegsende hatte ja die Labour Party die Macht in Großbritannien errungen. Da gab es dann viele gute personelle Verbindungen, die Österreich halfen. Auch soll nicht vergessen werden, dass die amerikanische Marshall-Plan-Hilfe Gewerkschaftsfunktionäre einbezogen hatte, die in der Administration auch darauf achteten, dass ihre österreichischen Gewerkschaftskollegen mit materieller, aber vor allem ideeller Unterstützung nicht zu kurz kamen.

Der Kampf gegen die Inflation

Lohn- und Preisabkommen

Der Kampf gegen die Inflation war die Keimzelle der Wirtschafts- und Sozialpartnerschaft und verdient auch aus diesem Grund eine nähere Betrachtung.

Am Anfang des Wiederaufbaus stand ein mühsamer Kampf gegen die Inflation und die Wiederherstellung einer Geldwirtschaft, denn es soll nicht vergessen werden, dass 1945, aber auch noch 1946 und 1947 ein Großteil des Wirtschaftsverkehrs im Warenaustausch bestand. Meine Schwester zum Beispiel machte Passfotos im nordöstlichen Niederösterreich und kassierte dafür Mehl, Kartoffeln und gelegentlich auch Fleisch, Eier und Schmalz. So lebte man vom Hamstern, von Care-Paketen und wurmigen Erbsen. Der Kampf gegen die Inflation ist mit den fünf Lohn- und Preisabkommen eng verbunden. Die beiden ersten Lohn- und Preisabkommen dienten vor allem dazu, die Agrarpreise auf ein Niveau zu heben, das der Landwirtschaft eine Produktionsausweitung ermöglichte. Um aber mit den gestiegenen Lebensmittelpreisen zurechtzukommen, mussten dann auch Löhne erhöht werden. Und dies geschah ebenfalls im ersten und zweiten Lohn- und Preisabkommen. Beim dritten und vierten Lohn- und Preisabkommen ging es doch eher um die Kürzung von Lebensmittelsubventionen, die vernünftigerweise von der amerikanischen Besatzungsmacht, genauer gesagt von der Marshall-Plan-Verwaltung gefordert wurde.

Die Arbeitnehmer, vor allem in der russischen Besatzungszone, waren in steigendem Maß mit dem Lohn- und Preisabkommen unzufrieden. Diese Unzufriedenheit kam aber nicht aus einer Verschlechterung des Lebensstandards, der stieg in den Jahren nach 1945, als im Sommer noch einige Hundert Menschen in Wien regelrecht verhungerten und auch im Vergleich zu 1946, als noch Not und Mangel an allem und jedem herrschten, ganz beachtlich, sondern hatte einen anderen Grund: Ab 1949 gab es endlich ein steigendes Warenangebot. 1949 war die Marshall-Plan-Hilfe angelaufen, ebenso die Agrarproduktion und somit war die Versorgung mit Lebensmitteln ausreichend. 1950 war im Durchschnitt der – allerdings katastrophal niedrige – Lebensstandard der Vorkriegszeit erreicht. Trotzdem waren viele damit zufrieden, dass es ihnen wenigstens wieder „so gut geht" wie vor dem Krieg. Das steigende Warenangebot hatte aber auch eine psychologisch interessante Auswirkung auf das Verhalten vieler Menschen und ihre Einstellung zu ihrem Einkommen. Sie hatten das Gefühl, dass sie sich immer weniger und weniger leisten können, obwohl sie sich in Wirklichkeit natürlich mehr leisten konnten. Sie konnten sich vor allem einmal satt essen und konnten ihre Wohnungen beheizen und ihr Licht aufdrehen, ohne fürchten zu müssen, dass es fünf Minuten später hieße, dass der Bundeslastversorger schon wieder den Strom abgeschaltet hatte. Aber im Hinblick auf das steigende Warenangebot, auf die vollen Auslagen und die vollen Geschäfte und all das, was man dort kaufen hätte können und so gern gehabt hätte, reichten auch die gestiegenen Einkommen nicht annähernd.

1950: Aufschrei der Arbeiterschaft

Bekanntlich gab es 1950 im Anschluss an das vierte Lohn- und Preisabkommen einen gewaltigen Aufschrei der Arbeiterschaft, die fürchtete, in ihren Lohneinkünften neuerlich begrenzt zu werden, und es kam zu ersten Arbeitsniederlegungen. Es war eine Tatsache, dass es auch sozialdemokratische Betriebsräte waren, die den Gewerkschaftsbund bedrängten. Die Kommunisten hatten die Illusion, dass sie sich bei dieser Volksbewegung an die Spitze stellen müssten, übrigens ein fundamentaler Irrtum. Sobald die sozialdemokratischen – damals sozialistischen – Arbeiterinnen und Arbeiter erkannten, dass die Kommunisten das Heft in die Hand nehmen wollten, haben sie sich abgeseilt. Es hatte auch der VDU, eine Organisation von überwiegend „Ehemaligen", in Oberösterreich am Wirbel mitgemacht, und einige wilde Typen, ein Stoßtrupp von VDU-Anhängern, hatten sogar versucht, den Arbeiterkammerpräsidenten aus dem Fenster der Arbeiterkammer zu werfen. Der Druck war groß, aber entschlossene Gewerkschaftsfunktionäre und Politiker hatten den Mut, Stand zu halten. Da die sowjetische Besatzungsmacht nicht eingriff, nicht zuletzt aufgrund von Warnungen durch die Amerikaner, konnte wieder Ruhe geschaffen werden und einige kommunistische Funktionäre, vor allem der Vizepräsident des ÖGB Fiala, wurden wegen Widerstand gegen Bundesvorstandsbeschlüsse aus dem ÖGB ausgeschlossen. Nicht vergessen werden soll aber auch, dass besonnene kommunistische Betriebsräte und Bundesvorstandsmitglieder des ÖGB an den Radikalisierungen keine Freude hatten und doch treu zum ÖGB standen. Es konnte schließlich noch ein fünftes Lohn- und Preisabkommen zustande gebracht werden, das relativ still und leise über die Bühne ging, denn inzwischen hatte sich der Lebens-

standard schon wieder ein wenig verbessert, die Leute hatten es satt, Preissteigerungsraten von 10 bis 15% pro Jahr in Kauf zu nehmen.

Stabilisierung des Schillings

So kam es dann zur Stabilisierung des Schillings. Von Seiten internationaler Organisationen gab es Hilfestellungen für die österreichische Wirtschaft. 1951 kam eines Tages der Generaldirektor des Internationalen Währungsfonds, also einer der Organisationen des Bretton-Woods-Abkommens, zu Johann Böhm, um ihn von der Notwendigkeit des Kampfes gegen die Inflation zu überzeugen. Johann Böhm glaubte offenkundig, dass Per Jacobsson Englisch sprechen würde, und rief mich zu sich, um zu dolmetschen. Und so konnte ich hören, was Per Jacobsson zu Böhm sagte: „Ihr wollt doch von den Besatzungstruppen frei werden? Das könnt ihr nur, wenn es euch gelingt, wirtschaftlich auf eigenen Füßen zu stehen, und dazu müsst ihr die Inflation zu Ende bringen. Nur dann werden die Amerikaner bereit sein abzuziehen."

Es ist heute weithin vergessen, dass die Amerikaner gar nicht so davon begeistert waren, aus Österreich abzuziehen, da sie befürchteten, dass dann die Sowjets in der Ostzone ihr bolschewistisches Regime stärken würden. Sie hatten bereits großen Einfluss in den USIA-Betrieben, und die kommunistische Partei rekrutierte immerhin noch 5% der Wähler. Sehr bescheiden, aber doch noch eine gewisse Macht. Der österreichischen Bundesregierung, auch stark unterstützt vom Gewerkschaftsbund, gelang es aber, die Amerikaner und auch die Engländer immer mehr in die Position zu drängen, dass sie ohnehin gerne abziehen würden, aber weil die Sowjets nicht gehen wollten, müssten sie wohl oder übel auch bleiben. Als dann die österreichische Bundesregierung unter Bundeskanzler Raab in einer Sternstunde der österreichischen Geschichte, als die Sowjetunion 1955 sozusagen ein diplomatisches Fenster öffnete, die Initiative ergriff und unter gewaltigen wirtschaftlichen Opfern, aber auch politischen Zugeständnissen, wie z. B. eine Neutralität nach Schweizer Vorbild zu betreiben, einen Staatsvertrag erreichte, konnten die Amerikaner auch nicht leicht zurück, und wie mir scheint, hatten sie dann doch in den sauren Apfel gebissen und ihre nicht sehr aufrichtige Begeisterung für ein freies Österreich in die Wirklichkeit umgesetzt.

Zuerst verhandeln

Bei Studienreisen in den USA konnten wir feststellen, dass Lohnverhandlungen fast immer durch einen Streik eingeleitet wurden, worauf natürlich alle aufeinander böse waren, und erst dann wurde verhandelt. Bei uns haben wir es umgekehrt gemacht: Zuerst verhandeln und, wenn das allein nichts nützt, kann ja zu gewerkschaftlichen Kampfmaßnahmen gegriffen werden. Benya war der Überzeugung, dass wir nie streiken müssen, wenn die Gewerkschaftsbewegung stark genug ist. Allerdings hat er seine Karriere als Metallarbeiter-Obmann ganz nach dem Prinzip, das Nietzsche für den Eintritt in die Gesellschaft vorgeschlagen hat, nämlich mit einem „Duell", also einem Streik, begonnen.

Menschliche Beziehungen im Betrieb

Aber auch die Human-relations-Bewegung, die wir in den USA kennen lernten, haben wir auf österreichische Standards gebracht, und hier war die tragende Erscheinung Rupert Gmoser. Die steirische Arbeiterkammer, bei der er beschäftigt war, hat ihn sozusagen verliehen für die Entwicklung dieser interessanten Idee, nämlich durch die Vermenschlichung der Beziehungen im Betrieb die Lage der Arbeitnehmer zu verbessern. In den USA war allerdings der Appell an die Unternehmer gerichtet, menschliche Beziehungen im Betrieb zu schaffen. Wir drehten das Prinzip um und stellten es sozusagen vom Kopf auf die Füße: Human-relations, menschliche Beziehungen im Betrieb, sollten eine gewerkschaftliche Forderung und nicht eine milde Gabe der Unternehmensleitungen sein. Es waren dies praktische Forderungen, wie zum Beispiel die Gleichbehandlung von Arbeitern und Angestellten beim Stechen bei Arbeitsantritt oder Tischtücher für alle in der Kantine. DDr. Gmoser zog jahrelang wie der berühmte Prediger Leppich, der ja sein Vorbild war, durch die Lande und predigte die menschlichen Beziehungen im Betrieb und im großen und ganzen war das in den 50er- und 60er-Jahren eine große Erfolgsstory.

Rupert Gmoser

1955 gelang es bekanntlich den Staatsvertrag zu erreichen, wobei der Wunsch und das Drängen der Österreicher auf einen Staatsvertrag in Wirklichkeit nicht viel mit dem Vertragswerk zu tun hatte. Der überwältigenden Mehrheit der Österreicher, man kann sicher sagen 90 %, war es völlig egal, was inhaltlich ausgehandelt wurde, Hauptsache die Besatzungstruppen würden abziehen. Das war der wahre Tag der Befreiung. Wir feiern zwar den Abschluss des Staatsvertrages am 15. Mai, aber der letzte Sowjetsoldat hatte erst im Oktober Österreich verlassen, und so feiern wir am 26. Oktober den „Tag der Fahne", heute unseren Nationalfeiertag. Inzwischen sind wir schon längst zu einer Willensnation geworden, die weder einen Tag der Fahne noch einen Nationalfeiertag benötigt, um sich als Nation zu fühlen.

Auf dem Weg zur Vollbeschäftigung

Raab-Kamitz-Kurs, Lohnstopp und Preissenkungsaktion

Aber zurück zum Kampf gegen die Inflation. 1953 wollte Bundeskanzler Raab, kräftig unterstützt vom Österreichischen Gewerkschaftsbund und von seinem wirtschaftpolitischen Referenten und späteren Finanzminister Kamitz beraten, einen endgültigen Strich unter die Politik des Wiederaufbaus ziehen und einen neuen Weg mit Wirtschaftswachstum, Vollbeschäftigung, Preis- und Währungsstabilität und nicht zuletzt Leistungsbilanzausgleich zustande bringen. Es war ein kühnes Unterfangen in der Zeit der Besatzung, also 1953, diesen so genannten Raab-Kamitz-Kurs durchzuziehen, der vom ÖGB mit einem Lohnstopp für einige Monate und von der Industrie mit einer Preissenkungsaktion um 10 % unterstützt wurde. Es war dies weitgehend ein keynesianisches Konzept, obwohl die ÖVP offiziell von Keynes nichts wissen wollte und

Kamitz – ähnlich wie Reagan später in den USA – die Theorie kannte, sie offiziell zwar verwarf, sie in der Praxis aber handhabte. Mit einer Vereinheitlichung des Wechselkurses wurde ein riskanter, aber erfolgreicher Schritt getan. Bis dahin gab es drei verschiedene Wechselkurse für verschiedene, notwendige Importgüter, so wurde z. B. für Autoimporte ein Wechselkurs von 26 Schilling für den Dollar und für Importe von Rohstoffen und Brennmaterial ein Wechselkurs von 10 Schilling für den Dollar festgesetzt. Natürlich brachte die Vereinheitlichung des Wechselkurses einen Preisauftrieb, aber auf der anderen Seite wieder eine erhebliche Verbesserung der Exporte. Einige Jahre später konnte Österreich sogar die Liberalisierung der Warenimporte durchziehen, was einen erheblichen Druck auf die Preise mit sich brachte.

Mit Stabilisierungsprogramm zur Vollbeschäftigung

Zwar gab es bei diesem Stabilisierungsprogramm auch einen erheblichen Stabilisierungsschock mit einer seit dem Kriegsende nicht erreichten, hohen Arbeitslosigkeit mit einem Spitzenwert von 180.000 Arbeitslosen im Winter 1953. Allerdings entwickelte sich in der zweiten Hälfte der 50er-Jahre aus diesem Stabilisierungsprogramm ein Wirtschaftswachstum, das auch zur Vollbeschäftigung führte. Selbst nach geglückter Stabilisierung, also ab 1954, waren wir im Vergleich zu Westeuropa eine noch immer relativ arme Nation. Wir hatten damals gerade 60 % des Lebensstandards oder genauer gesagt des Bruttonationalprodukts pro Kopf von Westeuropa erreicht. In den 60er-Jahren gelang es uns jedoch, langsam auf Überholspur zu gehen, und seit den 70er-Jahren sind wir in die Spitzengruppe der europäischen Industriestaaten hinsichtlich Bruttonationalprodukt pro Kopf Lebensstandard, Sozialstandard und auch Kulturleben vorgestoßen.

Wirtschaftswachstum und Vollbeschäftigungspolitik waren eine gewaltige Herausforderung für die Gewerkschaftsbewegung. Beveridge hatte schon vor dem Krieg seine berühmte Studie über Vollbeschäftigung in einer freien Gesellschaft verfasst. Sie war zum Teil eine Antwort auf die Vollbeschäftigungspolitik der Nationalsozialisten, die in einer unfreien Gesellschaft mit geknebelten Gewerkschaften und mit Aufrüstung zustande gekommen war. Aber wie soll eine Vollbeschäftigung in einer freien Gesellschaft funktionieren, wenn die Übermacht der Gewerkschaften, beruhend auf einer überschäumenden Nachfrage nach Arbeitskräften, die Preisstabilität, die Währungsstabilität und womöglich auch das Leistungsbilanzgleichgewicht aushebelt. Die Antwort war:

Mitverantwortung starker Gewerkschaften

Starke Gewerkschaften müssen Mitverantwortung übernehmen. Kein Geringerer als Prof. Giersch machte in den 60er-Jahren die wesentliche Feststellung: „Eigentlich sollten Gewerkschaften auch in Zentralbanken einziehen, denn ihre Lohnpolitik ist von überragender Bedeutung für die

Stabilität der Währung. Die äußere Stabilität ist der Wechselkurs, und die innere Stabilität ist die Inflationsrate."
In einer freien Gesellschaft kann die innere und äußere Preisstabilität erreicht werden, indem man eine relativ hohe Arbeitslosigkeit herbeiführt, die Druck auf die Lohnbewegungen ausübt. Aber genau das wollte man nicht haben. Also musste sich die Gewerkschaftsbewegung selber Fesseln anlegen und ihre Macht, die sich aus der Vollbeschäftigung ergab, mit Augenmaß nützen. Johann Böhm, der meines Wissens Beveridge nicht gelesen hatte, hatte aufgrund seiner Erfahrung ähnliche Überlegungen angestellt und wollte vor allem nach dem fünften Lohn- und Preisabkommen, einen Weg suchen, wie die Vollbeschäftigung in einer freien Gesellschaft, bei freien Gewerkschaften herbeigeführt werden kann. Institutionell entwickelten wir im Gewerkschaftsbund den Plan einer Wirtschaftskommission. Diese wurde auch in Form eines Gesetzes beschlossen, allerdings vom Verfassungsgericht später wieder aufgehoben, da diese Kommission Minister an Beschlüsse gebunden hätte und damit deren Ministerverantwortlichkeit untergraben hätte. Also auf dem Gesetzesweg war eine Konstruktion, bei der die Gewerkschaftsbewegung Einfluss auf alle maßgeblichen wirtschaftlichen Entwicklungen haben sollte, nicht machbar. Böhm hat die Idee nicht aufgegeben, und als im Zusammenhang mit dem Aufstand der Ungarn gegen die sowjetische Besatzung bei uns in Österreich ein Inflationsschub einsetzte, die Leute Lebensmittel zu hamstern begannen und auch Geld ins Ausland transferiert wurde, wurde die Idee der Wirtschaftskommission kurzer Hand im außergesetzlichen Weg versucht. 1957 wurden durch einen Ministerratsbeschluss die großen Interessenvertretungen, also Arbeiterkammer, Gewerkschaftsbund, Landwirtschaftskammer, Bundeskammer der gewerblichen Wirtschaft eingeladen, eine Paritätische Kommission zu bilden, die für Lohn- und Preisfragen zuständig sein sollte.

Sowohl die Wirtschaftskommission wie auch die Grundzüge der Paritätischen Kommission waren schon 1951 am Bundeskongress des ÖGB diskutiert worden, als Dr. Wirlandner, damals Direktor der Arbeiterkammer Wien und maßgeblicher wirtschaftspolitischer Ratgeber der Gewerkschaftsbewegung, darlegte, dass wir die Preisstabilität nicht mit den Methoden der Lohn- und Preisabkommen garantieren können, sondern dass wir uns andere Wege einfallen lassen müssen, auf denen die gewünschten Ziele Preisstabilität und wachsende Wirtschaft erreicht werden könnten. Diese Grobskizze Wirlandners war die Grundlage für alle weiteren Überlegungen, die, wie schon erwähnt, zum Beschluss für die Gründung der Paritätischen Kommission führten.

Kontrolle über Preise und Löhne

Am Anfang waren die Maßnahmen noch recht bescheiden, es wurde ein Ausschuss gegründet, der die Preise für 200 Artikel, die im Index der

Verbraucherpreise zur Überprüfung designiert waren, beobachten sollte. Falls Firmen zum Schluss gekommen wären, ihre Produkte zu den gegebenen Preisen nicht herstellen zu können, weil Löhne gestiegen waren, Rohstoffe und Energie teurer wurden, mussten sie einem Preisausschuss, der von den Interessenvertretungen, aber auch vom Innenministerium und vom Finanzministerium beschickt wurde, die Grobkalkulationen vorlegen. Sie wurden unter Bedachtnahme auf Produktivitätssteigerungen etc. überprüft. Gab es eine Zustimmung zu einer Preiserhöhung, war dies für die Firmen insofern angenehm, weil sie dann gegenüber öffentlichen Stellen, aber auch gegenüber ihren Verbrauchern auf einen Beschluss einer angesehenen Institution hinweisen konnten. Anders war die ursprüngliche Regelung bei den Löhnen. Alle Lohnforderungen der einzelnen Gewerkschaften sollten vor die Paritätische Kommission gebracht werden und hinsichtlich ihrer Rechtfertigung überprüft werden, bevor sie zur Verhandlung freigegeben wurden. Dazu hatte sich der Gewerkschaftsbund verpflichtet.

Damit hatte Johann Böhm das erreicht, was er schon immer angestrebt hatte, nämlich einen Einfluss auf die Lohnbewegung der einzelnen Gewerkschaften zu gewinnen. Für den einheitlichen Gewerkschaftsbund war dies ganz besonders wichtig, um seinen Zusammenhalt zu fördern. Natürlich war es verlockend für manchen Gewerkschaftsfunktionär, seine momentane Marktmacht auszunützen und Lohnbewegungen durchzuführen, beispielsweise die Lebensmittelarbeiter bei Bier, Mehl oder Brot, die dann von Mitgliedern anderer Gewerkschaften bezahlt werden mussten. Dass in solchen Bewegungen einige Sprengkraft für den einheitlichen Gewerkschaftsbund bestand, liegt auf der Hand. Die Paritätische Kommission war allerdings nicht nur für Löhne und Preise zuständig, sondern hatte auch Einfluss auf sozialpolitische Fragen, die aber in diesem Zusammenhang nicht behandelt werden sollen.

Lohnunterausschuss

Nachdem Johann Böhm Ende der 50er-Jahre zurückgetreten war, kam es zu einer Reform der Paritätischen Kommission. Der wichtigste Teil dieser Reform war die Bildung eines Lohnunterausschusses, in dem ebenfalls Gewerkschaften ihre Lohnforderungen einbrachten. Der Lohnunterausschuss hatte dann die Forderung zu begutachten, bevor sie zur Verhandlung freigegeben wurde. Nach Verhandlungsabschluss kam das Ergebnis in die Paritätische Kommission. Falls im Unterausschuss keine Einigung gefunden wurde, waren die Präsidenten berufen, die kontroversiellen Standpunkte zu bereinigen.

Die Revolte der Experten

Die gewerkschaftliche Mitbestimmung erreichte allerdings ihren Höhepunkt in den 60er-Jahren. Maßgebend dafür waren mehrere Faktoren: Die ziemlich voluntaristische Politik, wie sie von den Regierungen nach Raab betrieben wurde, erwies sich als sehr unbefriedigend. Jede der beiden Regierungsparteien ÖVP und SPÖ versuchte für ihre Klientel etwas herauszuschlagen. Ohne große Bedenken über spätere Konsequenzen wurde Politik, oder was man dafür hielt, betrieben. Weiters kam aber dann auch ein Generationenkonflikt zum Vorschein. Die Nachkriegsgeneration, die vor Jahren als junge Experten in Wirtschafts-, Landwirtschafts- und Arbeiterkammer sowie Gewerkschaftsbund ihre berufliche Tätigkeit begonnen hatte, hatten sich hinaufgearbeitet, Einfluss und Kenntnisse in der Praxis erworben, die man nach Studium und Berufsausbildung nicht haben konnte. Wir nannten das später einen Aufstand der Experten, der in einem dritten Beirat der Paritätischen Kommission, nämlich dem Beirat für Wirtschafts- und Sozialfragen, seine Blüte erreichte. Für den Wirtschafts- und Sozialbeirat ergab sich eine zusätzliche Möglichkeit, wirksam zu werden. 1966 hatte Bundeskanzler Klaus das Abenteuer einer Alleinregierung der ÖVP gewagt. Nach Jahrzehnten von Koalitionsregierungen war das ein Experiment, das Klaus nicht ohne Sicherheitsnetz machen wollte. Das Sicherheitsnetz bot ihm die Paritätische Kommission. Beigegeben wurde der Paritätischen Kommission ein Unterausschuss für Wirtschafts- und Sozialfragen, der in einem wahren Furor von Reformen eine Versachlichung der Wirtschaftspolitik, aufbauend auf Wirtschaftsprognosen und volkswirtschaftlicher Gesamtrechnung versuchte. Zweifellos gab es da einen Modernisierungsschub, der unter anderem auch dadurch gefördert wurde, dass Österreich für viele internationale Großkonzerne ein interessanter Standort geworden war, mit einer fleißigen, gut ausgebildeten, genügsamen und sparsamen Arbeitnehmerschaft. Zum Teil war es nur eine „verlängerte Werkbank", zum Teil aber auch dauerhafter Standort mit Möglichkeiten, den Markt im Osten besser als von Übersee aus zu bearbeiten. Obwohl die österreichische Wirtschaft, angefangen von der Schwerindustrie über die Textilindustrie bis zur Elektrizitätswirtschaft großartige Ergebnisse produzierte, wäre sie doch relativ klein geblieben ohne diesen Zufluss von Auslandskapital und ausländischem Know-how wie auch von bestehenden Stützpunkten im Ausland.

Beirat für Wirtschafts- und Sozialfragen

„Verstaatlichte"

Die verstaatlichte Industrie

Vom Anfang des Wiederaufbaus bis weit in die Ära Kreisky spielte die verstaatlichte Industrie eine bedeutende Rolle für Österreichs Wirtschaftswachstum und den Ausgleich des magischen Vielecks der Ökonomen, von Wachstum, Preisstabilität, Vollbeschäftigung und Leistungsbilanzausgleich. Die verstaatlichte Industrie, aber auch die Elektrizitätswirtschaft waren Liebkinder der Sozialdemo-

kratie und der Gewerkschaftsbewegung. Es konnte damit argumentiert werden: „Wenn wir Lohnverzichte vereinbaren und wenn wir auf Preiserhöhungen in der Schwerindustrie verzichten, so tun wir das für die Allgemeinheit, für die österreichische Wirtschaft. Was dabei an Mehrwerten in den Betrieben bleibt, ist doch sozusagen Volkseigentum." Aus heutiger Sicht kann man natürlich leicht sagen, dass in den späten 90er-Jahren und um die Jahrtausendwende die verstaatlichte Industrie weitgehend privatisiert – sprich verkauft – wurde und das, was seinerzeit an Arbeitskraft und an Lohnverzicht eingebracht wurde, letzten Endes ja doch verschwendet ist.

Über Jahrzehnte hat die verstaatlichte Industrie eine gewaltige Bedeutung für die Gewerkschaftsbewegung gehabt. In ihr hatten die Betriebsräte eine starke Position. Vor allem in den späten 70er-Jahren wurden mehr Leute beschäftigt, als für den jeweiligen Betrieb gut war. Notwendige Rationalisierungen unterblieben manchmal, da sie sicherlich auch manche Arbeitsplätze gefährdet hätten. Aber summa summarum brachte diese starke Stellung den Betriebsräten, die in vielen Fällen Verwandte, Bekannte und Kollegen – übrigens nicht nur in der verstaatlichten Industrie, sondern u. a. auch bei den Bundesbahnen – unterbringen konnten, eine Stärkung ihres Einflusses und, nüchtern gesagt, auch eine Stärkung der gesamten Gewerkschaftsbewegung.

„Große Stahllösung"

Als später in der Ära Kreisky die steirische Schwerindustrie in immer schwierigere Situationen kam und man von der Stilllegung der Betriebe, insbesondere von Donawitz, zu sprechen begann, kam die Idee einer großen Stahllösung auf, also Zusammenschluss aller Stahlwerke von Voest und Alpine Montan. Das Problem bestand nur darin, dass die Voest ein florierender Betrieb war, während die Alpine Montan auf alten Produktionen festsitzend, eher dem Konkurs als schwarzen Ziffern in der Bilanz nahe kam. Der Zusammenschluss war ein verheerender Fehler, denn verständlicherweise wollten die Belegschaften der schwachen obersteirischen Betriebe dieselben Vergünstigungen erreichen, wie sie die Belegschaften der florierenden Betriebe im Linzer Raum hatten. Erschwert wurde die Fusion noch durch unterschiedliche Unternehmenskulturen, Feindseligkeiten zwischen den Managern und auch Konflikte der Betriebsräte. Dadurch kamen die Stahlwerke in größte Schwierigkeiten. Am Ende stand der verzweifelte Versuch einiger Manager, die sich maßlos überschätzten, in den Ölhandel einzusteigen, um die Bilanzen zu verbessern. Sie stürzten sich also ins Ölgeschäft, wo dann mit allen Wassern gewaschene Profis auf der anderen Seite des Verhandlungstisches saßen und am Schluss dieses Abenteuers ein gewaltiger Verlust zu Buche stand und auf der Stahlindustrie lastete. Man kann heute sehr leicht darüber streiten, ob die anschließenden spektakulären Aktionen gerechtfertigt waren oder ob man mit einem stillen Abgang der Manager nicht mehr erreichen hätte können.

Fusion von Voest und Alpine

Am Ende kam es zur großen Ernüchterung. Mit der verstaatlichten Industrie, die ja in den 50er-, 60er- und 70er-Jahren eine großartige Performance gezeigt hatte, wurde die Idee der Vergesellschaftung der Großindustrie zu Grabe getragen, aufgebaut auf der Argumentation, dass privat jedenfalls besser sei als Staat. Diese Kontroverse führte uns aber über die Gegenwart hinaus in die Zukunft.

Die Gewerkschaften in der EU

Als vor 10 Jahren zwei Drittel unserer Landsleute für einen Beitritt zur Europäischen Union stimmten, haben wir beim Burgtheater vor Freude und unter Mitwirkung von Erhard Busek die „Internationale" gesungen. Keine Rede von einem Europa der Konzerne und der Lobbies; keine Angst vor dem Verlust der Identität, und vor allem fort mit den Grenzbalken. Ein Jugendtraum war in Erfüllung gegangen. Dann kamen die Mühen der Ebene, das Feilschen um Mitgliedsbeiträge und Subventionen, und welch ein Schreck: Die Sanktionen der vierzehn Regierungen gegen die schwarz/blaue Regierung. Erfreulicherweise sind jene Österreicher, die für die Europäische Union eintraten, trotz dieser Ereignisse bei ihrer Meinung geblieben, und das Drittel, das dagegen war, sah sich in ihrer Ablehnung bestätigt und daher nicht veranlasst, einen Meinungsschwenk vorzunehmen.

EU-Beitritt: Ein Jugendtraum ging in Erfüllung

Die europäische Gewerkschaftsbewegung hatte immer große Sympathien für die Internationalisierung und vielleicht auch Illusionen in Bezug auf diese. Es gab den Europäischen Gewerkschaftsbund, den Internationalen Bund freier Gewerkschaften, aber auch den Kommunistischen Weltgewerkschaftsbund. Fest verankert war der ÖGB im Internationalen Bund freier Gewerkschaften, mit guten Beziehungen zur Christlichen Internationale und distanzierten Beziehungen zu den Gewerkschaften in unseren Nachbarstaaten, die dem Weltgewerkschaftsbund angeschlossen waren. Es gab in dieser Richtung viele Kontakte, die aus der Überzeugung gepflegt wurden, dass man bei den Spitzenfunktionären natürlich keine Abkehr vom Weltgewerkschaftsbund erreichen konnte, aber doch Verständnis und Sympathie für eine freie Gewerkschaftsbewegung. Wie sehr eine Auflockerung erreicht werden konnte, ist schwer zu beurteilen, aber es wäre wahrscheinlich übertrieben zu behaupten, dass vom ÖGB ein erheblicher Beitrag zur Solidarnosc-Bewegung geleistet worden wäre.

EU hat auch Einfluss auf die Entwicklung der Gewerkschaften in Europa

Wie auch immer, jetzt sind wir auch als Gewerkschaftsverbände in der Europäischen Union vereinigt. Die Entwicklung der Gewerkschaften in unseren Nachbarstaaten wird nicht ohne Einfluss auf den ÖGB und damit auf Österreich bleiben.

Das Konzept für Wirtschaft-, Sozial- und Kulturpolitik des ÖGB

Mitte der 50er-Jahre hatte Österreich nicht nur den Staatsvertrag erreicht und das Lebensniveau der Vorkriegszeit in allen Bevölkerungsschichten überschritten, sondern es war auch das Konzept der Nachkriegspolitik weitgehend überholt. Die politischen Kräfte suchten nach neuen Orientierungen, und so machte auch die sozialdemokratische Partei (damals sozialistische Partei) Anstrengungen, ein Parteiprogramm zu entwickeln, dessen Wirtschaftsteil von Benedikt Kautzky konzipiert wurde. Es stieß allerdings in Gewerkschaftskreisen auf starken Widerspruch, denn sein Planungskonzept war den neuen Gegebenheiten nicht adäquat. Es sah die Planung durch Verträge zwischen den Industriebetrieben vor. 1957 war im ÖGB eine bedeutende Weichenstellung: Anton Benya wurde Generalsekretärstellvertreter und dann Vizepräsident, und zwar in einer recht merkwürdigen Situation. Es war ein heißer Sommertag, und es fand eine Fraktionssitzung der sozialistischen Gewerkschafter statt, bei der Karl Mantler, wieder einmal verärgert über Auseinandersetzungen mit Johann Böhm und Karl Maisel, seinen Rücktritt angeboten hatte. Während seine früheren Rücktrittsangebote als Arbeiterkammerpräsident abgelehnt wurden, nahm Karl Maisel dieses Mal überraschend das Wort und sagte: „Nun, wenn unser Kollege Mantler sich das gut überlegt hat, können wir ja dagegen nichts vorbringen!" und damit war der Rücktritt, sichtlich zur Überraschung von Karl Mantler, angenommen. Dann schlug Karl Maisel einen jungen Genossen (so jung war er damals gar nicht mehr), nämlich Anton Benya, als Vizepräsident des ÖGB vor. Benya war im ÖGB kein Neuling, er wurde ja schon 1946 von den Metallarbeitern als Organisationsreferent in den ÖGB delegiert, nachdem ihm Karl Maisel gesagt hatte: „Wenn du so viel zu kritisieren hast, dann ist am besten, du gehst in den ÖGB und schaust, dass du dort etwas in deinem Sinne weiterbringst!"

Programm für den ÖGB

Anton Benya war gegenüber allem Neuen sehr aufgeschlossen, und er war ein ausgesprochener Expertenfan. Nachdem er sich mit seinen Mitarbeitern ein wenig über die Zukunft des ÖGB unterhalten hatte, kam er zu dem Schluss, dass der ÖGB so etwas wie ein Programm benötige. Allerdings wollte man nicht hochtrabend von einem Programm reden, sondern ein bescheidenes Wort für eine sehr große und wichtige Zielsetzung der Gewerkschaftsbewegung verwenden. Anton Benya lud einige Kollegen, unter anderem Fritz Klenner, Gerhard Weißenberg, Franz Senghofer, Eduard März, Marika Szecsi und Philipp Rieger zu einer Konferenz in Hollenstein an der Ybbs ein, um ein Programm für die kommende Tätigkeit des Gewerkschaftsbundes zu entwerfen. Eduard März

Franz Senghofer

und Marika Szecsi waren schon Anfang der 50er-Jahre von McCarthy aus den USA vertrieben worden und glücklicherweise wieder in die alte Heimat zurückgekommen, Rieger kam einige Jahre später aus England zurück, und sie brachten auch neue Ideen über Wirtschaftspolitik und die Bedeutung einer pluralistischen Gesellschaft mit. Im Wesentlichen sah das Konzept, was seine wirtschaftliche Seite betrifft, eine Steigerung des Sozialproduktes um 50 % in den nächsten 15 Jahren vor. Benya war es bei diesem Vorschlag, der von Rieger kam, etwas schwindlig geworden. Er ließ sich dann aber doch überzeugen, und es zeigte sich, dass wir tatsächlich dieses Ziel noch früher erreichten. Der Grundgedanke dabei war, nicht durch Umverteilung den Lebensstandard der arbeitenden Menschen zu erhöhen, sondern durch Wirtschaftswachstum. Benya war immer davon überzeugt, dass das, was der ÖGB macht, auch für den Rest der österreichischen Gesellschaft nützlich und ersprießlich ist. Durch Wirtschaftswachstum sollten die Ansprüche aller arbeitenden Menschen befriedigt werden. Verteilungskämpfe sind immer relativ leicht zu führen, wenn ein wachsender Kuchen verteilt werden kann und jeder etwas bekommt.

Ein zweiter Grundgedanke des wirtschaftsteiligen Konzepts war das Abrücken von langfristigen Planungsideen, wie sie in den späten 40er-Jahren und in den frühen 50er-Jahren vorherrschten, wo nicht ganz erfolglos im Rahmen der Marshall-Plan-Hilfe, aber auch der sonstigen Budget- und Förderungspolitik in recht dirigistischer Weise die Entwicklung gestaltet wurde. Der neue Grundgedanke, der vor allem von Rieger vertreten wurde, war, dass man Planung nur bei der Infrastruktur und bei einigen zentralen Großinvestitionen vornehmen sollte, während die restlichen Wirtschaftsabläufe den Marktmechanismen überlassen werden könnten. Heute sieht das wie eine Selbstverständlichkeit aus, war aber damals durchaus noch nicht Allgemeingut des wirtschaftlichen Denkens in der Gewerkschaftsbewegung.

Das Kapitel Sozialpolitik wurde vorwiegend von Weißenberg gestaltet, der bald Gelegenheit bekam, als Sozialminister seine Ideen umsetzen zu können. Ganz wichtig waren auch die Ideen zur Kulturpolitik, die vom Bildungsreferenten des ÖGB, Senghofer, kamen. Er hatte höchst erfolgreich die Bildungspolitik gestaltet. Damals gab es noch die Möglichkeit, in zahllosen Kursen Gewerkschaftsmitglieder zu schulen. Die gewerkschaftliche Einflussnahme auf andere Bereiche der Kultur hielt er für wichtig und sinnvoll. Insgesamt war dieses Konzept für Wirtschaft-, Sozial- und Kulturpolitik weit mehr als ein gewerkschaftliches Aktionsprogramm mit kollektivvertraglichen Zielsetzungen, es war wirklich ein umfassendes gesellschaftspolitisches Konzept, das jahrelang die gewerkschaftliche Tätigkeit beeinflusste, da die Schöpfer dieses Konzepts die Möglichkeit hatten, es zu verwirklichen. So war dieses Konzept überaus erfolgreich.

Gerhard Weißenberg

Der Wirtschafts- und Sozialbeirat der Paritätischen Kommission

Den Höhepunkt der überbetrieblichen gewerkschaftlichen Mitbestimmung erreichte der ÖGB in den 60er-Jahren. Der Bundeskanzler der ersten österreichischen Alleinregierung einer Partei, Klaus, hatte Bedenken hinsichtlich der Akzeptanz dieser neuen Form der Bundesregierung und wollte vor allem den Gewerkschaftsbund nicht als Gegner. Daher nahm er bei der Regierungsbildung eine Spitzenfunktionärin des ÖGB, Grete Rehor, als Sozialministerin ins Kabinett und versicherte sich auch der Mitwirkung des Gewerkschaftsbundes an der Politik durch Weiterentwicklung der Paritätischen Kommission in Quartalsaussprachen mit der Bundesregierung und der Unterstützung durch einen Beirat für Wirtschafts- und Sozialfragen.

Experten im Wirtschafts- und Sozialbeirat

Dieser Beirat war eine Unterorganisation der Paritätischen Kommission und wurde noch unter der Präsidentschaft von Raab, als Präsident der Bundeskammer der gewerblichen Wirtschaft, ins Leben gerufen. An sich war Raab nicht sehr begeistert von den neuen Ideen, die die jungen Experten zu verwirklichen trachteten, aber nach einigem Widerstreben gab er doch nach und delegierte einen Vertreter der Industriellenvereinigung, Kunata Kottulinsky, in dieses Gremium sowie seinen wirtschaftspolitischen Berater, den späteren Finanzminister und Nationalbankpräsidenten Wolfgang Schmitz – übrigens mit der Bemerkung mir gegenüber, „Na da werden wir euch halt den Grafen Kottulinsky schicken!", womit er einerseits Zustimmung und andererseits Skeptizismus in seiner typischen Art formulierte. Der Wirtschafts- und Sozialbeirat war tatsächlich ein Gremium, das sich die Unterstützung zahlloser junger Experten sichern konnte. Die meisten konnten nach einiger Zeit entscheidende Position in der österreichischen Wirtschaftspolitik besetzen. Schmitz war als späterer Finanzminister vielleicht der Hervorragendste. Der Beirat wurde auch von jüngeren Journalisten unterstützt, insbesondere von Horst Knapp, dem Herausgeber der „Finanznachrichten". Da letzten Endes der Bundeskanzler sehr an Reformen und Neuerungen interessiert war und den alten Trott der großen Koalition nicht mehr weiter führen wollte, ergab sich eine günstige politische, aber auch gesellschaftliche Konstellation.

Reform des Kapitalmarkts

Der Wirtschafts- und Sozialbeirat der Paritätischen Kommission lieferte seine Ergebnisse in Form von Studien an die Präsidenten der Interessenvertretungen. Aber natürlich wurde alles auch von den Medien an die Öffentlichkeit gebracht, und so konnten ganz bedeutende Fortschritte erzielt werden, wie z. B. die Reform des Kapitalmarkts, die es Firmen ermöglichte, über die Börse zu frischem Kapital zu kommen, wenn sie Erweiterungsbedürfnisse hatten. Es konnten wichtige Vorarbeiten für eine Annäherung Österreichs an die Europäische Union erarbeitet werden, die von der Sowjetunion höchst misstrauisch beobachtet wurde. Selbst in den letzen Monaten vor dem Beitritt zur Europäischen Union, also in den 90er-Jahren, hatte der sowjetische Botschafter das Präsidium des Österreichischen Gewerkschaftsbundes zu sich gebeten, um uns abzuraten, der Europäischen Union beizutreten. So lange hatte sich die total versteinerte Politik der Sowjetunion gehalten, und man kann sich vorstellen, wie schwierig die Annäherung an die EWG in den 50er- und 60er-Jahren war. Dazu eine Anekdote aus dem Jahr 1958, als die Illusion bestand, dass wir gleich am Anfang der Europäischen Union beitreten könnten. Prof. Nemschak vom WIFO machte dafür viel Propaganda, und ich unterstützte ihn dabei, worauf mich Kreisky zu sich kommen ließ und sich beklagte, dass ich offensichtlich versuche, im ÖGB eine Front gegen ihn zu bilden. Es sei völlig unmöglich der Europäischen Union beizutreten, da sollten wir uns keine Illusionen machen, die Sowjets seien absolut dagegen und sie würden sich nicht einmal selber als Gegner des Beitritts Österreichs exponieren, sondern die Franzosen vorschicken. Ich sagte ihm: „Warum sagst du das nicht der Öffentlichkeit, dann wären wir alle auf deiner Linie?" Darauf gab er mir die historische Antwort: „Eher beiß ich mir die Zunge ab, als dass ich in der Öffentlichkeit zugebe, dass wir ein halb-souveräner Staat sind, aber wir werden die Souveränität durch die normative Kraft des Faktischen erringen und uns überall so wichtig machen, dass man nicht mehr über uns drüber marschieren kann!" so Kreisky.

Kreisky und die EWG

Wie geht es weiter?

Meine erste politische Erfahrung machte ich im Februar 1934 mit der Taktik der Sozialdemokratie, oder noch genauer gesagt des Schutzbundes, die Gemeindebauten zu verteidigen. Dass diese Taktik nur in einer Niederlage enden konnte, erkannte ich schon als Zwölfjähriger.

So roch mir die „Politik der Verteidigung der wohlerworbenen Rechte" verdammt nach Verteidigung der Gemeindebauten. Eine dynamische, für Neuerungen offene Gewerkschaftsbewegung, wie sie nach dem Zweiten Weltkrieg entstand und sich entwickelte, passte mir sehr. Heute aber stellt sich die Frage, wie es jetzt wohl weitergehen soll, wo Stagnation und eine Demolierung des Wohlfahrtsstaates an der Tagesordnung sind.

Abbau des Sozialstaates, Schwächung der Sozialpartnerschaft

Der Abbau des Sozialstaates ist das nicht eingestandene Ziel, nicht nur der derzeitigen österreichischen, sondern auch einiger anderer europäischen Regierungen. Die Sozialpartnerschaft ist an der Basis schwächer geworden, nicht zuletzt dadurch, dass viele verstaatlichte Großbetriebe privatisiert oder zerschlagen wurden. Auch die Spitzen der Sozialpartnerschaft haben nicht mehr jenen Einfluss auf die politische Entwicklung, seitdem eine Regierung an der Macht ist, die zwar nur eine Minderheit der Wähler hinter sich hat, aber doch das Parlament mit einer kleinen wackeligen Mehrheit zum Zentrum politischer Gestaltung gemacht hat.

Wenn wir uns nun die Frage stellen, wie es mit der österreichischen Gewerkschaftsbewegung und der Mitbestimmung auf betrieblicher und überbetrieblicher Ebene weitergehen soll, müssen wir uns wohl zu der Erkenntnis durchringen, dass die technische Entwicklung weitgehend die gesellschaftliche Entwicklung gestaltet. Leicht erkennbar ist die Individualisierung, die eben durch technische Entwicklungen gefördert wird. Nehmen wir das Auto, in dem der Arbeitnehmer zur Arbeit fährt, während er früher öffentliche Verkehrsmittel benützte. Am Arbeitsplatz ist auch nicht mehr das Fließband dominierend, sondern der Computer, dem man zwar mehr individuelle Möglichkeiten, die Arbeit zu gestalten, abgewinnen kann als dem Fließband, der aber auch zu einer starken Vereinzelung führt. Am Abend sitzt der durchschnittliche Arbeitnehmer beim Fernsehen, lässt sich bilden oder unterhalten, und die Zusammenkunft im Gasthaus, beim Heurigen, ganz zu schweigen von der politischen Sektion, ist selten geworden und an ihre Stelle ist die Unterhaltung mit Internet und Computerspielen getreten.

Fertiggerichte und die moderne Technik haben den Frauen die Hausarbeit erleichtert und die Möglichkeit gegeben, bei Arbeitsteilung mit dem Partner immer stärker in den Arbeitsprozess einzutreten. In den letzten Jahrzehnten hat diese schon lange bestehende Tendenz eine Beschleunigung erfahren, hat auch gesellschaftsgestaltend gewirkt.

So ist eben alles anders, als es vor 50 Jahren war, als in Österreich der Sozialstaat entstand, die Menschen noch das Kriegserlebnis in den Knochen hatten und die Tendenz zusammenzuhalten und solidarisch zu sein, noch sehr stark war. So darf es nicht verwundern, dass die Parteien und die Gewerkschaften im letzten Jahrzehnt laufend Mitglieder und damit auch an Einfluss verlieren. Die Rekrutierung geeigneter Persönlichkeiten ist dadurch auch nicht einfacher geworden. Die Bildungsexpansion hat unter anderem dazu geführt, dass intelligente, junge Burschen und Mädeln nicht mehr Lehrlinge werden, sondern, indem sie höhere Schulen und Universitäten besuchten, sich in Richtung Bildungsbürgertum entwickelten. All diese Entwicklungen sind auf den ersten und auf den zweiten Blick schlechte Voraussetzungen für eine einflussreiche und die Zukunft gestaltende Gewerkschaftsbewegung. Eine Gesellschaft, die Jahrzehnte

auf einen praktisch ununterbrochenen Wirtschaftsaufstieg sowie eine Verbesserung des Lebensstandards und der Lebensqualität zurückblicken kann, läuft Gefahr zu glauben, dass es immer so weitergehen muss. Wenn das dann nicht so wie erwartet klappt, versinken die einen in Zukunftsangst und vertreten die These, dass wir fünf Minuten vor 12 stehen und der große Krach unvermeidlich ist, aber das schon seit zwei Jahrzehnten, sei es durch einen Supergau bei Atomkraftwerken oder durch einen Zusammenbruch des Golfstroms infolge eines Klimawandels. Eine andere bedeutende Sektion unserer Gesellschaft hat sich dem Hedonismus ergeben, ist extrem gekennzeichnet durch völligen Abbau von Gemeinschaftsgeist.

Die Wohlstandsgesellschaft ist ängstlich geworden

Die Wohlstandsgesellschaft ist aber nicht nur hedonistisch geworden, sondern auch ängstlich. Schon vor zwei Jahrzehnten hatte mir die große Maria Jahoda dargelegt, dass der Arbeitsgesellschaft die Arbeit ausgehen wird. Das hatte ich freilich schon Ende der 50er-Jahre zu hören bekommen. Tatsächlich ist seither der Arbeitsgesellschaft die Arbeit nicht ausgegangen, es wurden nur wichtige Aufgaben nicht in Angriff genommen. Jeder muss heute erkennen, dass wir in einen Engpass bei der Versorgung mit Primärenergie kommen, denn – wie schon dargelegt – sind neben einigen kleineren Nachfragern mit China und Indien zwei gewaltige Weltmächte aufgetreten, die auch Primärenergie benötigen, um ihren Völkern ein besseres wirtschaftliches Weiterkommen zu ermöglichen. Dass sie auch nach anderen Rohstoffen greifen, sei nur am Rande angemerkt. Es ist nicht so sehr die Globalisierung, die die Arbeitsplätze und damit im Zusammenhang das Einkommensniveau der Europäer gefährdet, sondern die Konkurrenz der Aufsteiger, die auch einen höheren Lebensstandard haben wollen. Sie haben dasselbe Recht dazu wie seinerzeit wir, als wir uns hochgearbeitet haben und mit einem niedrigen Einkommen vorlieb nehmen mussten. Unser damals sehr niedriges Lohnniveau hatte ja auch die amerikanischen Gewerkschaften beunruhigt. Mit der notwendigen Umstellung auf neue Primärenergierträger ist auch eine Umstellung des Transportwesens nötig, und auch das bedeutet neue Arbeit. Die europäischen Gesellschaften altern. Manche Diskussionen erinnern mich an eine wütende Reaktion des großen Gewerkschafters Karl Maisel, als bei den Beratungen des allgemeinen Sozialversicherungsgesetzes die Belastungen der Arbeitenden durch die Pensionisten bekrittelt wurden, und er entgegnete: „Wir können nicht wie in der Steinzeit die Alten mit einem Faustbeil erschlagen!" Somit wird sich auch die Gesellschaft etwas einfallen lassen müssen, um die Alternden und die nicht mehr zu entlohnter Arbeit Fähigen zu versorgen.

Umstellung des Transportwesens

Neue Technologien

Dann wollen wir nicht vergessen, dass wir heute sicher nicht voraussagen können, welche neuen Technologien neue Beschäftigungsmöglichkeiten schaffen werden. Ich erinnere mich, dass ich eine Diskussion mit meinem lieben Freund Fritz Verzetnitsch hatte. Sie ist ungefähr 20 Jahre her, und er fragte mich: „Sag mir doch einen Wirtschaftszweig, der neue Beschäftigung bringen wird!" Meine Antwort war: „Ich kann dir das nicht sagen, aber in 20 Jahren werde ich es dir sagen können." Und da war es z. B. die gewaltige Steigerung des Gebrauchs von Mobiltelefonen, also des Handy gewesen, die europaweit etwa 200.000 Arbeitsplätze geschaffen hatte.

Nun, wir müssen damit rechnen, dass es weitere technische Veränderungen geben wird. Einige Landwirte, die Angst vor gentechnologisch veränderten Pflanzen haben, werden eine Zeitlang ihre Stellung verteidigen können, möglicherweise in allerlei Rückzüge verwickelt werden und Rückschläge erfahren, aber letzten Endes werden sich die Neuerungen durchsetzen. Und ob nun ein verbesserter europäischer Atomreaktor entwickelt und in Betrieb genommen werden wird, ob der berühmte Fusionsreaktor geschaffen werden kann, ist noch nicht sicher, aber wahrscheinlich doch absehbar. Exotische Energieproduktionsmöglichkeiten wird es auch immer wieder geben und neue werden erfunden werden, auf alte wird man zurückgreifen, wie gerade jetzt auf Wasserkraftwerke, die man schon verurteilt und in den Orkus geschickt hatte – man denke nur an das Projekt in Hainburg. Aber halten wir uns an das berühmte Wort von Horst Knapp: „Erfahrene Propheten warten die Ereignisse ab." Spekulieren wir nicht über konkrete technologische Entwicklungen, sondern halten wir nur die Erkenntnis hoch, dass sie kommen und die Gesellschaft verändern werden.

Neue Rolle der Gewerkschaften

Diese Erkenntnisse der sich wandelnden Gesellschaft und der neuen wirtschaftlichen Bedürfnisse können uns aber nicht der Aufgabe entheben, uns Gedanken zu machen, welche Rolle die Gewerkschaftsbewegung in der Zukunft spielen kann und wie es um den Zusammenhalt der Gesellschaft bestellt sein wird und wie in diesem Zusammenhang die betriebliche und überbetriebliche Mitbestimmung der Gewerkschaft sein könnte. Welche Zukunft hat also die Sozialpartnerschaft? Geopolitisch gesehen müssen wir damit rechnen, dass mehrere Machtblöcke entstehen, die doch sehr unterschiedliche Gesellschaftsbilder haben. Denken wir nur an die Europäische Union, Japan, die USA, China, Indien und vielleicht in der Zukunft Südamerika, wo man seit 200 Jahren bis heute Brasilien für das Land der Zukunft hält. In diesen verschiedenen Wirtschaftsblöcken, zu denen irgendwie auch einmal Russland und die Ukraine gehören werden, haben sich zweifellos unterschiedliche Gesellschaftsmodelle entwickelt. Sie werden sich weiterentwickeln, aber trotz kultureller „crossings over" werden sie in der Substanz gewaltige Unterschiede aufweisen.

Neue kulturelle Bewegungen

Alle neuen Bewegungen der Gegenwart, ob es nun der Konsumentenschutz oder die Friedensbewegung ist, sind in den USA, womöglich sogar in Kalifornien, entstanden und haben sich dann in alle Welt ausgebreitet. Die Rockmusik wird in China genauso gepflegt, wie der Tango in Finnland. Eine McDonaldisierung oder Coca-Cola-Kolonialisierung hat es aber doch nur an der Oberfläche gegeben. Moden gehen, sie verändern am Rande Gesellschaften, die Kleidung ist legerer geworden, die Politiker gehen ohne Krawatte oder mit zerwuzeltem Hemdkragen, aber noch immer gilt in Österreich, dass man eine Gesellschaft will, in der die Starken für die Schwachen sorgen, die Jungen für die Alten und die Gebildeteren für die weniger Gebildeten, also eine solidarische Gesellschaft.

Nur können wir sicher feststellen, dass Österreich beim gesellschaftlichen Zusammenhalt, der Bewahrung dessen, was man heute mit einem Modewort „social capital" nennt, eine Ausnahmestellung einnimmt. Nicht extrem natürlich, aber ein bisschen schon. Noch immer sind die Großparteien relativ stark und haben einen beachtlichen Mitgliederbestand. Wir haben viele Vereine, private und halbstaatliche Organisationen blühen und selbst grenzüberschreitende Hilfsbereitschaft haben die Österreicher in den letzten Jahren eindrucksvoll demonstriert. Man denke nur an die Aktion „Nachbar in Not" und die Hilfe, die wir dadurch vielen Völkern am Balkan gegeben haben, ohne eigentlich eine Gegenleistung zu erwarten. Aber nicht nur die pluralistische Gesellschaft, auch der Regionalismus, der einem Bergvolk sozusagen in der Erbmasse weitergegeben wird, hat enorm starke Wurzeln.

Immer wieder hat man den Luxus der Bundesländerverwaltung, ihrer Regierungen und Parlamente kritisiert, aber wenn man sie ernsthaft in Frage stellte, wurden die Kritiker ins Eck gestellt, und die kostspielige Nähe des Bürgers zur Obrigkeit hat allen Widersachern die Stirn geboten.

Neoliberalismus

Der Neoliberalismus hat sich, ausgehend von den USA, wo er nur an der Oberfläche neoliberalistisch war und Reagan einen ganz traditionellen Keynesianismus betrieben hat, über England, so wie alle Ideen in der mehr als tausendjährigen Geschichte, in Richtung Kontinentaleuropa bewegt. Schließlich ist er auch in Deutschland und Österreich gelandet. Weniger Staat, mehr privat, Privatisierung, mehr Markt, Veränderung der Struktur (wobei meist gar nicht gesagt wird und oft auch gar nicht gewusst wird, was unter dem Begriff „Struktur" eigentlich verstanden werden soll), Reform (wobei keiner mehr weiß, wohin reformiert werden soll) und (was jetzt besonders in Deutschland en vogue ist) die mangelnde Flexibilität des Arbeitsmarktes zu beklagen. Die Gewerkschaften stemmen sich dagegen, allerdings indem sie auf den so genannten „wohlerworbenen Rechten" beharren und nicht neue Wege suchen. Es ist die Aufgabe der Gewerkschaft, den Wirtschaftsablauf – manche würden sagen, den Kapitalismus – für die arbeitenden Menschen erträglich zu machen und jede Entwicklung, die die Menschen belastet, bedrückt, verzweifelt macht und Zukunftsängste schafft, zu bekämpfen. Wenn

Gewerkschaften werden an Bedeutung gewinnen

man das abschafft, verhält man sich in der Tat wirtschaftsfeindlich, denn – was die Betreiber von Sparen, Privatisieren und Reformieren nicht wissen – jede dieser Bedrückungen ruft Gegenkräfte hervor, so genannte „Countervailing powers".

Wir können daher mit Sicherheit rechnen, dass die Gewerkschaften wieder an Bedeutung gewinnen werden, wenn die Menschen zur Erkenntnis kommen, dass man doch rascher vorankommt, wenn nicht jeder sein eigenes Boot paddelt, sondern mehrere gemeinsam zu den Rudern greifen.

Karl Farkas: „Voller Vertrauen in die Vergangenheit!"

Aber gewarnt sollen die Gewerkschaften oder generell die Anhänger der Arbeiterbewegung davor sein, ihr Heil in der Vergangenheit zu sehen. Es hat schon ein berühmter österreichischer Kabarettist – niemand Geringerer als Karl Farkas – gesagt: „Die Österreicher blicken voller Vertrauen in die Vergangenheit!" In den Jahrzehnten, seit dem Abzug der Besatzungstruppen, ging es den Österreichern ja gar nicht schlecht, aber die Vergangenheit kann nicht wieder herbeigeholt werden. Dies kann nicht eindrücklich genug gesagt werden. Auch die Gegenwart kann man nicht fixieren. Die österreichische Gewerkschaftsbewegung hat in ihren besten Zeiten immer Zukunftsvisionen gehabt und Mittel und Wege gesucht, wie sie die Zukunft gestalten könnte.

Es mag schon stimmen, dass Wohlstand zu Trägheit führt. Wenn man sich Ziele gesetzt und sie erreicht hat, meint mancher, nun muss es damit ein Ende haben. Zugegeben, eine alternde Gesellschaft mag sich durch weniger Dynamik auszeichnen als eine junge Gesellschaft. Alte Menschen gieren in der Regel nicht nach Neuerungen. Aber die junge Generation, die Nachrückenden, wie es so schön heißt, wissen heute doch schon, dass man im Leben nicht nur Spaß haben kann, sondern dass Aufgaben auf einen warten, wenn man sein Leben bewältigen und nicht als Sandler enden will. Wie die jüngste Vergangenheit zeigt, wird es an Herausforderungen nicht fehlen. Nicht nur die Jugend in unseren Nachbarstaaten will vorankommen, ist lernbegierig, fleißig, erfinderisch und risikofreudig. Selbst die Bewegung der gebildeten städtischen Jugend, die sich in den Grünformationen gefunden hat, hat begriffen, dass nicht der Stillstand oder der Rückzug zu Erfolgen führt.

Richard Leutner

Dr. Richard Leutner, Leitender Sekretär des ÖGB, Abgeordneter zum Nationalrat

60 Jahre ÖGB heißt 60 Jahre sozialer Fortschritt

Wenn der ÖGB im heurigen Jahr sein 60-Jahr-Jubiläum feiert, dann sind damit untrennbar auch 60 Jahre sozialer Fortschritt und 60 Jahre soziale Sicherheit verbunden. Dann steht dieses Jubiläum aber auch für 60 Jahre, in denen der ÖGB und seine Gewerkschaften beharrlich, ausdauernd, mit viel Augenmaß und vor allem erfolgreich dafür gekämpft haben, dass es den Menschen in Österreich heute gut geht und sie auch ihren gerechten Anteil am wirtschaftlichen Erfolg erhalten. Doch dem ÖGB geht es nicht nur darum, auf Erfolge in der Vergangenheit zu schauen, sondern auch darum, die Gegenwart erfolgreich für die Arbeitnehmer/-innen zu gestalten und, was noch viel wichtiger ist, die Zukunft mitzugestalten. Das Betätigungsfeld ist dabei breit gestreut und reicht vom Individualarbeitsrecht über die soziale Absicherung bis zur Arbeitsverfassung, in der die Rechte der arbeitenden Menschen schwarz auf weiß niedergeschrieben sind.

Dem ÖGB und seinen Gewerkschaften hat im Dienste seiner Mitglieder und Arbeitnehmer/-innen stets ein scharfer Wind entgegen geblasen. Das war, ist und wird nie anders sein. Doch gerade dieser Umstand hat uns stark gemacht, uns zu einer Kampforganisation geformt, die in den vergangenen sechs Jahrzehnten nahezu tagtäglich unter Beweis gestellt hat, dass es sich lohnt, für eine Sache zu kämpfen, dass Solidarität viel bewegen kann und dass vieles, das heute als selbstverständlich angesehen wird, früher keine Selbstverständlichkeit war.

Fünf Wochen Urlaub – Pflegegeld – Urlaubs- und Weihnachtsgeld – Abfertigung – Kollektivvertrag – Mitbestimmung! Alle diese Begriffe, die einst Forderungen des ÖGB waren, sind heute selbstverständlich. So selbstverständlich, dass man

darauf vergessen hat, dass es der ÖGB und seine Gewerkschaften waren, die in zähen, oft nächtelangen Verhandlungen diese heute gültigen „Selbstverständlichkeiten" ausverhandelt haben.
Beispiele, von denen die Gewerkschaftspioniere nur träumen konnten, denn als der ÖGB 1945 gegründet wurde, war es um die Rechte der arbeitenden Menschen in Österreich nicht gut bestellt, wie eine Werkstättenordnung der Genossenschaft der Kleidermacher in Wien verdeutlicht:

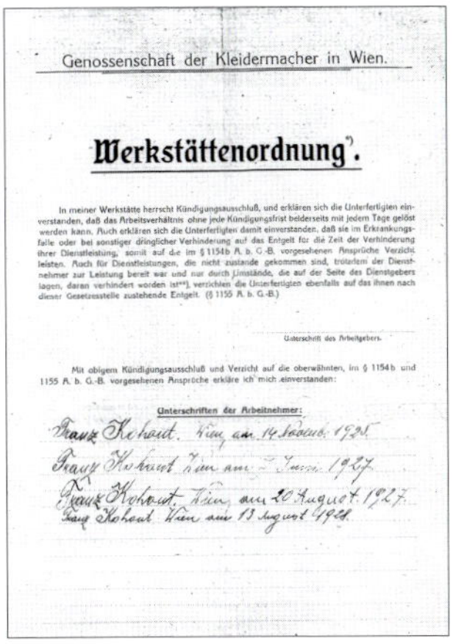

Genossenschaft der Kleidermacher in Wien.

Werkstättenordnung*).

In meiner Werkstätte herrscht Kündigungsausschluß, und erklären sich die Unterfertigten einverstanden, daß das Arbeitsverhältnis ohne jede Kündigungsfrist beiderseits mit jedem Tage gelöst werden kann. Auch erklären sich die Unterfertigten damit einverstanden, daß sie im Erkrankungsfalle oder bei sonstiger dringlicher Verhinderung auf das Entgelt für die Zeit der Verhinderung ihrer Dienstleistung, somit auf die im § 1154b A. b. G.-B. vorgesehenen Ansprüche Verzicht leisten. Auch für Dienstleistungen, die nicht zustande gekommen sind, trotzdem der Dienstnehmer zur Leistung bereit war und nur durch Umstände, die auf der Seite des Dienstgebers lagen, daran verhindert worden ist**), verzichten die Unterfertigten ebenfalls auf das ihnen nach dieser Gesetzesstelle zustehende Entgelt. (§ 1155 A. b. G.-B.)

Unterschrift des Arbeitgebers.

Mit obigem Kündigungsausschluß und Verzicht auf die oberwähnten, im § 1154b und 1155 A. b. G.-B. vorgesehenen Ansprüche erkläre ich mich einverstanden:

Unterschriften der Arbeitnehmer:

Franz Kohout. Wien am 14 Novemb. 1925
Franz Kohout Wien am – Juni 1927
Franz Kohout. Wien am 20 August 1927
Franz Kohout Wien am 13 August 1928

In meiner Werkstätte herrscht Kündigungsausschluss, und erklären sich die Unterfertigten einverstanden, dass das Arbeitsverhältnis ohne jede Kündigungsfrist beiderseits mit jedem Tage gelöst werden kann. Auch erklären sich die Unterfertigten damit einverstanden, dass sie im Erkrankungsfalle oder bei sonstiger dringlicher Verhinderung auf das Entgelt für die Zeit der Verhinderung ihrer Dienstleistung, somit auf die im § 1154b A. b. G.-B. vorgesehenen Ansprüche Verzicht leisten.

Dem folgten noch weitere, wie nicht schwer zu erraten ungünstige Vereinbarungen für die Arbeitnehmer/-innen, die diese Werkstättenverordnung – heute würde man sagen Knebelungsvertrag – persönlich unterschreiben mussten. Was mit jenen passierte, die nicht zur Unterschriftsleistung bereit waren, ist ebenfalls nicht schwer zu erraten.
Diese Verordnung stammt nicht aus dem Mittelalter, sondern aus dem Jahr 1925, wobei solche und ähnliche Regelungen noch oder wieder galten, als 1945 der ÖGB gegründet wurde, da nach der deutschen Reichsversicherungsordnung im Jahr 1939 die Zweite Republik vorerst wieder an der Rechtsordnung vor 1934 anknüpfte.

Mit der Gründung des ÖGB begann die Ära eines modernen Sozialstaates

Mit der offiziellen Gründung des ÖGB am 15. April 1945 begann aber eine neue Ära zur Entstehung eines modernen österreichischen Sozialstaates, die bis in die 60er-Jahre vor allem darauf ausgerichtet war, die Nachkriegswirren zu ordnen. Anfangs wurden kaum veränderte Gesetze aus der Ersten Republik wieder in Kraft gesetzt, reichsdeutsche Gesetze in demokratischer Form übernommen und eine Reihe neuer Gesetze beschlossen. Jedes dieser Gesetze bedeutete einen kleinen Schritt in Richtung umfassende soziale Sicherheit und waren wichtige Schritte zur Wiederherstellung österreichischer und demokratischer Sozialtraditionen.

Beginn einer modernen Sozialpolitik

Wie ein roter Faden ziehen sich dabei die Zielvorstellungen des ÖGB für eine moderne Sozialpolitik durch. Damals wie heute gilt für uns: Ein moderner Sozialstaat muss die Absicherung der Arbeitnehmer/-innen sowohl durch individualarbeitsrechtliche, sozialrechtliche und arbeitsverfassungrechtliche Gesetze ermöglichen.

Als Beispiele individualrechtlicher Gesetze seit der Gründung des ÖGB bis in die 60er-Jahre sind unter anderem das Arbeiterurlaubsgesetz aus dem Jahre 1946, das Jugendbeschäftigungsgesetz (1948) und das Mutterschutzgesetz aus dem Jahre 1957 sowie das Ladenschlussgesetz von 1958 zu nennen.

1955: ASVG als Grundstein der Selbstverwaltung

Aus der langen Gesetzesliste zur sozialen Absicherung zählen vor allem das Arbeitslosenfürsorge- und das Arbeitslosenversicherungsgesetz aus den Jahren 1946 und 1949, das Sozialversicherungs-Neuregelungsgesetz (1952), das Rentenbemessungsgesetz (1954) und vor allem das ASVG aus dem Jahre 1955. Damit wurde der Grundstein für die bis heute geltende Selbstverwaltung und Pflichtversicherung in der Pensions-, Kranken- und Unfallversorgung gelegt.

Für die Mitbestimmung der Arbeitnehmer/-innen war ein sehr wichtiger Schritt das 1945 beschlossene Arbeiterkammergesetz. Das Kollektivvertragsgesetz und die Organisation der ArbeitnehmerInnen-Mitbestimmung mittels des BetriebsrätInnengesetzes wurden beide 1947 beschlossen wurden. Diese drei Gesetze waren Basis für die 1952 und 1953 durchgeführten Betriebsräte/-innen- und Arbeiterkammer-Wahlen.

Ausbau des Sozialstaates in den 60er-Jahren

45-Stunden-Woche

Galt es in den ersten Jahren nach der Gründung des ÖGB bis Anfang der 60er-Jahre Schritt für Schritt den Weg zu einem modernen Sozialstaat aufzubereiten, stand in den darauf folgenden Jahren der Ausbau sozialpolitischer Leistungen im Mittelpunkt. Neben der kontinuierlichen Verkürzung der Wochenarbeitszeit, die am 1. Februar 1959 von 48 auf 45 Stunden abgesenkt und ab Herbst 1969 etappenweise auf eine 40-Stunden-Woche reduziert wurde, traten mit 1. Jänner 1965 zwei weitere wichtige Gesetze in Kraft: Für alle Arbeitnehmer/-innen galt ab diesem Tag ein dreiwöchiger Mindesturlaub und per Gesetz wurde auch geregelt, dass „Krankheit den Urlaub" unterbricht.

Per 19. ASVG-Novelle wurde im Jahre 1966 das Risiko „Krankheit" entschärft, in dem die Übernahme der Kosten für den Spitalsaufenthalt ohne zeitliche Begrenzung sichergestellt wurde. Schon ein Jahr zuvor konnte die betriebliche Mitbestimmung durch eine Novelle zum BetriebsrätInnengesetz wesentlich verbessert werden: 1965 wurde die Funktionsperiode der Betriebsräte/-innen auf drei Jahre verlängert und der Druck der Arbeitgeber auf die Vertreter/-innen der Arbeitnehmer/-innen merklich entlastet.

Im gleichen Jahr wurde durch eine dynamische Pensionsanpassung erreicht, dass die Pensionisten/-innen einen Ausgleich für die Veränderung des Geldwertes erhalten, der ihnen ihren Anteil am Steigen des Volkseinkommens sichert. 1966 kam es zu einer weiteren Verbesserung des Pensionsrechtes durch eine Herabsetzung der Altersgrenze für Frühpensionisten/-innen auf 60 Jahre für Männer und 55 Jahre für Frauen. Niemand hätte sich zu dieser Zeit gedacht, dass nicht einmal vier Jahrzehnte später eine schwarz-blaue Bundesregierung diese sozialrechtlichen Leistungen in Frage stellt und eine beispielslose Sozialmontage beginnt, in dem sie unter anderem den früheren Pensionsantritt einfach abschafft, die jährlichen Pensionsanpassungen einfach um ein Jahr verschiebt, Selbstbehalte einführt, Arbeiterkammern und Gewerkschaften in Frage stellt oder auch die Besteuerung der Unfallrenten und vieles mehr einführt.

Die Zeit der großen Sozialreformen

Als Zeit der großen Sozialreformen gelten die 70er- und 80er-Jahre, in denen es nicht zuletzt auf Grund der sehr guten wirtschaftlichen Entwicklung gelingt, viele sozialpolitische Forderungen des ÖGB zu realisieren. Österreich erreicht in diesem Zeitraum in fast allen Bereichen den sozialpolitischen Standard westeuropäischer Industriestaaten und wird auf manchen Gebieten sogar beispielgebend.

General-KV für 40-Stunden-Woche

Am 5. Jänner 1970 trat der Generalkollektivvertrag zur etappenweisen Einführung der 40-Stunden-Woche in Kraft, der zunächst eine Wochenarbeitszeit von 43 Stunden, ab Jänner 1972 von 42 Stunden und mit 1. Jänner 1975 endgültig die 40-Stunden-Woche brachte. Mit einer Novelle zum ArbeiterInnen-Urlaubsgesetz wurde 1971 etappenweise begonnen, das Urlaubsrecht der Arbeiter/-innen an die Angestellten anzupassen. Die völlige Gleichstellung wurde am 1. Jänner 1976 erreicht und mit 1. Jänner 1977 wurde die ÖGB-Forderung nach vier Wochen Mindesturlaub verwirklicht und sechs Jahre später beginnt die etappenweise Verlängerung des Mindesturlaubes von vier auf fünf Wochen.

Lohnfortzahlung

1974 wurde die Lohnfortzahlung bei Krankheit oder Unfall für Arbeiter/-innen durch das Entgeltfortzahlungsgesetz sichergestellt, im Sommer 1976 wurde der Kündigungsschutz für ältere Arbeitnehmer/-innen verbessert, und ab 1979 garantiert ein Gesetz auch den Arbeiter/-innen einen Abfertigungsanspruch. Mit 1. Juli 1981 tritt das Nachtschwerarbeitsgesetz in Kraft, das den Nachtschicht-Schwerarbeiter/-innen neben Zusatzurlaub und Ruhepausen eine verbesserte Gesundheitsvorsorge, ein Sonderruhegeld und eine verbesserte Mitbestimmung durch die Betriebsräte/-innen garantiert.

Im Jahr 1986 gibt es nicht nur einen fünfwöchigen Mindesturlaub, sondern zusätzlich mehr Freizeit für die Arbeitnehmer/-innen. Denn nicht nur auf gesetzlicher, sondern auch auf kollektivvertraglicher Ebene wurden wesentliche Verbesserungen für Arbeitnehmer/-innen erzielt. Im Laufe der Zeit wurde die Arbeitszeit in vielen Branchen mittels Kollektivvertrag von 40 auf 38 bzw. 38,5 Stunden abgesenkt. 1986 galt dies für mehr als eine halbe Million Arbeitnehmer/-innen, 1988 bereits für mehr als eine Million und 1990 sind es bereits mehr als 1,1 Millionen Arbeitnehmer/-innen, die per Kollektivvertrag statt wöchentlich 40 Stunden nur noch 38 bzw. 38,5 Stunden arbeiten müssen.

Trendsetter gegen Gewerkschaften und Sozialstaat

Seit Mitte der 80er-Jahre gibt es Widerstand gegen die Politik des sozialen Fortschrittes. Trendsetter in Gestalt des Neoliberalismus treten gegen Gewerkschaften und den Sozialstaat an. Es wird versucht, die Kollektivvertragsautonomie der Gewerkschaften abzuschaffen und die Beteiligung der Gewerkschaftsbewegung am politischen Entscheidungsprozess einzuschränken. Angriffe auf den ÖGB, besonders aber auf die Arbeiterkammer, auf die Selbstverwaltung der Sozialversicherungen und auf die Sozialpartnerschaft verfolgen ausschließlich das Ziel, die wichtigsten Befürworter des Sozialstaates mundtot zu machen.

Gegen die Demontage des Sozialstaats

Unter diesen alles andere als gewerkschaftsfreundlichen Vorzeichen geht es nun darum, den Sozialstaat zu erhalten und einer Demontage entgegen zu wirken, die mit dem Regierungsantritt der schwarz-blauen Bundesregierung im Jahr 2000 erst so richtig beginnen sollte. Noch gab es zwar eine SPÖ-ÖVP-Koalitionsregierung, doch auch mit dieser hatte der ÖGB und seine Gewerkschaften alle Hände voll zu tun, damit die Finanzierung und Leistungen der Krankenversicherung, aber auch die Pensionsreformen 1993 und 1997 in einem noch sozial verträglichen Ausmaß möglich wurden. Der Vorwurf der nunmehrigen Bundesregierung, dass der ÖGB nur wegen der schwarz-blauen Koalitionsregierung zu Protesten und Demonstrationen aufruft, geht übrigens ins Leere. Denn es gibt dicke Akten und Belege, dass der ÖGB auch gegenüber einer sozialdemokratisch geführten Bundesregierung sich nie ein Blatt vor dem Mund genommen hat, wenn es darum ging, eine soziale Ausgewogenheit im Interesse der Arbeitnehmer/-innen zu erreichen.
In der beginnenden Zeit immer größerer Befürworter des Neoliberalismus tat sich die Gewerkschaftsbewegung verständlicherweise immer schwerer, ihre Ziele durchzusetzen. Die Bestrebungen einer vollständigen Angleichung der Arbeiter/-innen an die Rechte der Angestellten blieben stecken, Erfolge für die Arbeiter/-innen mussten um einen teuren Preis erkauft werden, und auch die Ergebnisse bei der Weiterentwicklung des Arbeitsverfassungsgesetzes waren nur noch punktuell erfolgreich.

1992: Einführung der Lehrlingsfreifahrt

Sozialpolitische Erfolge gab es dennoch. So wurde 1992 beispielsweise die Lehrlingsfreifahrt eingeführt, die Familienbeihilfe erhöht und ein Jahr später mit dem neuen Bundespflegegeldgesetz die letzte große

Lücke im Sozialsystem geschlossen. Mit dem „Sparprogramm 1995" warf die SPÖ/ÖVP-Koalitionsregierung der Gewerkschaftsbewegung einen Fehdehandschuh vor die Füße, der in Folge zu harten Auseinandersetzungen führen sollte und mit einem Sieg des ÖGB und der AK endete: Viele soziale Ungerechtigkeiten konnten entweder verhindert oder wesentlich gerechter gestaltet werden. Auch daran sollte sich die derzeitige Regierung erinnern, wenn sie wieder einmal die Interessenvertretungen der Arbeitnehmer/-innen kritisiert, weil diese die jeweils im Amt befindliche Regierungsriege kritisiert: Der ÖGB und die AK waren, sind und werden stets überparteilich sein und bewerten jede Regierung – egal welcher Couleurs – danach, was sie bereit ist, für die Arbeitnehmer/-innen zu tun!

ÖVP-FPÖ-Regierung entscheidet sich für Konflikt- statt Konsenspolitik

Mit dem Antritt der schwarz-blauen Bundesregierung im Jahr 2000 beginnen sich die Konflikte zwischen dem ÖGB und der Bundesregierung dramatisch zu verschärfen. Die Regierung macht kein Hehl daraus, dass alle, die nicht der ÖVP-FPÖ-Koalitionsregierung nach dem Mund reden, unerwünscht sind und bekennt sich offen zu einer Konflikt- statt der bisher bewährten Konsens-Politik. „Speed kills" ist angesagt, in rasender Geschwindigkeit werden gegen besseres Wissen Gesetze verabschiedet, die eindeutig Richtung Zerschlagung des österreichischen Sozialstaates gehen.

Massive soziale Verschlechterungen

Nahezu jede Maßnahme, die von der Bundesregierung angekündigt wird, führt nicht nur zu Belastungen für die Arbeitnehmer/-innen, mit denen die Geschenke für die Unternehmer finanziert werden, sondern bringen gleichzeitig massive sozialpolitische Verschlechterungen mit sich. Unter der Ankündigung „Österreich neu regieren" traten ÖVP und FPÖ im Jahr 2000 an, „Fairness und soziale Gerechtigkeit" zu ermöglichen und den Wirtschaftsstandort zu stärken.

Genau das Gegenteil aber passierte. Es kam zu massiven Belastungs- und Umverteilungsprogrammen, und drei Sparpakete gingen ausschließlich zu Lasten von Arbeitnehmer/-innen und Pensionisten/-innen. Die Arbeitslosigkeit hat beängstigende Formen angenommen und erzielt fast monatlich neue Höchstwerte, Konzepte für ein funktionierendes Gesundheitswesen blieb die Regierung bis heute schuldig, und im Bereich des Arbeitsrechtes wurde die „Aktion Fairness" zu einer Umverteilungsaktion zugunsten der Arbeitgeber umfunktioniert. Die Gleichstellung bei Lohnfortzahlung wurde nur beschränkt umgesetzt, aber gleichzeitig das Urlaubsrecht verschlechtert.

Die unsoziale Pensionsreform 2000 war darauf ausgerichtet, möglichst rasch budgetwirksame Ausgabenkürzungen zu erreichen, und führte zu einer überfallsartigen Anhebung des Antrittsalters bei vorzeitigen Alterspensionen um eineinhalb Jahre, zur Erhöhung der Pensionsabschläge, extreme Kürzungen bei Witwenpensionen und bei Invaliditäts- und Berufsunfähigkeitspensionen, und die vorzeitige Alterspension wegen geminderter Erwerbsfähigkeit wurde abgeschafft.

Die von der Bundesregierung proklamierte Aktion „Soziale Treffsicherheit" verkümmerte zu einem „treffsicheren Sozialabbau": Die beitragsfreie Mitversicherung für kinderlose Ehepartner und Lebensgefährten wurde aufgehoben, die Unfallrenten durch die Besteuerung um durchschnittlich ein Drittel gekürzt und Leistungseinschränkungen in der Arbeitslosenversicherung vorgenommen. Dazu kamen soziale Verschlechterungen im Gesundheitsbereich wie die Erhöhung der Rezeptgebühren und die Einführung der Ambulanzgebühren.

Kritiker wurden mundtot gemacht. Um einen führenden Gewerkschafter seines Amtes als Hauptverbandspräsident zu entheben, wurde sogar die seit Jahrzehnten bewährte Selbstverwaltung „umgestaltet". Die ArbeitnehmerInnen-Interessenvertretungen mussten zu drastischen Mitteln greifen. Sowohl die Ambulanzgebühren als auch die Besteuerung der Unfallrenten und die angesprochene Zerschlagung des Hauptverbandes wurden höchstrechtlich bekämpft und letztendlich vom Verfassungsgerichtshof aufgehoben.

Fortschritte konnten nur dort erzielt werden, wo die Sozialpartner aktiv wurden. So einigten sich ÖGB und Wirtschaftskammer beispielsweise 2002 auf ein neues Abfertigungsgesetz und 2004 auf eine Reform der Zumutbarkeitsbestimmungen in der Arbeitslosenversicherung.

Im Jahr 2003 wurde im Parlament die so genannte Pensionssicherungsreform beschlossen, die mit 1. Jänner 2004 in Kraft trat. Diese bringt die Abschaffung der vorzeitigen Alterspensionen und massive Pensionskürzungen für alle Betroffenen. Erst durch die Streiks und Proteste des ÖGB und seiner Gewerkschaften wurde ins Gesetz aufgenommen, dass die Einbußen durch die beschlossenen Pensionskürzungen gegenüber der alten Rechtslage bis 31. Dezember 2003 zehn Prozent nicht übersteigen dürfen. Der ÖGB hat immer verlangt, statt diesen unsystematischen Pensionskürzungen ein einheitliches Pensionssystem für alle Erwerbstätigen zu schaffen. Diese Idee wurde zwar von der Regierung aufgegriffen, die Pensionskürzungen durch die „Reform 2003" bleiben allerdings aufrecht. Mit der Pensionsharmonisierung, die am 1. Jänner 2005 in Kraft trat, werden viele Menschen weitere Verluste erleiden, ohne dass das Ziel eines einheitlichen Pensionsrechts für alle Erwerbtätigen nach dem Grundsatz „Gleicher Beitrag – gleiche Leistungen" erreicht wurde.

Ein starker ÖGB – in Zukunft wichtiger denn je

Nicht nur eine echte Harmonisierung des Pensionssystems und die Zurücknahme der Kürzungen werden den ÖGB in den nächsten Jahren beschäftigen.

Soll der Sozialstaat auch in Zukunft funktionstüchtig sein, so muss er soziale Sicherheit dauerhaft sicher stellen. Alle europäischen Industriestaaten stehen in den nächsten Jahren vor ähnlichen Problemen.

Arbeitswelt im Umbruch

Die Arbeitswelt ist im Umbruch begriffen. Neue Arbeitsplätze, neue Qualifikationsanforderungen, neue Branchen, neue Arbeitsbeziehungen entstehen, andere gehen auch verloren. Für die Mehrheit der Arbeitnehmer/-innen geht die Entwicklung dahin, dass Arbeitszeit, Arbeitsort, Arbeitsbeziehungen nicht mehr so klar strukturiert sind, wie dies in der Vergangenheit der Fall war.

Die Zahl älterer Menschen steigt kontinuierlich. Die Arbeitswelt und die Gesellschaft insgesamt muss auf den sich verändernden Altersaufbau vorbereitet werden.

Solidarität und Kampf für die gerechte Beteiligung am Wohlstand

Die Formen des Zusammenlebens ändern sich: Ehe und traditionelle Familienformen verlieren an Bedeutung. Das zieht sozialpolitisch bedeutsame Folgen nach sich. Nach wie vor ist es die zentrale Aufgabe des ÖGB, die gemeinschaftlichen Interessen erkennbar zu machen und

Solidarität zu erzeugen und für die gerechte Beteiligung der Arbeitnehmer/-innen am erarbeiteten Wohlstand zu kämpfen.

- ❑ Allen erwerbsfähigen Personen muss die Möglichkeit geboten werden, über eigenes Erwerbseinkommen eine eigenständige Existenz zu sichern.
- ❑ Unselbstständige Erwerbsarbeit erfordert arbeits- und sozialrechtlichen Schutz. Das galt bisher und hat auch für die Zukunft uneingeschränkt Geltung.
- ❑ Die sozialrechtliche Absicherung ist verstärkt am Leitprinzip eigenständige Absicherung auszurichten.
- ❑ Es muss eine umfassende Mindestsicherung für die gesamte Bevölkerung geben, wenn erwerbsbezogene Sicherungssysteme nicht ausreichen.
- ❑ Die Selbstverwaltung ist als Herzstück sozialstaatlicher Gesellschaftspolitik zu stärken.
- ❑ Die Chancengleichheit zwischen den Geschlechtern ist voranzutreiben.

Nur starke Interessenvertretungen auf betrieblicher und auf überbetrieblicher Ebene können die Interessen der Arbeitnehmer/-innen mit der notwendigen Stärke durchsetzen. Das hat der ÖGB immer wieder eindrucksvoll bewiesen, der seit 60 Jahren die Zukunft im Interesse der Arbeitnehmer/-innen gestaltet.

Renate Csörgits, Sylvia Ledwinka

1945 bis 2005: 60 Jahre Frauenpolitik – 60 Jahre ÖGB-Frauen

Renate Csörgits, ÖGB-Vizepräsidentin und Vorsitzende der ÖGB-Frauen

Sylvia Ledwinka ist Bundesfrauensekretärin des ÖGB

Im September 1945, nur wenige Monate nach der Gründung des ÖGB, fand die konstituierende Sitzung der ÖGB-Frauen statt. In den 60 Jahren seit ihrem Bestehen haben die ÖGB-Frauen viel erreicht: von der Abschaffung der Frauenlohngruppen über das Gleichbehandlungspaket bis zur – teilweisen – sozialrechtlichen Absicherung der atypisch Beschäftigten. Andere Forderungen der ÖGB-Frauen sind nach wie vor offen. Die geschlechtsspezifische Einkommensschere ist in den vergangenen Jahrzehnten kaum kleiner geworden, die Absicherung vieler Frauen im Alter ist prekär. Die ÖGB-Frauen werden weiter kämpfen – denn damit Frauen gleiche Chancen vorfinden, ist noch viel zu tun.

1945 bis 1955: Trümmerfrauen und andere „Frauenarbeiten"

Während des Zweiten Weltkriegs wurden die Frauen zu Tätigkeiten herangezogen, die vormals als „Männerarbeit" galt. Auch für schwerste Aufräumarbeiten nach Kriegsende griff man auf Frauen zurück – die Bezeichnung „Trümmerfrauen" verdeutlicht das. Mit der Rückkehr der Männer aus dem Krieg wurden viele Frauen vom Arbeitsmarkt verdrängt. Doch auch jene Frauen, die ihren Arbeitsplatz behielten, hatten kein leichtes Los: Die äußerst schlechte Versorgungssituation – bis Ende der 40er-Jahre war ein Teil der Grundnahrungsmittel rationiert – bedeutete für die Frauen stundenlanges Anstellen vor den Geschäften. Die Versorgung der berufstätigen Frauen und ihrer Familien stellte in dieser Zeit ein Hauptanliegen der ÖGB-Fauen dar. Sie erreichten die bevorzugte Bedienung von berufstätigen Frauen in Lebensmittel- und Bedarfsartikelgeschäften, eine Absprache mit Großwäschereien gewährleistete die schnellere Erledigung der Wäsche von berufstätigen Frauen. Als sich die wirtschaftliche Lage stabilisierte, traten derartige Aktionen in den Hintergrund.
Von Beginn an aktiv waren die ÖGB-Frauen für die Verbesserung der Situation der Hausgehilfinnen und Heimarbeiterinnen. Beide Berufe galten als typische Frauenberufe mit schlechten Arbeitsbedingungen und geringer Entlohnung. Für Hausgehilfinnen (Hauspersonal, Köchin-

nen, Kindermädchen, ...) gab es nach dem Zweiten Weltkrieg keinen Kollektivvertrag, da kein Arbeitgeberverband als Vertragspartner existierte. Die ÖGB-Frauen erreichten Ende der 40er-Jahre, dass die Urlaubsbestimmungen nach dem Arbeiterurlaubsgesetz auf Hausgehilfinnen ausgeweitet wurde, 1951 setzten sie das Mindestlohnschutzgesetz und damit die Regelung von Mindestlöhnen für die Hausgehilfinnen durch. Das von den ÖGB-Frauen immer wieder geforderte umfassende Hausgehilfinnen-Gesetz scheiterte allerdings jahrelang am Widerstand der Arbeitgeberseite. Erst 1962 gelang die Beschlussfassung des „Hausgehilfen- und Hausangestelltengesetzes". Auch die Verabschiedung des Heimarbeitsgesetzes war äußerst mühsam. Die ÖGB-Frauen wurden deshalb auf einer anderen Ebene tätig: Auf ihre Initiative handelten die zuständigen Gewerkschaften bis Anfang der 50er-Jahre Bestimmungen bezüglich Heimarbeitslöhne in den Kollektivverträgen aus. 1954 wurde schließlich ein Heimarbeitsgesetz beschlossen, das die Heimarbeiter/-innen den Betriebsarbeiter/-innen gleichstellte.

Erfolgreiche Aktivitäten für Hausgehilfinnen und Heimarbeiter

1955 bis 1965: Wirtschaftsaufschwung und Babyboom

Nach dem Wiederaufbau nahm die wirtschaftliche Entwicklung einen günstigen Lauf – zu Beginn der 60er-Jahre wurde (bei den Männern) Vollbeschäftigung erreicht. Auch bei den Frauen kam es zu einem Rückgang der Arbeitslosigkeit und einem Anstieg der Beschäftigung, obwohl die Arbeitslosenquote der Frauen weiter über jener der Männer lag. Im Kontext des wirtschaftlichen Aufschwungs kam es zu einem regelrechten Heirats- und Babyboom, der 1963 seinen Höhepunkt fand.

Den ÖGB-Frauen gelang es in dieser Phase, in einem ihrer zentralen „Themen" einen Erfolg zu verbuchen: 1957 wurde für Mütter ein sechsmonatiger – unbezahlter – „Karenzurlaub" eingeführt. Das noch aus der NS-Zeit stammende Mutterschutzgesetz wurde durch ein „österreichisches" Gesetz ersetzt. 1960 folgte schließlich die Verlängerung der Karenz auf ein Jahr und die Einführung eines „Karenzurlaubsgeldes" aus den Mitteln der Arbeitslosenversicherung. Die Initiative dazu ging von der damaligen ÖGB-Frauenvorsitzenden Wilhelmine Moik (FSG) sowie der stellvertretenden Vorsitzenden der ÖGB-Frauen Grete Rehor von der FCG aus, die beide als Abgeordnete im Nationalrat saßen. Die Höhe der Karenzleistung richtete sich nach dem Familienstand und der Einkommenssituation: Alleinerzieherinnen und Frauen, die für den Familienunterhalt sorgten, erhielten 100 Prozent des Arbeitslosengeldes, verheiratete Mütter die Hälfte. Da aber das Partnereinkommen ab einer bestimmten Höhe angerechnet wurde, bekam ein Teil der Mütter auch weiterhin kein oder nur ein reduziertes Karenzgeld.

1957: Sechsmonatiger, unbezahlter „Karenzurlaub"

Teilerfolge gab es bei der Beseitigung der diskriminierenden „Frauenlohngruppen": Nachdem das Parlament 1953 das von der Internationalen Arbeitsorganisation in Genf beschlossene Übereinkommen „gleicher Lohn für gleichwertige Arbeit" ratifiziert hatte, wurde in der Folge im öffentlichen Dienst, bei den Privatangestellten und bei den Textilarbeitern ein einheitliches Entlohnungsschema eingeführt. Die Streichung der Frauenlohngruppen aus dem Kollektivvertrag der metallerzeugenden und -verarbeitenden Industrie gelang 1962 nach einem viertägigen Streik: 150.000 Metallarbeiter/-innen streikten vom 9. bis 12. Mai 1962 für die Anhebung ihrer Löhne und die Abschaffung der Frauenlohngruppen. In vielen Branchen galten aber weiterhin eigene, niedrigere Lohntabellen für die Frauen. „Lohngerechtigkeit: Nicht genügend!" lautet deshalb der Titel eines Artikels in der ÖGB/AK-Zeitschrift „Arbeit und Wirtschaft" aus 1962, in dem über eine Resolution des ÖGB-Bundesfrauenausschusses zur Abschaffung der Frauenlohngruppen berichtet wurde.

1962: Streik der MetallarbeiterInnen für Abschaffung der Frauengruppen

Maßnahmen zur besseren Vereinbarkeit von Beruf und Familie forderten die ÖGB-Frauen schon in den 60er-Jahren.

1965 bis 1974: Partnerschaft statt Männerherrschaft?

Während der Hochkonjunktur von 1968 bis 1974 stieg die Erwerbsbeteiligung der Frauen in allen Altersstufen. Immer häufiger kehrten Frauen nach der Geburt eines Kindes wieder an den Arbeitsplatz zurück – Teilzeit wurde „in".
1966 gelangte mit Grete Rehor erstmals eine hochrangige Vertreterin der ÖGB-Frauen in die Regierung. Bis 1970 leitete die aus der Gewerkschaft Textil-Bekleidung-Leder kommende FCG-Gewerkschafterin das Bundesministerium für soziale Verwaltung. In ihrer Zeit als Ministerin wurde 1968 das Arbeitsmarktförderungsgesetz verabschiedet, das die Grundlage für die aktive Arbeitsmarktpolitik schaffte. Angesichts des Arbeitskräftemangels versuchte man, Frauen als Arbeitskräfte zu mobilisieren. Dazu wurde die Schaffung von Teilzeitarbeit forciert. Mit Erfolg: Während die Wirtschaftskammer die Zahl der Teilzeitbeschäftigten Mitte der 60er-Jahre auf rund 76.000 schätzte, arbeiteten 1975 bereits an die 145.000 unselbstständig Beschäftigte Teilzeit – 93 Prozent davon waren weiblich.

1969: Gesetz über Regelung der Frauen-Nachtarbeit

Veränderungen gab es auch bei den Arbeitszeitregelungen: 1969 wurde das Gesetz über die Regelung der Nachtarbeit der Frauen verabschiedet, das grundsätzlich ein Verbot der Nachtarbeit vorsah, aber für zahlreiche Berufe Ausnahmebestimmungen enthielt. Im selben Jahr wurde mit einem Generalkollektivvertrag die schrittweise Einführung der 40-Stunden-Woche bis 1975 beschlossen und das seit langem geforderte Arbeitszeitgesetz verabschiedet. Für die ÖGB-Frauen stellte die Arbeitszeitverkürzung eine wichtige Maßnahme zur Minderung der Doppelbelastung der berufstätigen Frauen dar.
Gleichzeitig thematisierten die ÖGB-Frauen erstmals die alleinige Zuständigkeit der Frauen für die Haus- und Betreuungsarbeit: „Wir fordern

Chancengleichheit in Gesellschaft und Beruf" lautete das Motto des ÖGB-Frauenkongresses 1971, bei dem die Frauen die Überwindung der traditionellen Aufgabenteilung verlangten.
Frauen sollten bei einer Heirat nicht ihre eigenständige Alterssicherung aufgeben, warnten die ÖGB-Frauen ab Mitte der 60er-Jahre vor dem „Ausstattungsbeitrag": Frauen, die mindestens fünf Versicherungsjahre angesammelt hatten, konnten innerhalb von zwei Jahren nach der Heirat Anspruch auf einen Ausstattungsbeitrag erheben. Im Gegenzug verloren sie die bis dahin angesammelten Versicherungszeiten für die Pension. 1969 wurde diese Bestimmung ersatzlos gestrichen und Frauen, die den Ausstattungsbeitrag in Anspruch genommen hatten, erhielten die Möglichkeit, ihre Pensionsversicherungszeiten nachzukaufen.
Verbesserungen erreichten die ÖGB-Frauen zudem bei den Karenzbestimmungen:

1971: Karenz als Ersatzzeit in Pensionsversicherung

1971 erfolgte die Anrechnung der Karenz als Ersatzzeit in der Pensionsversicherung, 1974 kam es zur Ausweitung des Mutterschutzes und zur Neugestaltung der Karenz. Die Anrechnung des Partnereinkommens wurde gestrichen; Karenzgeld gab es fortan für jede Arbeitnehmerin, die die Anspruchsvoraussetzungen für das Arbeitslosengeld erfüllte. Die Leistungshöhe war für alle gleich, nur für Alleinerzieherinnen wurde ein erhöhtes Karenzgeld geschaffen.
Auch im Steuerrecht hielt die Individualisierung Einzug. Anstelle der Familienbesteuerung, die Alleinverdiener und Familien begünstigt, in denen die Frau bestenfalls „dazu verdient", gilt in Österreich seit 1974 die Individualbesteuerung. Besteuert wird seither das Einkommen der jeweiligen Person, unabhängig vom Familienstand.

1975 bis 1984: das Ende der Frauenlohngruppen

Während der erste Erdölschock 1974 in den meisten westeuropäischen Ländern zum Ende der Vollbeschäftigung führte, blieb die Arbeitslosigkeit in Österreich niedrig. Nach dem zweiten Erdölschock 1979 ging aber auch hierzulande 1982 die Vollbeschäftigung verloren, die Arbeitslosigkeit stieg stetig an. Mitte der 70er-Jahre ist gleichzeitig als Auftakt für eine Politik der Gleichbehandlung der Geschlechter in Erinnerung.

ÖGB-Frauen forderten bereits 1975 den Ausbau der Kinderbetreuungsplätze

Am 1. Juli 1975 wurde die Familienrechtsreform beschlossen. Sie beendete die Vorrangstellung des männlichen „Familienoberhauptes": Die Berufstätigkeit verheirateter Frauen war damit nicht länger an die Zustimmung des Mannes gebunden. Die rechtliche Gleichstellung der Frauen änderte freilich nichts an den täglichen Hürden bei der Vereinbarkeit von Beruf und Familie. Bei ihrem Kongress 1975 forderten die ÖGB-Frauen deshalb den Ausbau der Kinderbetreuungsplätze, aber auch die Einführung einer Dienstfreistellung bei Erkrankung von nahen Familienangehörigen. Diese Pflegefreistellung im Ausmaß von maximal einer Woche pro Jahr wurde 1977 eingeführt.

Immer wieder zum Thema machten die ÖGB-Frauen die Einkommensunterschiede zwischen Frauen und Männern. Bei ihrem Bundesfrauenausschuss 1978 verlangten sie die Eliminierung der Frauenlohngruppen, die in einigen Kollektivverträgen nach wie vor vorhanden waren, und die Schaffung wissenschaftlicher Kriterien für eine objektive Arbeitsplatzbewertung. Ein Erfolg für die ÖGB-Frauen war in dieser Hinsicht das Gleichbehandlungsgesetz für die Privatwirtschaft, das im Februar 1979 beschlossen wurde – Maria Metzker, die Vorsitzende der ÖGB-Frauen, war zu dieser Zeit die Vorsitzende des Sozialausschusses im Nationalrat. Die Pflicht zur Gleichbehandlung von Männern und Frauen bei der Festsetzung des Entgelts war damit gesetzlich festgeschrieben. Zur Überprüfung von Verstößen gegen das Gleichbehandlungsgesetz wurde die Gleichbehandlungskommission eingerichtet.

1979: zwei Staatssekretärinnen für Frauenfragen

Als Folge des Gleichbehandlungsgesetzes wurden die Frauenlohngruppen abgeschafft, allerdings fanden sich Frauen nach wie vor vorwiegend in den unteren und mittleren Entlohnungsgruppen.

Im Oktober 1979 erreichte abermals eine Gewerkschafterin eine Regierungsfunktion: Bruno Kreisky setzte im Zuge einer Regierungsumbildung vier Staatssekretärinnen ein, zwei davon für „Frauenfragen". Während Johanna Dohnal als Staatsekretärin für allgemeine Frauenfragen ins Bundeskanzleramt einzog, erhielt die Metallergewerkschafterin und stellvertretende ÖGB-Frauenvorsitzende Franziska Fast das Staatsekretariat für die Belange der berufstätigen Frau, das im Sozialministerium angesiedelt war. Fast setzte einige Initiativen zur Förderung weiblicher Lehrlinge und dachte schon 1980 den „Karenzurlaub" für Väter an, der schließlich 1989 beschlossen wurde. Mit dem Ende der Alleinregierung der SPÖ bzw. mit Beginn der SP/FP-Koalition im Jahr 1983 wurde das Staatssekretariat für die Belange der berufstätigen Frau jedoch abgeschafft.

1985 bis 1994: eine Frauenfront für Gleichbehandlung

Die Arbeitslosigkeit der Frauen stieg in der zweiten Hälfte der achtziger Jahre stark, ihre Arbeitslosenquote lag ab 1986 kontinuierlich über jener der Männer. Zusätzlich stieg die Zahl der teilzeitbeschäftigten Frauen von rund 150.000 im Jahr 1985 auf über 267.000 im Jahr 1994 an. Auch bei den geringfügig Beschäftigten gab es einen rasanten Zuwachs. Mehr Rechte für atypisch Beschäftigte – diese Forderung der ÖGB-Frauen wurde mit dem Gleichbehandlungspaket Anfang der 90er-Jahre teilweise verwirklicht. Insgesamt brachte das „Paket", an dessen Aushandlung die ÖGB-Frauen intensiv beteiligt waren, 1992/1993 eine Vielzahl an Verbesserungen für die Frauen.

1992/1993: Paket für Gleichbehandlung brachte viele Verbesserungen für Frauen

Bereits zuvor, in den Jahren 1985 und 1990, kam es zu einer Ausweitung des Gleichbehandlungsgesetzes. Damit wurden jahrelange Forderungen der ÖGB-Frauen umgesetzt – denn das Gesetz aus 1979 bezog sich nur auf die Gleichbehandlung bei der Festsetzung des Entgelts. Andere gravierende Benachteiligungen, mit denen Frauen häufig konfrontiert sind, waren ursprünglich nicht vom Gesetz erfasst. Die Novelle aus 1985 legte fest, dass das Gleichbehandlungsgebot auch für die betriebliche Aus- und Weiterbildung und für die Vergabe von freiwilligen Sozialleistungen Geltung hat. Stellenausschreibungen müssen seither geschlechtsneutral verfasst werden. 1990 wurde das Gleichbehandlungsgebot auf die Begründung der Arbeitsverhältnisse und auf den beruflichen Aufstieg ausgeweitet. Um diskriminierten Frauen die Durchsetzung ihres Rechts zu erleichtern, wurde die Anwaltschaft für Gleichbehandlungsfragen eingerichtet.

Väterkarenz

Nach jahrelanger Blockade durch die ÖVP erfolgte 1989 unter der großen Koalition die Einführung der Väterkarenz. Wenig später, im Juli 1990, wurde die Karenz von einem auf zwei Jahre ausgeweitet und die Möglichkeit geschaffen, anstelle des zweiten Karenzjahres bis zum 3. Geburtstag des Kindes in Teilkarenz zu gehen. Das Resümee zu diesen Maßnahmen aus emanzipatorischer Sicht ist zwiespältig: Die Verlängerung der Karenz führte in erster Linie zu einem längeren Ausstieg und damit zu schlechteren Beschäftigungschancen für die Mütter. Die Väterkarenz wurde dagegen – nicht zuletzt wegen fehlender Rahmenbedingungen – kaum genutzt.

Forderungskatalog der „Frauen-Front"

Gemeinsam kämpften die Frauen aller Parteien – mit Ausnahme der FPÖ – gegen die vorzeitige Anhebung des Frauenpensionsalters. Auslöser dafür war ein Erkenntnis des Verfassungsgerichtshofs vom 6. Dezember 1990, mit dem das geschlechtsspezifisch unterschiedliche Pensionsanfallsalter als gleichheitswidrig aufgehoben wurde. Als Frist für die Reparatur erhielt der Gesetzgeber bis Ende November 1991 Zeit.

Schon wenige Tage nach Verlautbarung des Erkenntnisses im Dezember 1990 präsentierte ÖGB-Frauenvorsitzende Hilde Seiler zusammen mit 15 Spitzenfunktionärinnen den vier Klubobmännern der Parlamentsparteien einen Forderungskatalog. In der Folge bildete sich eine „Frauen-Front", die einen Aufschub der endgültigen Entscheidung über das Pensionsanfallsalter und Verhandlungen über ein „Gleichbehandlungspaket" bewirkte. Frauenministerin Johanna Dohnal präsentierte mit der neuen ÖGB-Frauenvorsitzenden Irmgard Schmidleithner im Juni 1991 neuerlich einen Forderungskatalog, der erfüllt sein müsse, bevor es zu einer Anhebung des Pensionsantrittsalters der Frauen komme. Die ÖVP-Politikerin und ÖAAB-Frauenvorsitzende Ingrid Korosec, die aus der GPA kommt, schloss sich einigen der Forderungen an. An den Verhandlungen intensiv beteiligt war auch eine andere Gewerkschafterin: Lore Hostasch, die damals Vorsitzende der GPA und ab 1991 Sozialsprecherin der SPÖ im Nationalrat war. Anfang 1992 folgten auf Einladung der Frauenministerin Verhandlungen mit den ÖGB-Frauen und den weiblichen Abgeordneten aller Parteien, ausgenommen der

„Paketaktion" der ÖGB-Frauen

FPÖ. Vehementer Widerstand gegen die Forderungen der Frauen kam von der Wirtschaftskammer – die ÖGB-Frauen reagierten darauf mit einer Paketaktion: Im April 1992 langten täglich bei der Wirtschaftskammer an die 200 Pakete mit dem Deckblatt des Forderungspaketes der ÖGB-Frauen und der Aufschrift „Wir urgieren" ein. Erst im Oktober 1992 waren die Verhandlungen zu Ende. Gemeinsam hatten die Frauenpolitikerinnen eine ganze Reihe von Maßnahmen als Abtausch gegen die schrittweise Anhebung des Frauenpensionsalters ab 2019 erreicht. Ein Teil der Forderungen blieb jedoch unerfüllt – und ist teilweise nach wie vor offen.

Hinsichtlich des Pensionsalters wurde per Verfassungsgesetz festgelegt, dass die unterschiedlichen Altersgrenzen von Frauen und Männern weiterhin zulässig sind. Die schrittweise Anhebung des Frühpensionsalters der Frauen sollte laut dem Gesetz ab 2019 erfolgen, die Anhebung des Regelpensionsalters der Frauen von 60 auf 65 Jahre ab 2024 bis 2033. Die derzeit regierende ÖVP/FPÖ-Koalition fühlt sich freilich nicht an dieses Gesetz gebunden: Im Rahmen der „Pensionsreform" 2000 hat sie das Frühpensionsalter für Männer und Frauen um 1,5 Jahre erhöht. Mit der „Pensionssicherungsreform 2003" und dem im November beschlossenen Gesetz zur Pensionsharmonisierung wird die Frühpension für Frauen überhaupt abgeschafft.

1992: Sexuelle Belästigung als Diskriminierung gesetzlich verankert

Das arbeitsrechtliche Begleitgesetz, mit dem die Forderungen aus dem Gleichbehandlungspaket im Jahr 1992 umgesetzt wurden, brachte für Frauen eine Reihe von Verbesserungen. Im Gleichbehandlungsgesetz für die Privatwirtschaft ist seither verankert, dass sich das Gleichbehandlungsgebot bei der Entlohnung nicht nur auf gleiche, sondern auch auf gleichwertige Arbeit bezieht. Sexuelle Belästigung wurde als Diskriminierung aufgrund des Geschlechts in das Gesetz aufgenommen, die Schadenersatzansprüche bei Verstoß gegen das Gesetz wurden ausgeweitet.

Benachteiligungsverbot für Teilzeitarbeitende

Für Teilzeitarbeitende wurde ein generelles Benachteiligungsverbot eingeführt: Sozialleistungen wie Prämien oder Sachbezüge müssen in aliquotem Ausmaß auch an Teilzeitbeschäftigte gezahlt werden. Aufgrund des Widerstandes der Arbeitgeberverbände nicht gelungen ist es allerdings, für die Mehrarbeit der Teilzeitbeschäftigten einen Zuschlag zum normalen Stundenentgelt durchzusetzen.

Verbesserungen gab es auch bei Elternschaft: Die Elternkarenz wird seither im Ausmaß von zehn Monaten bei dienstzeitabhängigen Ansprüchen wie Urlaub, Entgeltfortzahlung und Kündigungsfrist berücksichtigt. Für Eltern mit Kindern unter 12 erfolgte die Ausweitung der Pflegefreistellung bei Krankheit des Kindes von einer auf zwei Wochen pro Jahr. Arbeitsrechtliche Verbesserungen konnten auch für die Heimarbeiter/-innen, die befristet und die geringfügig Beschäftigten erreicht werden.

Als direkte Folge des Gleichbehandlungspakets erfolgte 1993 zudem die längst fällige Schaffung eines Gleichbehandlungsgesetzes für den Bundesdienst.

Projektgruppe zur Absicherung geringfügig Beschäftigter

Zu den offenen Punkten, über die bei den Verhandlungen keine Verbesserungen erreicht wurden, gehörten unter anderem die Schaffung von Kinderbetreuungsplätzen, Maßnahmen zur Mindestsicherung im Sozialsystem und die sozialrechtliche Absicherung der geringfügig Beschäftigten.

Die ÖGB-Frauen bildeten daraufhin mit verschiedenen Gewerkschaften eine Projektgruppe, in der sie ein Modell zur Absicherung der geringfügig Beschäftigten erarbeiteten. An Bund und Länder richteten sie die Forderung, den Ausbau der Kinderbetreuung in Angriff zu nehmen. Auch eine Prioritätenliste zu den offenen Punkten aus dem Gleichbehandlungspaket erstellten die ÖGB-Frauen 1994. In den Folgejahren kam es allerdings nur in wenigen Bereichen zu Verbesserungen – die Budgetkonsolidierung stand im Vordergrund.

Pensionsreform 1993: Versicherungslücken wurden geschlossen

Vom Einsparungsgedanken getragen war bereits die Pensionsreform 1993. Gleichzeitig wurde mit ihr aber das Ziel verfolgt, Versicherungslücken für Frauen zu schließen, so dass die Reform für die meisten Frauen positiv ausfiel: Die Reform brachte für alle Mütter die Anrechnung von vier Jahren Kindererziehung als Ersatzzeit in der Pensionsversicherung, und zwar erstmals additiv, also zusätzlich zu etwaigen Versicherungszeiten aus einer gleichzeitig ausgeübten Erwerbstätigkeit. Die von Müttern geleistete Versorgungsarbeit wurde damit honoriert, ebenso der rasche Wiedereinstieg und die damit verbundene Doppelbelastung.

1995 bis 2005: von McJobs und „Wahlfreiheit"

Seit Anfang 1995 ist Österreich Mitglied der Europäischen Union. Die Konsolidierung des Budgets, um die so genannten Maastricht-Kriterien zu erreichen, dominierte in der Folge die österreichische Politik. Dazu kam der weitere Anstieg bzw. die Verfestigung der Arbeitslosigkeit auf hohem Niveau und der rasante Zuwachs an atypisch Beschäftigten. Frauenpolitische Erfolge gelangen erst wieder gegen Ende der neunziger Jahre. Mit dem Regierungsantritt der ÖVP/FPÖ-Koalition kam es überhaupt zu einem Stillstand in der Gleichstellungspolitik.

2000: Stillstand in der Gleichstellungspolitik

„Der Zwang zur Budgetkonsolidierung hat die sozialpolitische Entwicklung des Jahres 1995 nachhaltig geprägt", heißt es im ÖGB-Frauenbericht 1995 zum Sparpaket der Regierung aus demselben Jahr.1996 folgte – trotz heftiger Proteste der ÖGB-Frauen – ein weiteres Sparpaket. Unter dem Vorwand der „Vermeidung des Missbrauchs" von Sozialleistungen wurde 1995 das erhöhte Karenzgeld in einen rückzahlungspflichtigen Zuschuss umgewandelt. 1996 erfolgte eine Kürzung der Bezugsdauer des Karenzgeldes von zwei auf eineinhalb Jahre, außer bei Teilung der Karenz zwischen den beiden Elternteilen. Für Alleinerzieherinnen wur-

de die Bezugsdauer mit eineinhalb Jahren fixiert, die Auszahlung des Zuschusses für Alleinerzieherinnen wurde von der Nennung des Vaters abhängig gemacht. Auch der so genannten „Kindergartenmilliarde", die Frauenministerin Konrad den ÖGB-Frauen bei der Eröffnung des ÖGB-Frauenkongresses Ende Mai 1995 bereits fix für die laufende Legislaturperiode zugesagt hatte, drohte die Streichung. Gemeinsam mit anderen Frauenorganisationen demonstrierten die ÖGB-Frauen unter ihrer Vorsitzenden Irmgard Schmidleithner deshalb am 8. März 1996 vor dem Parlament. Anders als angedroht, kam es doch zur Förderung des Ausbaus der Kinderbetreuung durch den Bund: Sowohl 1997 als auch 1999 stellte die Regierung je 600 Millionen Schilling bereit.
Im Pensionsrecht erfolgten 1996 und 1997 Kürzungen bzw. eine Erschwerung der Inanspruchnahme von Frühpensionen. Die ÖGB-Frauen setzten sich im Gegenzug für weitere Verbesserungen bei der Anrechnung der Kindererziehungszeiten ein – die 1997 zugestandene Erhöhung der Bemessungsgrundlage kompensierte die Leistungseinschränkungen aber nur teilweise.
Teilerfolge gab es für die ÖGB-Frauen bei der sozialrechtlichen Absicherung atypisch Beschäftigter. 1996 erfolgte der Einbezug der freien Dienstnehmer/-innen und neuen Selbstständigen in die Kranken-, Pensions- und teilweise in die Unfallversicherung. 1997 wurde unter Sozialministerin Lore Hostasch, die zuvor als erste Frau GPA-Vorsitzende

Gegen das Sparpaket der Regierung und für die Auszahlung der Kinderbetreuungsmilliarde kämpften die ÖGB-Frauen 1996.

Seit 1998: freiwillige Selbstversicherung geringfügig Beschäftigter

und danach AK-Präsidentin war, die freiwillige Selbstversicherung für geringfügig Beschäftigte beschlossen. Geringfügig Beschäftigte können sich somit seit Anfang 1998 freiwillig in der Pensions- und Krankenversicherung absichern.

Von den über 200.000 geringfügig Beschäftigten, die es derzeit gibt, machen rund 20 Prozent von der freiwilligen Selbstversicherung Gebrauch – auch aus Unwissenheit verzichten viele Betroffene auf den Einbezug. Die ÖGB-Frauen wollen einen verpflichtenden Einbezug der geringfügig Beschäftigten in die Sozialversicherung, und zwar ab einer „Bagatellgrenze" von 50 Euro im Monat.

Verbesserungen erfolgten Ende der neunziger Jahre im Karenzrecht: Mit einer 1999 beschlossenen Novelle wurde für Geburten ab 2000 die partnerschaftliche Teilung der Karenz erleichtert, Väter erhielten einen eigenständigen Karenzanspruch. Zur besseren Vereinbarkeit von Kind und Beruf wurde die Möglichkeit geschaffen, einen Teil der Karenz bis zum Schuleintritt des Kindes aufzuschieben. Und auch Alleinerzieherinnen, die den Namen des Kindesvaters nicht bekannt geben, konnten ab 2000 den Zuschuss wieder in Anspruch nehmen.

Während diese Neuerungen von den ÖGB-Frauen begrüßt wurden, lehnten sie ein „Karenzgeld für alle" bzw. einen „Kinderbetreuungsscheck", wie er von Seiten der FPÖ und ÖVP, aber auch von männlichen Vertretern der SPÖ bereits Ende der 90er-Jahre diskutiert wurde, ab. Eine Abkoppelung der Geldleistung von der vorhergehenden Erwerbstätigkeit würde die traditionelle Rollenverteilung verstärken, warnten die ÖGB-Frauen.

Modell zur Weiterentwicklung des Karenzgeldes: „Karenzgeld plus"

Als Alternative präsentierten die ÖGB-Frauen unter ihrer neuen Vorsitzenden Renate Csörgits ein eigenes Modell zur Weiterentwicklung des Karenzgeldes, das „Karenzgeld Plus". Die Höhe des Karenzgeldes orientierte sich bei dem Modell am vorhergehenden Einkommen, wobei als Mindestleistung ein Betrag weit über der Höhe des nunmehrigen Kindergeldes vorgesehen war, nämlich der Ausgleichszulagen-Richtsatz in der Pensionsversicherung. Nach oben war das „Karenzgeld plus" mit dem höchstmöglichen Arbeitslosengeld begrenzt. Ziel des Modells war es, Arbeitnehmer/-innen für die Zeit der Karenz eine eigenständige finanzielle Absicherung zu bieten. Durch die Koppelung der Leistungshöhe an die Höhe des vorhergehenden Einkommens sollte die Karenz zudem für Männer attraktiver gemacht werden.

2002: Kindergeld eingeführt, Bedenken bestätigt

Die seit Februar 2000 regierende ÖVP/FPÖ-Koalition wollte von einem derart emanzipatorischen Modell nichts wissen: Sie führte mit Anfang 2002 das Kindergeld ein. Die ersten Erfahrungen mit dieser Familienleistung, die unabhängig von einer vorhergehenden Erwerbstätigkeit ausbezahlt wird, bestätigen die Bedenken der ÖGB-Frauen. Das Kindergeld hat zu einem längeren Berufsausstieg der Mütter geführt, die Arbeitslosigkeit unter den Wiedereinsteigerinnen ist angestiegen. Zu-

Unter www.kindergeldrechner.at bieten die ÖGB-Frauen einen Onlinerechner zum Berechnen der Zuverdienstgrenze beim Kindergeld.

rückzuführen ist das zum einen auf die Verlängerung der Bezugsdauer, denn das Kindergeld wird um zwölf Monate länger als das Karenzgeld ausbezahlt. Zum anderen erschwert auch die „Zuverdienstgrenze", die beim Kindergeld gilt, vielen Frauen den Wiedereinstieg. Die ÖGB-Frauen forderten deshalb wiederholt eine Reform des Kindergeldes – die Regierung ist bislang nicht dazu bereit.

Ignoriert hat die Regierung die Anliegen der Arbeitnehmer/-innen auch bei der Beseitigung des Frauennachtarbeitsverbots im Jahr 2002. Die ÖGB-Frauen wollten die Neuregelung der Nachtarbeit zum Anlass nehmen, um für Frauen und Männer ausreichende Schutzmaßnahmen festzulegen. Dem zuständigen Arbeitsminister und letztendlich der gesamten Regierung waren die Wünsche der Wirtschaftslobby, die die Nachtarbeit möglichst „billig" haben wollte, wichtiger.

Erfolg der ÖGB-Frauen bei „Abfertigung neu"

Einen Erfolg für die Frauen erzielten die ÖGB-Frauen bei der Schaffung der „Abfertigung neu": Im „alten" Abfertigungsrecht werden Präsenz- und Zivildienstzeiten als Beitragszeiten für den Anspruch auf Abfertigung gutgeschrieben, Zeiten der Elternkarenz jedoch nicht. Bei der „Abfertigung neu" müssten Zeiten der Kinderbetreuung den Präsenz- und Zivildienstzeiten gleichgestellt werden, verlangten die ÖGB-Frauen. In der Sozialpartnereinigung vom Oktober 2001 zur „Abfertigung neu" war die Forderung verwirklicht – im Gesetzesentwurf der Regierung fehlte die Anrechnung der Kindererziehung aber. Die ÖGB-Frauen protestierten mit einer Postkartenaktion, die Regierung lenkte schließlich ein: Bei der im Juni 2002 beschlossenen „Abfertigung neu" werden Zeiten des Bezugs des Kindergeldes nun wie Präsenz- und Zivildienst als Beitragszeit bei der Abfertigung angerechnet.

Kritisch bewerten die ÖGB-Frauen weitere Neuerungen, die die Regierung als „familienpolitische Errungenschaften" verkauft. Die seit 1. Juli

2002 gültige Familienhospizkarenz ermöglicht zwar eine Karenzierung vom Dienstverhältnis zur Betreuung schwerstkranker Angehöriger – ein Karenzgeld gibt es aber nicht. Die Folge: Kaum jemand kann sich die Karenzierung leisten. 2003 nahmen nur 115 Personen die Familienhospizkarenz in Anspruch.

Elternteilzeit mit Stolpersteinen

Auch das seit Juli 2004 geltende Gesetz über die Elternteilzeit enthält eine Reihe von Stolpersteinen. Ist der Arbeitgeber nicht mit der Teilzeit einverstanden, muss die Arbeitnehmerin bzw. der Arbeitnehmer ein aufwändiges Verfahren wagen. Ein echter Rechtsanspruch auf Teilzeit bis zum Schuleintritt des Kindes, wie die ÖGB-Frauen fordern, ist weiter ausständig.

Massive Verschlechterungen durch Pensionsreformen der ÖVP und FPÖ

Massive Verschlechterungen gibt es für die meisten Frauen durch die „Pensionsreformen" der ÖVP/FPÖ-Regierung. Durch Proteste und Streiks im Mai und Juni 2003 und durch Verhandlungen erreichte der ÖGB zwar einige „Zugeständnisse". Die Maßnahmen reichen aber nicht aus, um die Verluste auszugleichen, die sich durch die vielen Kürzungsmaßnahmen ergeben. Die Umstellung bei der Berechnung der Pensionshöhe von den besten 15 Jahren auf eine „lebenslange" Durchrechnung wird bei vielen Frauen zu Einbußen führen: Denn Zeiten der Kindererziehung werden nicht ausreichend aufgewertet, die schlecht bezahlten Teilzeitphasen vieler Frauen wirken sich damit künftig auf die Pensionshöhe aus. Zusätzlich wird für Frauen bis 2017 die Frühpension abgeschafft – Männer sollen durch einen „Pensionskorridor", der im Gesetz zur Pensionsharmonisierung vorgesehen ist, dagegen drei Jahre vor ihrem Regelpensionsalter in Pension gehen können. Der ÖGB hat der Regierung bei den Verhandlungen zur Harmonisierung ein eigenes Modell präsentiert, das derartige Ungerechtigkeiten vermieden hätte. Doch die Regierung war zur Umsetzung dieses Modells, das von den ÖGB-Frauen mit ausgearbeitet wurde, nicht bereit. Fazit: Schon jetzt ist die Alterssicherung der meisten Frauen unzureichend – Anfang 2004 betrug die durchschnittliche Frauenpension gerade 618 Euro. Kommt die Pensionsharmonisierung so, wie von der Regierung geplant, werden die Frauenpensionen künftig noch niedriger sein.

Frauen brauchen faire Rahmenbedingungen: Wir kämpfen weiter!

Zusammenfassend lässt sich sagen: Das Frauenbild der Regierung ist auf „Mütter" und „Dazuverdienerinnen" eingeengt. Die Förderung der traditionellen Rollenteilung passt freilich mit der Stärkung des Versicherungsprinzips im Pensionsrecht, das heißt, mit der noch stärkeren Koppelung der Pensionshöhe an eine durchgängige Vollzeiterwerbstätigkeit nicht zusammen. Unter dem Slogan der „Wahlfreiheit" werden viele Frauen wieder in die Abhängigkeit vom männlichen „Ernährer", und wenn der „ausfällt", in die Armut gedrängt. Frauen brauchen faire Rahmenbedingungen, damit sie ein selbstbestimmtes Leben führen können: Wir ÖGB-Frauen werden weiter für die Chancengleichheit der Frauen kämpfen.

LOWE GGK

Mario Lindner

„Wir haben noch lange nicht genug"

Mario Lindner ist Sekretär der Österreichischen Gewerkschaftsjugend

Der Zweite Weltkrieg war vorbei. Kriegsrückkehrer, Vertriebene, Vermisste, Flüchtlinge in ganz Österreich. Die Infrastruktur war zerstört, die österreichische Industrie musste neu aufgebaut werden. Es mangelte an Lebensmitteln und Heizmaterial, besonders für die Kriegswaisen gehörte der Hunger zu den größten Alltagssorgen. Doch auch um die Ausbildung der Jugendlichen stand es schlecht: In den Kriegsjahren war statt Schulbesuch Arbeitsdienst auf dem Programm gestanden, statt Lehrausbildung gab es Kriegseinsatz. Eine „lost generation", für die eine qualitativ hochwertige Berufsausbildung durch die Kriegsteilnahme unmöglich gemacht wurde. Für die Jugendlichen, die ihre Lehre wegen

des Krieges unterbrechen mussten, konnte die neu gegründete ÖGJ in den Vierzigerjahren erste Achtungserfolge erzielen.

Lehrherren als Ausbeuter

In den Betrieben der Nachkriegszeit wurden die Jugendlichen ausgebeutet, die Arbeitszeit war viel zu lang. Um die Situation der jungen Arbeitnehmerinnen und Arbeitnehmer zu verbessern, wurde bereits im Herbst 1945 die Österreichische Gewerkschaftsjugend gegründet – wann genau ist nicht bekannt, eine Gründungsurkunde existiert nicht. Aufgabe der ÖGJ war die „wirtschaftliche, soziale und kulturelle Betreuung" der Jugendlichen, die Hauptzielgruppe waren die Lehrlinge aller Berufssparten, ob bezahlt oder ohne Lohn arbeitend.

Gesünder leben, kürzer arbeiten

Die ersten Aktivitäten der Jugendabteilung des ÖGB galten vor allem einer Verbesserung der schlechten Gesundheits- und Ernährungssituation der jungen Arbeiterinnen und Arbeiter. Ein Zeichen setzten der Bundesjugendvorstand der ÖGJ und der erste Bundesjugendsekretär, der gelernte Maschinenschlosser Fritz Konir, mit einem „Notprogramm" mit an die Bundesregierung gerichteten Forderungen, durch die die ärgsten Missstände beseitigt werden sollten. Die ÖGJ trat darin für eine 40-Stunden- und Fünftage-Woche ein – in den Vierzigerjahren noch eine revolutionäre Forderung, denn die Normalarbeitszeit betrug damals 48 Stunden. Lehrlinge bis zum 18. Lebensjahr sollten vier Wochen Urlaub pro Jahr erhalten, ärztlich betreut und mit Lebensmitteln versorgt werden. Außerdem verlangte die Gewerkschaftsjugend staatlich finanzierte Erholungsheime.

„Notprogramm"

Im Mai 1948 tagte der 1. Bundeskongress der ÖGJ, eröffnet von 400 Mitgliedern des ÖGJ-Chores und unter Anwesenheit der gesamten ÖGB-Spitze sowie des Wiener Bürgermeisters Theodor Körner. Der Kongress war eine öffentliche Demonstration der Stärke der gewerkschaftlichen Jugendorganisation, die hier wichtige wirtschafts- und sozialpolitische Forderungen erhob. Verlangt wurde vor allem ein Berufsausbildungsgesetz, paritätische Kommissionen für Lehrlingsfragen und ebensolche Prüfungsausschüsse für Facharbeiter und Gesellen. Erstmals wählten die Jugendfunktionäre/-innen auch einen ÖGJ-Bundesobmann, Josef Reinhard.
Ein erster großer Erfolg war das kurz darauf vom Nationalrat beschlossene „Kinder- und Jugendbeschäftigungsgesetz": Die wöchentliche Arbeitszeit wurde auf 44 Stunden limitiert, Akkordarbeit und körperliche Züchtigung der Lehrlinge wurden endlich verboten – ein gesetzlicher Meilenstein für die ÖGJ.

„Geschlechtskrankheiten, Alkohol und Nikotin"

Doch nicht nur die schlimmen Arbeitsbedingungen waren der Gesundheit der Jugendlichen abträglich. Auch in anderen Dingen sah die ÖGJ erhebliches gesundheitsschädliches Potenzial. „Es gibt Gefahren, vor denen uns niemand warnt, die niemand aufzeigt, von denen man nicht spricht! Es sind Gefahren, die das Leben des jungen Menschen vergiften und ihn unter Umständen zu jahrzehntelangem Siechtum zwingen. Vorzeitiger Tod kann ihre Folge sein: Geschlechtskrankheiten, Alkohol und Nikotin", war in den „Bunten Heften", einer Jugendschriftenreihe des ÖGB, zu lesen.

„Der jugendliche Arbeiter" gegen Schlurfs und Ausbeuter

Idealisiert wurde von den Medien der ÖGJ, vor allem in „Der jugendliche Arbeiter", hingegen der „richtige Arbeiter", ein „Kämpfer für das Glück der Menschen", der allen „überflüssigen Schnickschnack" abwirft. Wandern, Sport, Kameradschaft und Volksgesundheit waren seine Tugenden. Als Gegenbild dazu diente der „Schlurf", ein jugendlicher Nichtstuer, der sich nicht in den Arbeitsprozess eingliedert, sondern zu „Urwaldrhythmen" tanzt.

Aber auch für die politischen Forderungen der Gewerkschaftsjugend war „Der jugendliche Arbeiter" seit März 1946 das wichtigste Kommunikationsmittel nach außen. Regelmäßig wurden hier die gröbsten Fälle von Ausbeutung der Lehrlinge an den Pranger gestellt. Von 83 Arbeitstunden pro Woche war da noch 1950 die Rede, aber auch von unbezahlter Arbeit der Lehrlinge oder von körperlichen oder sexuellen Misshandlungen.

Diente der „Jugendliche Arbeiter" vor allem der Aufklärung der Öffentlichkeit, so war der ab 1947 erscheinende „Jugendfunktionär" das Ideologieorgan der ÖGJ. Politische, wirtschaftliche und organisatorische Informationen für die Jugendfunktionäre/-innen wurden hier veröffentlicht. Neben Bildungseinrichtungen wie den „Grundschulungslehrgängen" und anderen Seminaren war der „Jugendfunktionär" somit ein wichtiges Mittel zur umfassenden politischen und sozialen Ausbildung der Nachwuchsfunktionäre/-innen.

1950 bis 1959: Organisation, Antifaschismus, Arbeitslosigkeit

Die Fünfzigerjahre waren von Preissteigerungen einerseits und mangelnder Steuerleistung der Betriebe andererseits geprägt, was zu einer gravierenden Verschlechterung der sozialen Situation der Bevölkerung führte. Nach der Volkszählung 1951 konnten 61.000 der insgesamt 340.000 österreichischen Jugendlichen nicht einmal einen Pflichtschulabschluss aufweisen. In dieser Zeit stand der Kampf gegen die Jugendarbeitslosigkeit auf der Prioritätenliste der ÖGJ ganz oben. Unter anderem sorgte eine Plakatkampagne („Der Jugend muss geholfen werden") mit 10.000 Exemplaren für Aufmerksamkeit.

Massenorganisation ÖGJ

ÖGJ als größte politische Jugendorganisation

Im Laufe der Fünfzigerjahre wurde die ÖGJ zur größten politischen Jugendorganisation Österreichs (fast 88.000 Mitglieder). Diese Stärke nützte die Gewerkschaftsjugend, um in langwierigen Vorverhandlungen mit der Katholischen Jugend einzutreten, die 1953 zur Konstituierung des „Österreichischen Bundesjugendrings" führten. Dieser wurde zur führenden Vertretungsorganisation der Jugendlichen. Die ÖGJ, die jahrelang für den Bundesjugendring gekämpft hatte, war darin immer einflussreich vertreten.

Der ÖGB konnte zu Beginn der Fünfzigerjahre einen Organisationsgrad von etwa 70 Prozent aufweisen. Dennoch konnte nicht verhindert werden, dass kommunistische Arbeiterbetriebsführer zu Streiks aufriefen und die ÖGB-Zentrale belagerten. Gegen die politische Einflussnahme der Jugend durch die KPÖ setzte sich die Gewerkschaftsjugend wiederholt ein: Bei einem „motorisierten Durchbruchversuch" wurden die Jugendsekretäre Fritz Konir und Alfred Ströer von wütenden Streikposten verfolgt. Als Gegenprogramm zu den von den Kommunisten initiierten „Weltjugendfestspielen" 1959 organisierte die ÖGJ Jugendtreffen.

Antifaschismus und Demokratiebewusstsein

Doch galt der Kampf der ÖGJ nicht nur dem Einsatz gegen den Kommunismus, sondern – vor allem unter dem Jugendsekretär Alfred Ströer, der vom Nazi-Volksgerichtshof wegen „Vorbereitung zum Hochverrat" verurteilt worden war – gegen jedes totalitäres Gedankengut. Antifaschismus, Internationalismus und Demokratiebewusstsein prägten die Politik der ÖGJ unter Ströer, der sich schon 1953 mit dem bis dahin weltgrößten Jugendtreffen mit 14.000 Jugendlichen („Freundschaftstreffen" in Salzburg) als genialer Organisator erwies.

Alfred Ströer

1960 bis 1969: Internationalismus, Mitsprache, Ausbildung

Im folgenden Jahrzehnt wurden die Jugendtreffen zwar nicht größer, aber internationaler: 1963 kamen 4.500 Junggewerkschafter/-innen aus 67 Staaten zum „1. Weltjugendtreffen des Internationalen Bundes Freier Gewerkschaften (IBFG)".

Auch die Themen und Forderungen der ÖGJ wurden international: Protestiert wurde gegen den US-Krieg in Vietnam ebenso wie gegen

den Bau der Berliner Mauer. Auf dem innenpolitischen Sektor konnte der lange Kampf der Gewerkschaftsjugend für bessere Qualität in der Berufsausbildung einen Erfolg in Gesetzesform erzielen: Im 1969 beschlossenen modernen „Berufsausbildungsgesetz“ wurden die Dauer der Lehrzeit, mehr Kostenbeteiligung der Unternehmer und ein Mitspracherecht der ArbeitnehmerInnenvertretung bei allen Fragen der Berufsausbildung geregelt.

Mehr Mitsprache für junge Arbeitnehmer/-innen

Einführung des 9. Pflichtschuljahres

Auch für mehr politisches Wissen und für bessere Allgemeinbildung der Jugendlichen setzte sich die ÖGJ ein: In den „Jugendforen“ wurden die Mitglieder mit zeitgenössischer Kultur und Vorträgen zur politischen Weiterbildung konfrontiert. Ein Meilenstein auf dem Weg zu gebildeteren Jugendlichen war auch die Einführung eines 9. Pflichtschuljahres. Dass auch junge Arbeitnehmer/-innen mehr mitzureden hatten, ermöglichte die Senkung des passiven Wahlalters bei Betriebsratswahlen.
Mit der Broschüre „Was geht uns Mauthausen an?“ trat Jugendsekretär Franz Mrkvicka gegen all jene auf, die der Meinung waren, dass der Holocaust kein Thema mehr sein sollte. Besondere Bedeutung im Kampf der ÖGJ gegen Faschismus und Antisemitismus waren die jährlichen Befreiungsfeiern im ehemaligen Konzentrationslager Mauthausen, an dem Jahr für Jahr Tausende Gewerkschafter/-innen teilnahmen.

1970 bis 1979: Lehrlingsrechte, Gesellschaftspolitik

Die 1970er-Jahre waren weniger von lautem Aktionismus geprägt als von organisatorischer Arbeit und zähen Verhandlungen. Punkten konnte die ÖGJ vor allem in den Bereichen Sozialrecht, Berufsausbildung sowie bei der betrieblichen Mitbestimmung für Jugendliche.

„Aktion M – wie Mitbestimmung“

1971 startete die „Aktion M – wie Mitbestimmung“, deren Ziel ein „Jugendvertrauensrätegesetz“ war. Die von den unter 18-Jährigen direkt gewählten JVR sollten als Interessenvertreter/-innen im Betrieb für die optimale Vertretung ihrer Kollegen/-innen sorgen und mussten dafür auch mit besonderen Rechten ausgestattet werden: Ähnlich wie Betriebsräte/-innen war der Kündigungsschutz ganz wesentlich, ebenso die Möglichkeit zur Fortbildung während der Arbeitszeit.

1972: Jugendvertrauensrätegesetz erreicht

Mrkvicka und seinem späteren Nachfolger Fritz Verzetnitsch gelang es im Rahmen der „Aktion M“, mehr als 50.000 Unterschriften zusammen zu tragen. Dank wirksamen Lobbyismus' und großen Verhandlungsgeschicks gelang der ÖGJ schließlich der Durchbruch: 1972 beschloss der Nationalrat das Jugendvertrauensrätegesetz.

Lehrlingsmissbrauch

Mit der Aktion „Unternehmen Stop" protestierte die Gewerkschaftsjugend dagegen, dass viele Firmen sich weder an das „Kinder- und Jugendbeschäftigungsgesetz" noch an das „Berufsbildungsgesetz" hielten. Vielmehr wurden Lehrlinge oft als reine Hilfskräfte anstatt als „Auszubildende" betrachtet. Nach einigen Jahren Überzeugungs- und Öffentlichkeitsarbeit kam es 1978 schließlich zu einer Gesetzesnovelle, allerdings ohne Einrichtung des von der ÖGJ geforderten „Berufsausbildungsfonds".

Drogen und Umwelt als Thema

In den Siebzigerjahren wurden auch Drogen ein Thema für die Gewerkschaftsjugend, vor allem „hallo!" leistete einen wichtigen Beitrag zur Suchtgift-Aufklärung. Für das Magazin der ÖGJ war dieses Jahrzehnt übrigens ein sehr erfolgreiches: 1971 erhielt „hallo!" den Dr.-Karl-Renner-Förderungspreis für Publizistik.
Erstmals ein Thema waren auch die Lebensumstände der „Gastarbeiter", die „Entwicklungsländer", Friedens- und Abrüstungspolitik sowie der Umweltschutz. So thematisierte die Gewerkschaftsjugend schon lange vor dem ÖGB auch die Gefahren der Nuklearenergie.

1980 bis 1989: Demos, Frieden, Jobangst

In den 1980er-Jahren, als die ÖGJ erstmals über 100.000 Mitglieder hatte, waren die österreichischen Jugendlichen vor allem von der grassierenden Arbeitslosigkeit bedroht. 1984 organisierte die ÖGJ dazu eine Großdemonstration, in der unter anderem ein Berufsbildungsfonds und Arbeitszeitverkürzung gefordert wurden.

Missstände und Meisterwillkür

Aktion „ÖGJ deckt auf!"

Angeprangert wurde aber auch, was denjenigen, die eine Lehrstelle hatten, zu schaffen machte: Missstände und Meisterwillkür. Mit der Aktion „ÖGJ deckt auf" wurde die Öffentlichkeit erfolgreich darauf aufmerksam gemacht, dass gesetzliche Schutzbestimmungen häufig umgangen wurden. Lehrlinge mussten oft Hilfsdienste verrichten, unbezahlte Überstunden leisten, Verbote von Nacht- und Sonntagsarbeit wurden ignoriert – und oft wussten die Jugendlichen gar nicht, dass sie sich das nicht gefallen lassen mussten. Mehr als 3.000 Lehrlinge nahmen an der Abschlusskundgebung teil.
Auch auf dem Feld der internationalen Politik war die Gewerkschaftsjugend aktiv: Beworben wurden Ernteeinsätze in Kuba, Spenden gesammelt für Hilfsprojekte im bürgerkriegsgeplagten Nicaragua. Auch

die internationale Rüstungspolitik war ein wichtiges Thema, unter dem Motto „Frieden schaffen ohne Waffen" wurde der Zivildienst im „hallo!" beworben.

1990 bis 1999: Europa, Sex und Führerschein

1995 trat Österreich der Europäischen Union bei, und das stellte auch die ÖGJ vor neue Herausforderungen. Die Fragen lauteten: Werden die Jugendlichen bereit sein, in anderen Ländern zu arbeiten? Ist die österreichische Lehrlingsausbildung gut genug, dass das überhaupt möglich ist? Wie viele Arbeitnehmer/-innen aus den EU-Ländern werden in Österreich arbeiten wollen? Wie kann die ArbeitnehmerInnenvertretung auf europäischer Ebene aussehen?

Arbeitslose aller Länder ...

„Aktion YES"

Das neu aufgekommene europäische Denken führte aber auch zu europaweiten Kampagnen junger Gewerkschafter/-innen, zum Beispiel zur „Aktion YES" (Youth Employment Solidarity), die die dramatische Entwicklung der Jugendarbeitslosigkeit thematisierte.
Die bisher fast ausschließlich auf Lehrlinge und ihre Berufsausbildung fokussierte Gewerkschaftsjugend entdeckte in den Neunzigern eine neue Zielgruppe: die Schüler/-innen und Studenten/-innen.

Verkehrstipps aller Art

Im Mittelpunkt mehrer Aktionen stand die Mobilität der jungen Arbeitnehmer/-innen. Großes Echo fanden vor allem die Führerschein-Kampagne, die sich mit dem Quasi-Monopol der Fahrschulen und den daraus resultierenden hohen Preisen auseinandersetzte, politisch umgesetzt konnte die lange geforderte Freifahrt für Lehrlinge auf der Fahrt zum Arbeitsplatz.
1994 erfuhr „hallo!" eine optische und inhaltliche Neuausrichtung: Vermehrt fanden aktuelle Freizeit- und Jugendkulturthemen Platz, aber auch Artikel über Sexualität: „52 Zeilen über das Wichsen" oder „Schnackseln ist Nervensache" waren nur einige der Headlines zu diesem Thema.

2000 bis 2004: Lehrstellenmangel und neue Strategien

ÖGJ-Modell für Ausbildungsfonds

Die ersten Jahre nach der Jahrtausendwende waren von steigender Jugendarbeitslosigkeit und einem immer weiter schrumpfenden Lehrstellenangebot geprägt. Die ÖGJ hat als Gegenmaßnahme ein Modell für einen Ausbildungsfonds ausgearbeitet: In den sollen auch die Ausbildungsverweigerer unter den Unternehmen verpflichtend einzahlen und sich so an den Kosten der Ausbildung beteiligen. Die Umsetzung wurde und wird von der seit 2000 im Amt befindlichen schwarz-blauen Bundesregierung allerdings verweigert.

Aktionsbus: ÖGJ vor Ort

Dass die Zahl der Lehrlinge in Österreich seit Jahren im Sinken war, führte in der Gewerkschaftsjugend zu neuen Strategien: stärkere Einbindung von Schüler/-innen und Studenten/-innen sowie Ausbau von Serviceleistungen und Bildungsprogrammen. Mit dem neu eingeführten ÖGJ-Aktionsbus können die Jugendlichen vor Ort erreicht werden, und unter großem personellen Einsatz – vor allem der Kollegen/-innen in den Bundesländern und Gewerkschaften – konnten Tausende persönliche Kontakte geknüpft werden. Im Jahr 2003 legte der Aktionsbus beispielsweise mehr als 34.000 Kilometer zurück, heimkehren konnte er mit mehr als 2.000 neuen Mitgliedsanmeldungen.

JVR: Anpassungen notwendig

Die Zahl der Lehrlinge ist im Sinken, und immer mehr Jugendliche beginnen ihre Lehre erst nach einigen Jahren des Besuchs weiterführender Schulen. Das führt dazu, dass diese Lehrlinge aufgrund ihres Alters bei Jugendvertrauensrats-Wahlen nicht mehr wahlberechtigt sind bzw. nur noch kurz als JVR tätig sein können. Deshalb forderte die ÖGJ eine Anpassung an die veränderten Rahmenbedingungen im Arbeitsleben der Jugendlichen: die Anhebung des aktiven und passiven Wahlrechts zu JVR-Wahlen um jeweils zwei Jahre.
Auch innerhalb des ÖGB sind über 18-Jährige statistisch nicht der Gewerkschaftsjugend zugeteilt, obwohl die ÖGJ alle in Ausbildung Befindlichen, also auch Studierende, und außerdem die Präsenz- und Zivildiener unabhängig von deren Alter betreut. Eine Zuteilung bis zum 21. Lebensjahr würde also die reale Situation besser widerspiegeln.

ÖGJ – die führende Jugendorganisation

Eine wesentliche Verbesserung konnte die Österreichische Gewerkschaftsjugend hingegen im Bereich der Mitsprache und der Mitbestimmung erreichen: Die ÖGJ ist nun im ÖGB-Präsidium und im ÖGB-Bundesvorstand vertreten.
Durch ihr gutes Beratungs- und Service-Angebot, ihre flächendeckend in allen Bundesländern bestehende Verankerung, durch politische Lobbyarbeit und die Einbindung in die Bundesjugendvertretung – und natürlich durch die nach wie vor hohe Zahl der Mitglieder – wird die ÖGJ auch in Zukunft eine der führenden Jugendorganisationen in Österreich bleiben.

Endlich gleich!
www.metaller.at
Die Gewerkschaft Metall-Textil setzt mit der GPA gleiche Rechte für Arbeiterinnen und Arbeiter in der Metallindustrie und im Bergbau um!
• Gleichstellung im Arbeitsrecht und im Sozialrecht seit 1999
• Gleichstellung beim Einkommen ab 2005
• Schluss mit "ArbeitnehmerInnen zweiter Klasse"
Nur starke Gewerkschaften mit vielen Mitgliedern und starken Betriebsräten können erfolgreich verhandeln!
GMT
Gewerkschaft Metall - Textil

Anton Benya

Verantwortung gegenüber den Arbeitnehmern

Anton Benya (1912 bis 2001), war 24 Jahre Präsident des ÖGB und 15 Jahre Präsident des Nationalrates. Der Text (den wir hier leicht gekürzt mit freundlicher Genehmigung der öbv&hpt Verlagsgesellschaftmbh & Co.KG abdrucken) folgt einem Referat Benyas beim Wirtschaftssymposion am 14. Mai 1980) und ist in „25 Jahre Staatsvertrag", Österreichischer Bundesverlag, Wien 1981, erschienen.

Es ist 1945 eine große Leistung der Männer und Frauen gewesen, sich nicht nur auf der politischen Ebene, sondern auch auf der wirtschaftlichen Ebene zusammenzufinden und als Vertreter der Unternehmer und der Arbeitnehmer zu beraten, wie Österreich aus der Not und dem drohenden Chaos der Nachkriegszeit herausgeführt werden könnte.

Schon im April 1945 trafen sich Frauen und Männer aus den Richtungsgewerkschaften der Ersten Republik, also ehemalige Sozialdemokraten, Christlichsoziale und Kommunisten und schufen – aus den Erfahrungen der Ersten Republik eine Lehre ziehend – den einheitlichen, überparteilichen Gewerkschaftsbund.

Sie verzichteten auf Richtungsgewerkschaften, die es in der Ersten Republik gab und in vielen westlichen Ländern noch heute gibt. Sie legten provisorisch die Aufgaben fest, die später in den Statuten des ÖGB zusammengefasst wurden und unter anderem lauten:

Der Gewerkschaftsbund ist in Verfolgung seines Zweckes zu einem kraftvollen Mitwirken am Aufbau Österreichs sowie zum unentwegten Kampf zur Hebung des Lebensstandards der Arbeitnehmerschaft Österreichs berufen. Das bedeutet, dass die Gewerkschaften und der ÖGB Verantwortung gegenüber der Wirtschaft und Gesellschaft haben.

Der ÖGB hat immer Staat und Wirtschaft mitzugestalten versucht

Der Gewerkschaftsbund hat sich – und das entspricht den Aufgaben, die ihm statutarisch gestellt sind – immer bemüht, in Staat und Wirtschaft mitzureden und diesen Staat und seine Wirtschaft mitzugestalten. Das hat ihm auf der einen Seite oft den Vorwurf eingebracht, der Einfluss des ÖGB sei zu groß, während auf der anderen Seite erklärt wurde, wenn der Gewerkschaftsbund sich zu sehr mit der Wirtschaft beschäftige, dann würde er dadurch gehindert, im Interesse der Arbeitnehmer zu wirken.

Der Einfluss der Gewerkschaften war von Vorteil

Nun, im Verlaufe von 35 Jahren wurde bewiesen, dass gerade der Einfluss der Gewerkschaftsbewegung in Staat und Wirtschaft für die Republik Österreich und ihre Bewohner von Vorteil gewesen ist. Der heutige moderne Staat, seine Rechtsordnung und die Volkswirtschaft können die Existenz der Gewerkschaften einfach nicht mehr übergehen. Das bedeutet aber auch, dass wir die Verantwortung zu übernehmen haben gegenüber den Arbeitnehmern, der Wirtschaft und der Gesellschaft, in der wir leben.

Ich möchte in diesem Zusammenhang auch die Frage der Wirtschafts- und Sozialpartnerschaft in Österreich erwähnen, denn ohne diese wären manche der heute sichtbaren Erfolge auf allen Gebieten des täglichen Lebens nicht möglich gewesen. Und darum möchte ich aus einem Vortrag unseres ersten Präsidenten, des Kollegen Böhm, gehalten im Jahre 1949 vor der Vereinigung österreichischer Industrieller, zitieren – er sagte: „Wir beide, Sie sowohl als auch die Arbeiter und Angestellten, sind durch die beiden Faschismen, den Krieg und die Nachkriegsereignisse so verprügelt worden, dass wir nicht umhin können, entsprechende Lehren aus der jüngsten Vergangenheit zu ziehen." Der wirtschaftliche Zusammenbruch und die weitgehende Entgüterung des Landes habe, laut Böhm, beiden Teilen gezeigt, das sie, mögen auch noch so viele, zum Teil sachliche, zum Teil fiktive Differenzen bestehen, doch auf einem Aste sitzen, von dem beide herunterfallen müssten, wenn man ihn durchsägte.

Böhm sagte weiter: „Ich will in diesem Zusammenhang nicht missverstanden werden. Ich weiß sehr genau, dass es Differenzen zwischen Arbeitgeber und Arbeitnehmer gibt, die immer wieder aufscheinen werden, z. B. in der Frage der Aufteilung des Sozialproduktes, in der Frage der Einflussnahme auf die Betriebsführung und anderes mehr. Ich weiß aber auch ebenso genau, dass wir manche gemeinsamen Interessen haben." Diese Ausführungen in einer Zeit des Notstandes wurden heftigst kritisiert, doch hat sich Böhm und mit ihm die Mehrheit im ÖGB nicht irremachen lassen, gemeinsam mit führenden Männern der Gegenseite einen Weg zu suchen, der helfen sollte, Österreich aus der Notlage hinauszuführen und in weiterer Folge eine sichere wirtschaftliche Grundlage zu schaffen, um die Lebenshaltung der Arbeitnehmer und der gesamten Bevölkerung heben zu können.

Böhm suchte einen Weg aus der Notlage

Bis es zu der heute noch bestehenden Paritätischen Kommission kam, gab es aber auch schon eine Zusammenarbeit der Wirtschaftspartner in anderer Form. So wurde zum Beispiel 1947 die Wirtschaftskommission gegründet, wobei unter anderem erklärt wurde: Die Vertreter der Kammern und des ÖGB haben beschlossen, eine gemeinsame ständige Wirtschaftskommission dieser Körperschaften zu bilden. Ihre Aufgabe ist es, die wirtschaftliche Entwicklung zu beobachten und zur Gesundung der Wirtschaft entsprechende Vorschläge an die Regierung auszuarbeiten.

1951 wurde ein Bundesgesetz über die Errichtung eines Wirtschaftsdirektoriums der Bundesregierung beschlossen, dem außer Regierungsmitgliedern der Präsident der Nationalbank und Vertreter jener Organisationen, die auch heute in der Paritätischen Kommission vertreten sind, angehörten. Dieses Gesetz wurde 1952 über Einspruch der Voralberger Landesregierung vom Verfassungsgerichtshof aufgehoben.

Gründung der Paritätischen Kommission

Nach Gesprächen und einem Briefwechsel zwischen Präsident Böhm und den Präsidenten der drei anderen Partner und Bundeskanzler Raab kam es 1957 zur Schaffung der Paritätischen Kommission. Sie wurde nur der Zeit angepasst. Es wurden eine Preisunterkommission und eine Lohnunterkommission geschaffen, später der Beirat für Wirtschafts- und Sozialfragen ins Leben gerufen. Über den Bereich der Paritätischen Kommission hinaus kam man mit der Regierung überein, vierteljährlich eine wirtschaftspolitische Aussprache zu führen, an der außer den Vertretern der in der Paritätischen Kommission Tätigen auch der Finanzminister, Vertreter der Nationalbank, des österreichischen Wirtschaftsforschungsinstituts und der Industriellenvereinigung teilnehmen.

In diesen Aussprachen werden regelmäßig die neuesten Ergebnisse der Wirtschaftsforschung vorgetragen, und diese bilden wieder die Grundlage für eine allgemeine Diskussion. Es ist in den wirtschaftspolitischen Aussprachen in vielen Teilbereichen gelungen, Lösungen bzw. Kompromissvorschläge zu finden, die später auch von der gesetzgebenden Körperschaft, vom Parlament, nach Beratungen in Gesetzesform gekleidet worden sind. Die Einrichtung der Paritätischen Kommission wurde anfangs, sicher in beiden Lagern, nicht mit Begeisterung aufgenommen – man war ängstlich, es fehlte das gegenseitige Vertrauen –, und es war in erster Linie ein Verdienst der führenden Männer auf beiden Seiten, dass die Idee sich schließlich durchgesetzt hat.

Freiwillige Zusammenarbeit in der Paritätischen Kommission hat sich bewährt

Die auf freiwilliger Basis beruhende Zusammenarbeit in der Paritätischen Kommission hat sich, so glaube ich sagen zu können, bewährt.

Sozialer Friede und steigender Lebensstandard

Das Ergebnis ist, trotz aller immer wieder auftretenden Schwierigkeiten: sozialer Friede im Land und steigender Lebensstandard für alle Bevölkerungsteile. Wir haben Vollbeschäftigung, eine niedrige Inflationsrate, ein entsprechendes Wirtschaftswachstum und sichtbare Verbesserungen auf allen Ebenen des täglichen Lebens wie: Wohnung, Familie, soziale Sicherheit und Altersversorgung.

Ohne soziale Spannungen

Grundlage für diese gute Entwicklung ohne soziale Spannungen war der Erfolg in der Beschäftigungspolitik. Es gab auch in der Zweiten Republik Schwierigkeiten auf dem Arbeitsmarkt. Ich erinnere Sie daran, dass wir 1953 bei nicht ganz 2 Millionen Beschäftigten im Jahresschnitt 183.500 Arbeitslose hatten. Das waren 8,7 %, und auch 1967 und 1968 ging die Zahl der Beschäftigten um fast 50.000 zurück.

Vollbeschäftigung hat Vorrang

Da die Vollbeschäftigung aus menschlichen, aber auch aus einer Reihe von anderen Gründen für die gesamte Wirtschaft so große Bedeutung hat, sagen wir unseren Kolleginnen und Kollegen immer wieder: Wenn wir erklären, Vollbeschäftigung hat Vorrang, dann muss alles andere Nachrang haben. Man kann dann nicht alles maximal und gleichzeitig haben, also absolute Vollbeschäftigung, maximales Wirtschaftswachstum, totalen Umweltschutz, absolute Stabilität des Preisniveaus, Budget- und Zahlungsbilanzüberschüsse, totale Freiheit der Einkommens- und Preisgestaltung für alle Berufsgruppen und die Unternehmer und als Draufgabe Steuersenkungen und Erhöhung der Sozialleistungen.

Wirtschaftsprobleme in Zusammenarbeit mit Regierung gelöst

Wir haben uns durch Kritik von Popularitätshaschern und Lizitierern nicht beirren lassen, und der Erfolg gibt uns recht. Wenn wir gefragt werden, wieso dies in Österreich möglich war, wo es doch weltweit Schwierigkeiten gegeben hat, so glaube ich deswegen, weil die Wirtschaftsprobleme nicht allein von den in der Wirtschaft tätigen Partnern gelöst wurden, sondern auch in Zusammenarbeit mit der Regierung.

Wir haben uns in den Jahren 1974 und 1975, als weltweit Krisen aufgetreten sind, an die Regierung gewandt und haben, da wir um die Arbeitsplätze besorgt waren, der Export nachgelassen hatte und die Investitionen der privaten Hand nicht vorhanden waren, verlangt, dass der Staat entsprechende Gelder zur Verfügung stellt, damit von dieser Seite geholfen wird und damit Arbeitsplätze geschaffen und erhalten werden können.

Auf diese Weise sind viele Milliarden Schilling in die Wirtschaft geflossen, und es ist uns – zum Unterschied von anderen Ländern – gelungen, die Zahl der Beschäftigten zu halten und sogar zu erhöhen.

Wie kann es weitergehen? Ich möchte sagen: Das System der Sozialpartnerschaft beruht sehr stark auf dem gegenseitigen Vertrauen der Personen, die auf den verschiedenen Ebenen wirken. Natürlich gehen politische Änderungen in Regierung und Parlament nicht spurlos vorbei. Wir sind keine Nebenregierung, wir tragen unser Wollen den politischen Parteien vor.

Wenn man sich auch in Zukunft bemühen wird, in erster Linie die wirtschaftlichen Probleme zu sehen und gemeinsam weiter an einer für alle nutzbringenden Wirtschaftspolitik zu arbeiten, werden Kritiker dieses Systems, das für sie politisch zu wenig kämpferisch ist, erst dann verstummen, wenn es so wie bisher unserem Land den sozialen Frieden erhält und weiterhin Verbesserungen bringt, die nur gemeinsam mit den politisch Verantwortlichen erreicht werden können.

Erfolgsstory Österreich

Nani Kauer ist Pressereferentin der Gewerkschaft Metall-Textil

Ein Rückblick in der Erinnerung von Zeitzeugen

2005 ist das Jahr der Jubiläen: 60 Jahre Zweite Republik und 50 Jahre Staatsvertrag, 60 Jahre ÖGB und Arbeiterkammer – die Republik feiert die „Erfolgsstory Österreich".

Nani Kauer hat Zeitzeugen dieser Entwicklung – PolitikerInnen, Wirtschaftsexperten, GewerkschafterInnen und JournalistInnen nach ihrer Einschätzung dieser Jahrzehnte befragt.

Dr. Andreas Khol
Präsident des Nationalrates

Bevor die Zweite Republik gegründet wurde, hat sich der ÖGB schon konstituiert. Im ersten Paragrafen der ÖGB-Statuten finden sich als Hauptzwecke ein freies Österreich und die Vertretung der Arbeitnehmer. Der ÖGB hat sich immer demokratisch verhalten, er war Teil des Gründungskonsenses der Republik und hat seine Macht immer maßvoll eingesetzt. Aber Macht braucht eben Gegenmacht, und die Wirtschaft kann nur mit starken Gewerkschaften funktionieren. Ich zahle meine ÖGB-Mitgliedschaft daher sehr gerne.

Für die Sozialpartnerschaft war der Regierungswechsel im Jahr 2000 eine Frischzellentherapie. Während der großen Koalition war die Sozialpartnerschaft zu nah an den beiden Regierungsparteien. Es gab wenig Konsens, weil die Sozialpartner sofort zu Koalitionskonsens vereinnahmt wurden. Das hatte auch Rückwirkungen, denn wenn die Regierung ein Problem nicht lösen konnte, konnten es auch die Sozialpartner nicht.

Die neue Konstellation und auch der Rückzug des Präsidenten der Wirtschaftskammer aus dem Nationalrat hat die Sozialpartnerschaft neu belebt. Unabhängig von den beiden politischen Parteien wurden wichtige sozialpolitische Lösungen erarbeitet, zum Beispiel die Mitarbeitervorsorge, die Familienhospizkarenz oder auch weitgehende Teile der Pensionsharmonisierung wie zum Beispiel die Grundformel: 65 Lebensjahre, 45 Beitrittsjahre, 80 Prozent des Durchschnittseinkommens und der 5-Prozent-Verlust-Deckel.

Bei der Unterzeichnung des Staatsvertrages war ich politisch interessierter Gymnasiast in Tirol und Briefmarkensammler. Ich bin gleich aufs Postamt gegangen und hab mir einen Stempel geholt. Das legendäre

„Österreich ist frei" habe ich erst später realisiert, denn in Tirol hat man die Besatzung nicht so erlebt wie anderswo.
Aus Sicht der Arbeitnehmervertretung ist sicherlich wichtig, dass die sozialen Grundrechte an der Spitze einer neuen Verfassung für Österreich stehen. Ich freue mich besonders, dass sich da ein Konsens der Sozialpartner abzeichnet. Auch die Sozialpartnerschaft soll als wichtiges Instrument für soziale Stabilität und wirtschaftlichen Fortschritt in der Verfassung verankert werden.
Auf EU-Ebene sind für eine neue Verfassung schon wichtige Ziele erreicht. Wichtig ist, dass die Daseinsvorsorge als Ziel der EU verankert wird und dass es eine gute Aufgabenteilung zwischen der EU und den Staaten gibt, dass nämlich die Daseinsvorsorge primär Aufgabe der Mitgliedstaaten ist.

Dr. Barbara Prammer
2. Präsidentin des Nationalrats
Der Kampf um persönliche Unabhängigkeit durch berufliche Eigenständigkeit prägt die Frauenpolitik der letzten 60 Jahre. Nach 1945 musste die sozialdemokratische Frauenorganisation erst wieder aktiviert werden. Erste Frauenzentralsekretärin der Zweiten Republik war die aus dem KZ heimgekehrte Rosa Jochmann. In den Nachkriegsjahren waren zwar konjunkturbedingt immer mehr Frauen berufstätig, die öffentliche Meinung aber war noch stark vom traditionellen Bild „Frau im Heim – Glück allein" geprägt. Vorrangiges Ziel der SPÖ-Frauenorganisation war die Errichtung von Kinderbetreuungseinrichtungen und Mütterberatungsstellen.
Den frauenpolitischen „Durchbruch" brachten erst die Siebzigerjahre. Die SPÖ-Frauen erhielten durch die Ernennung von Johanna Dohnal zur Staatssekretärin für Frauenfragen eine starke Stimme in der Regierung. Sozialpolitische Maßnahmen wie die Einführung des Karenzgeldes, das Schließen von Pensionslücken durch den Erwerb von Kindererziehungszeiten, die 40-Stunden Woche waren für berufstätige Frauen sehr wichtig. In den Kollektivverträgen wurden die Frauenlohngruppen eliminiert, der Mutterschutz wurde auf Bäuerinnen und gewerblich Selbstständige ausgedehnt, die Geburtenbeihilfe vervierfacht und die sechstägige Pflegefreistellung beschlossen.
Die Schaffung des Bundesministeriums für Frauenangelegenheiten 1991 war ein wesentlicher Schritt, um politische Forderungen wie die Quotenregelung umzusetzen. Mit der Kampagne um die Mithilfe von Männern bei der Hausarbeit, halbe/halbe, wollte die damalige Frauenministerin Helga Konrad der Tatsache entgegenwirken, dass Versorgungsarbeit weiterhin zum Großteil in Frauenhänden liegt.
In den 90er-Jahren konnte das Budget für Frauenservicestellen verdreifacht werden. Der Ausbau von Kinderbetreuungseinrichtungen wurde

vorangetrieben – ein flächendeckendes Angebot, das auch bei den Öffnungszeiten auf die Bedürfnisse berufstätiger Menschen Rücksicht nimmt, bleibt aber Ziel. Die Forderung nach der Gleichstellung der Geschlechter in der Verfassung zieht sich bis in die heutige Zeit, in der wir die Arbeit im Österreich-Konvent als Chance wahrnehmen können, die Verankerung von Gender-Budgeting in der Verfassung zu realisieren. Besorgniserregend aber ist die frauenpolitische Bilanz der derzeitigen Bundesregierung: Die Arbeitslosigkeit unter Frauen steigt, Gesundheitsversorgung wird immer teurer, Existenzängste unter Frauen auch in Bezug auf die Pension nehmen zu. Eine SORA-Studie unter Frauen zwischen 18 und 39 Jahren zeigt: 84 Prozent der berufstätigen jungen Frauen arbeitet gern. Die mehrheitlich positive Einstellung zur Berufstätigkeit steht allerdings im Gegensatz zur Lebensrealität, wie sie Frauen vorfinden: Nur 24 Prozent der Befragten sind mit ihrem Einkommen zufrieden, mit der eigenen sozialen Absicherung nur 28 Prozent. 68 Prozent halten es für unwahrscheinlich, dass sie einmal eine sichere Pension haben werden. Zeit für ein Signal, dass die Berufstätigkeit von Frauen wirklich erwünscht ist und nicht ein Privileg für wenige sein soll.

Dr. Alfred Gusenbauer
SPÖ-Vorsitzender
Die österreichische Gewerkschaftsbewegung gehört unzweifelhaft zu den wichtigsten und stabilsten Säulen der 2. Republik. Das besonders hohe Verantwortungsgefühl für das Gemeinwohl, die nahezu fanatische Suche nach einem vernünftigen Kompromiss und eine Interessenpolitik, die auf bemerkenswert unspektakuläre Art und Weise unglaubliche Erfolge für die Arbeitnehmerinnen und Arbeitnehmer dieses Landes erreicht hat – das sind die Ingredienzien der 60-jährigen Erfolgsgeschichte des ÖGB. Die österreichischen Gewerkschaften haben in diesen Jahrzehnten aber auch bewiesen, dass sie in der Lage sind, auch auf radikale gesellschaftliche und ökonomische Brüche geeignet zu reagieren und dazuzulernen. Von Zwentendorf über Hainburg, von der Verstaatlichtenkrise bis zur Wende – der ÖGB hat all diese Herausforderungen produktiv bewältigt. Österreich braucht, will es wieder erfolgreich an die Dynamik früherer Jahre anschließen, starke Gewerkschaften, die für Wohlstand und soziale Fairness sorgen.

Univ.-Prof. Alexander Van der Bellen
Bundessprecher Die Grünen
60 Jahre sind eine lange Zeit, aber diese 60 Jahre waren für Österreich sicherlich eine wirtschaftliche Erfolgsstory. Die Rolle des ÖGB als Interessenvertretung der Arbeitnehmerinnen und Arbeitnehmer ist heute so wichtig wie schon bei deren Entstehung. Es haben sich aber die Bedingungen wesentlich geändert. Große Unternehmen, wo die Beschäftigten

leicht zu organisieren waren, werden heute in viele kleinere zerteilt. Die Zunahme des Dienstleistungssektors – nicht nur in Österreich, sondern in den Industrienationen weltweit – erschwert auch die Organisationsfähigkeit.
Die österreichischen Gewerkschaften haben immer eine realistische, pragmatische Politik gemacht, die auch Rücksicht auf Produktivitätsentwicklungen und den Außenhandel genommen hat. Das hebt sie von Gewerkschaften anderer Länder positiv ab und spricht für eine langfristige Orientierung, die nicht naiv ist. Es herrscht auch eine gewisse Vertrauensbasis zwischen Gewerkschaften und Arbeitgeberverbänden. Die Verstaatlichte Industrie hat in den ersten 10 bis 20 Jahren ihres Bestehens sicherlich einen Teil zu dieser Vertrauensbildung beigetragen.
Die Sozialpartnerschaft in ihrer ursprünglichen Form hatte eine ganz wichtige Bedeutung. Sie ist auch heute durchaus positiv, wenn sie sich auf jene Bereiche beschränkt, die Gewerkschaften und Arbeitgeber miteinander vereinbaren – also Löhne und Gehälter oder auch Arbeitszeiten. Die Illusion, dass sich die Sozialpartnerschaft Kompetenzen aneignen könnte, z. B. um Preise zu diktieren und so Märkte zu regulieren, solche Wildwüchse gab es ja beizeiten – ist heute ohnehin obsolet. In wichtigen Fragen andererseits, zum Beispiel bei der Lehrlingsausbildung, könnte die Sozialpartnerschaft durchaus an Tempo zulegen.
Die Grünen sind in der ArbeitnehmerInnen-Bewegung relativ jung – der Marsch durch die Institutionen ist eben kein leichter. Zu Beginn standen die Grünen mit dem Konflikt um Hainburg sogar auf der „anderen" Seite. Inzwischen haben wir in allen Länder-Arbeiterkammern Fuß gefasst. Und wir schätzen die heimischen Gewerkschafter als harte Interessenvertreter.

Dr. Klaus Liebscher
Gouverneur der Oesterreichischen Nationalbank
Im Rückblick auf 60 Jahre Österreichischer Gewerkschaftsbund und Arbeiterkammer sind diese beiden Institutionen untrennbar mit den herausragenden Leistungen Österreichs in einem zusammenwachsenden Europa verbunden – nämlich dem raschen Wiederaufbau unseres Landes, seinem strategisch wichtigen Beitritt zur Europäischen Union und zur Währungsunion wie auch seiner heutigen Brückenfunktion in einer auf 25 Staaten erweiterten EU.
ÖGB und AK haben in dieser Zeit mit ihrer „Politik mit Augenmaß" eine wesentliche Rolle in der positiven Entwicklung Österreichs gespielt.
Diese Politik gilt es, auch in Zeiten einer auf langfristiger Stabilitätssicherung in Europa bedachten Währungsunion und Lissabon-Agenda im Interesse aller Arbeitnehmer in Österreich weiterzuführen, um den Wirtschaftsstandort und Arbeitsmarkt Österreich im zunehmenden internationalen Wettbewerb so attraktiv wie möglich zu gestalten.

Rudolf Nürnberger
ÖGB-Vizepräsident, Vorsitzender der Gewerkschaft Metall-Textil, Bundesvorsitzender der Fraktion Sozialdemokratischer Gewerkschafter/-innen im ÖGB

60 Jahre ÖGB und Arbeiterkammern – das heißt 60 Jahre kontinuierlicher Aufstieg und stetige Verbesserungen für die Beschäftigten in diesem Land. Von der Einführung der 40-Stunden-Woche, der Schaffung des ArbeitnehmerInnenschutzgesetzes über zuerst vier, später fünf Wochen Mindesturlaub, einem Arbeitsverfassungsgesetz und in jüngerer Vergangenheit die Abfertigung neu reichen die Errungenschaften, die ÖGB und AK durchgesetzt bzw. mitgestaltet haben. Egal, welche Regierungen gerade an der Macht waren, die Vertretungen der Arbeitnehmer/-innen haben immer überparteilich gehandelt – aber niemals unpolitisch. Und auch in jüngster Vergangenheit, als die ÖVP-FPÖ-Regierung mit ihrer neoliberalen Walze vieles im Land – zum Schaden der Arbeitnehmer/-innen – dem Boden gleich gemacht hat bzw. gleich machen wollte, haben ÖGB und AK überparteilich reagiert, sind alle Fraktionen Hand in Hand gegangen.

Der ÖGB hat sich immer – das steht auch so in seinen Statuten – für ein freies Österreich und für den Frieden eingesetzt. Besonders die letzten Jahre und Jahrzehnte haben gezeigt, wie wichtig das Engagement für den Frieden in Europa und in der Welt ist. Die Neutralität Österreichs hat daher für uns allergrößte Bedeutung und ist aus unserer Sicht nach wie vor hochaktuell.

ÖGB und AK sind im Jahr 2005 gleich alt wie ich – ich kann daher sagen, dass ich mit ÖGB und AK „aufgewachsen" bin. Dass wir – unsere ArbeitnehmerInnenvertretungen und ich – 2005 gemeinsam runde Geburtstage feiern können, freut mich – neben allen anderen erwähnten Errungenschaften und Leistungen – auch persönlich besonders.

Karl Klein
Bundesvorsitzender der Fraktion Christlicher Gewerkschafter im ÖGB

Unser Österreich hat sich ganz hervorragend entwickelt, sowohl im ökonomischen als auch im gesellschaftlichen Bereich. Aus den Trümmern, den der Wahnsinn des Nationalsozialismus real und in den Herzen der Menschen hinterlassen hat, ist ein Staat entstanden, der eine gefestigte Demokratie sein Eigen nennen kann und der erleben durfte, dass nur Dialog, Partnerschaft und Kooperation aus Zerstörtem wieder Leben entstehen lassen können. Der Mensch stand in diesem Österreich nach 1945 in seiner Individual- und Sozialnatur im Mittelpunkt, und die oft geschmähte Sozialpartnerschaft war das beste, was uns passieren konnte. Im Augenblick entwickelt sich ein politischer Stil und ein ökonomisches Selbstverständnis, das den Individualismus in den Vordergrund rückt und der Kooperation keinen Platz lässt. Es ist daher wichtig, dass es einen funktionierenden Gewerkschaftsbund gibt, der nachhaltig die Interessen der Arbeitnehmer/-innen vertritt, denn im Rennen um egoistische Vorteile in der Gesellschaft bleibt der wirtschaftlich Abhängige leicht auf der Strecke.

Alfred Ströer
von 1960 bis 1987 Leitender Sekretär des ÖGB,
Vorsitzender des Bundes Sozialdemokratischer Freiheitskämpfer,
Opfer des Faschismus und aktiver Antifaschist
Ich war als Werkzeugmacherlehrling zwischen 1935 und 1938 Mitglied der damaligen Einheitsgewerkschaft. Wir hatten damals eine Jugendgruppe in Simmering. 1938 haben die Nazis unsere Gruppen aufgelöst, die Heime zugesperrt und uns auseinander getrieben. Wir haben trotzdem weiter gemacht: Im Dezember 1938 haben wir in den Briefkästen in Simmering Flugblätter gegen Hitler verteilt, darin stand auch, man soll sich der Vereinigten Sozialistischen Partei anschließen. Sie haben uns natürlich verhaftet und verhört – aber ich habe niemanden verraten! Ich habe ihnen nur die Namen derer gegeben, die ohnehin auch verhaftet waren.
Wir waren nach dieser Aktion in Haft, mussten später zum Militärdienst einrücken und wurden zum Einsatz nach Griechenland gebracht. Von dort haben uns 1946 die Engländer nach Port Said in ein Österreicher-Lager gebracht. Wir haben dort nur noch auf die Heimfahrt gewartet, und gemeinsam mit ein paar Akademikern, die auch da waren, haben wir eine kleine Universität aufgezogen.
Am 10. Dezember 1946 – dem Geburtstag meiner Mutter – war ich wieder zu Hause. Dort habe ich zwei Briefe vorgefunden: Einen von meinen kommunistischen Freunden, die wollten mich in die Dienste der Staatspolizei holen. Und einen aus der Ebendorferstraße, dem damaligen Sitz des Gewerkschaftsbundes. Ich bin Anfang Jänner 47 dort hin gegangen, damals war Proksch Generalsekretär und Böhm Präsident. Und seit dem Tag habe ich im ÖGB gearbeitet. Ich habe zuerst die Jugenderholungsaktion geleitet und war dann zweiter Jugendsekretär. Im Mai 1948 war der erste Kongress des ÖGB, bei dem ich als Jugendsekretär mitgewirkt habe. Ich habe 600 Jugendliche auf die Bühne im Konzerthaus, wo der Kongress stattgefunden hat, gebracht. Es gab einen Chor, und den hat Hedi Pilz, die Mutter vom heutigen Grünen-Abgeordneten Peter Pilz, dirigiert.
Der Aufbau einer starken Jugendorganisation war mir damals sehr wichtig. Wir hatten an die 500 Jugendgruppen, hatten Erholungsheime, in denen 14.000 Jugendliche über vier Wochen verteilt untergebracht waren. Sie sollten sich nach den Kriegsjahren vor allem erholen, aber die gewerkschaftliche Bildung war mir natürlich auch ein großes Anliegen.

Wir haben viele gute Aktionen für die Jugendlichen gemacht, da gab es zum Beispiel eine Schuhaktion, wir haben zigtausend Schuhe an Jugendliche verteilt – und auch das hat sie an uns gebunden.
Neben dem Aufbau der eigenen Jugendorganisation ist auch der Aufbau des Österreichischen Bundesjugendringes und die Schaffung des Bundesjugendplans auf unsere Anstrengungen zurückzuführen. Das war fast schon revolutionär, dass man den Jugendorganisationen Geld gibt, und sie können selbst bestimmen, wie sie es einsetzen.
Eine Reihe von Gesetzen sind in dieser Zeit entstanden: das Berufsausbildungsgesetz zum Beispiel – davor war die Ausbildung in der Gewerbeordnung geregelt. Wir haben gesagt, das gehört da nicht hinein, und haben mit den Kollegen der Arbeiterkammer einen Entwurf für ein eigenes Gesetz gemacht. 1948 waren wir auch an der Entstehung des Jugendschutzgesetzes beteiligt.
Wenn die Jugendlichen heute meinen, sie brauchen Gewerkschaften nicht, die sind überflüssig, ich kann mir alles alleine richten, dann kann ich nur sagen: Sie sollen mal genauer in die Betriebe und Branchen schauen, wo es keine Betriebsräte gibt und keine Gewerkschaften. Nur dort, wo wir starke Betriebsräte haben und Gewerkschaften sich einbringen, gibt es bessere Arbeitsbedingungen und höhere Löhne. Die über 1000 Kollektivverträge, die wir in Österreich haben, wären null und nichtig, wenn nicht Organisationen wie unsere dahinter stünden. Dass man Urlaub hat und viele andere Rechte, das kommt nicht von allein. Das haben wir beim Wiederaufbau der Organisation den Jugendlichen gesagt, und das gilt heute genau so. Ich habe damals an die Solidarität, an den Zusammenhalt der Jugendlichen appelliert, und das gilt auch heute noch.
Zum 60. Geburtstag wünsche ich dem ÖGB, dass er weiterhin stark bleibt; ich wünsche ihm, dass er weiterhin viele gute Kollektivverträge durchsetzen kann und dass die Gewerkschaften bei den Lohnabschlüssen erfolgreich sind; ich wünsche ihm auch, dass er sich der Jugend annimmt, denn die Jugend ist von so vielen Dingen abgelenkt, sie denkt kaum über ihre wirtschaftliche und soziale Lage nach; ich wünsche dem ÖGB schließlich, dass er mitgliederstark bleibt!

Dr. Hannes Androsch
Ehemaliger Finanzminister (1970 bis 1981),
Vizekanzler (1976 bis 1981) und CA-Generaldirektor (1981 bis 1988),
ist heute als Industrieller tätig
Die Entwicklung Österreichs seit Ende des Zweiten Weltkrieges ist eine Erfolgsstory. Unser Land hat seit dem Staatsvertrag hohen Wohlstand, breite Wohlfahrt sowie große Lebensqualität seit 1955 in voller Freiheit und Sicherheit erreichen können. Dies ist, gemessen an den Verhältnissen in der Monarchie, vor allem aber an der Zwischenkriegszeit, eine

herausragende Bilanz. Die Gewerkschaftsbewegung, vor allem aber der ÖGB im Rahmen seiner sozialpartnerschaftlichen Mitwirkung, hat am erreichten Wohlstand der Menschen unseres Landes großen Anteil.
Die Zeiten unterliegen dem Wandel. Vieles hat sich verändert, große Umwälzungen sind eingetreten. Der Kalte Krieg ging 1989 zu Ende. Die USA wurde zur einzigen Hypermacht. Die terroristischen Ereignisse vom 9. 11. 2001 haben Amerika verändert. China, Indien oder Brasilien sind neue, global aufstrebende Kräfte. Die Weltwirtschaft ist auf Grund technologischer Revolutionen im Transportsektor und im Kommunikationswesen zusammengewachsen: Die damit verbundene Globalisierung bietet viele Chancen, beinhaltet aber auch Probleme. Auch die europäische Integration – an der wir seit 1995 teilhaben –, schreitet fort, wie die Einführung der gemeinsamen Währung Euro sowie die einzelnen Erweiterungsrunden markant verdeutlichen.
Mobiltelefonie, Internet, Nano-, Gen– und Biotechnik wurden zum Inbegriff für die fortwirkenden technischen und technologischen Veränderungen. Die Forschung dringt immer weiter in die Makro- und immer tiefer in die Mikrosphäre. Die Altersstruktur der Bevölkerung verändert sich rasch, die Menschen werden in vitaler Verfassung immer älter, die Geburtenrate nimmt ab, die Bevölkerung schrumpft. Dies hat weitreichende Konsequenzen, denen es Rechnung zu tragen gilt. Weltweit sind neue Probleme entstanden, die vom neuen Terror bis zur internationalen Kriminalität, von der Veränderung des Weltklimas bis hin zur neuen Seuchen und Krankheiten reichen. Diese werden von der internationalen Gemeinschaft nur in gemeinsamen Bemühen, also multilateral zu lösen sein. Dafür hat jeder Einzelne der 194 Staaten der Welt seinen Beitrag zu leisten. Dies gilt auch für Österreich. In diesem Sinn geht es um einen neuen, zeitgemäßen österreichischen Weg.

Dr. Josef Staribacher
Von 1979 bis 1983 Handelsminister, bis 1989 Vorsitzender der Gewerkschaft der Lebens- und Genussmittelarbeiter LUGA, dann Ehrenvorsitzender der späteren Gewerkschaft Agrar, Nahrung, Genuss, 1985 bis 2000 Aufsichtsratsvorsitzender der ÖIAG
Seit frühester Kindheit war ich sozialistisch geprägt. Wenn man mich gefragt hat, wie ich heiße – ich erinnere mich an eine Nonne, die das einmal getan hat, als ich auf der Straße in sie hineingelaufen bin – habe ich geantwortet „Josef Inne-Staribacher, und ich bin rot von unten bis oben!" Es war damals selbstverständlich, dass ich bei den „Roten Falken" war und in der Sozialistischen Jugend. Im Zweiten Weltkrieg war ich im Konzentrationslager Buchenwald, bin aber bald wieder „enthaftet" worden. Ich musste zum Militär, konnte dann studieren, weil ich, wie das geheißen hat, „kriegsbeschädigt" war.

Nach dem Krieg wollte ich – ich war ja jung und voll Tatendrang – eine sozialistische Jugend aufbauen. Kollege Mantler, der dann AK-Präsident war, und auch der spätere Vizekanzler Pittermann, haben aber gesagt, dass soll ich in meiner Freizeit tun – und haben mich in die Arbeiterkammer geholt. Ich war also seit ihrer „Kinderstube" in der AK beziehungsweise in der heimischen Arbeitnehmervertretung überhaupt.
Der damalige ÖGB-Präsident Johann Böhm hat den ÖGB ja sehr schlau aufgebaut. Auf der anderen Seite hat Raab die Handelskammer, später Wirtschaftskammer, sehr zentralistisch durchorganisiert. Böhm hat das gleiche mit dem ÖGB und den Gewerkschaften gemacht. In der ersten Republik gab es ja nur Gewerkschaftskommissionen, die waren im Prinzip ein loser Haufen. Böhm hat gesagt, wir brauchen eine zentralistische Organisation, und der ÖGB muss die zentrale Stelle sein.
Die Rolle von ÖGB und Arbeiterkammer hat sich im Vergleich zu damals stark verändert. Wir haben gewusst, dass es von der Regierung – der ja alle Parteien angehört haben – keinen Widerstand geben wird. Zum Verhältnis zwischen AK und ÖGB muss man sagen, dass wir uns in der Arbeiterkammer als „Waffenschmiede" des ÖGB gesehen haben. Wir haben Hintergrundmaterial geliefert und haben Gesetze begutachtet. Das soll auch heute noch so sein, auch heute noch soll die AK die „Waffenschmiede" für den ÖGB sein.
Die Situation für die Beschäftigten war gerade damals in der Zeit des Aufbaus nicht einfach. Ich erinnere mich an absurde Situationen, vor allem für die Kollegen in den so genannten „USIA"-Betrieben, also die Betriebe, die die Sowjets verwaltet haben. Da haben im Jahr 1950 die österreichischen Kommunisten gegen das 4. Lohn- und Preisabkommen einen Streik angezettelt – und die „Genossen" in den USIA-Betrieben haben gesagt, na bei uns aber nicht.
Das berühmte „Österreich ist frei" haben viele natürlich in besonderer Erinnerung. Es ist ja auch für viele überraschend gekommen. Für mich und andere Kollegen aus der Arbeiterkammer hat das aber sicherlich ganz anders gewirkt. Wir haben ja schon monate- und jahrelang diesen Moment vorbereitet. Wir hatten dann natürlich ganz starke Emotionen, weil die wenigsten nach so vielen Jahren und so viel Arbeit noch daran geglaubt haben, dass das jemals etwas wird. Die Arbeiterkammer war in den vielen Verhandlungen und Komitees, die es damals gegeben hat und die auf diesen Moment hin gearbeitet haben, sehr stark eingebunden. Wir haben uns besonders für wirtschaftliche und soziale Fragen eingesetzt, waren aber auch in vielen anderen Bereichen dabei. Uns war wichtig, was der neue Staatsvertrag der Bevölkerung bringen kann. ÖGB und AK haben damals sehr eng kooperiert, ÖGB-Präsident Johann Böhm hat viel Vertrauen in uns in der Arbeiterkammer gehabt.

Hans Rauscher
Journalist („Standard", „Format") und Buchautor
Nachkriegsösterreich war eine korporatistische Gesellschaft, und das war das Geheimnis des Erfolgs. 1945 wurde der Ständestaat wieder eingeführt, diesmal aber (im Gegensatz zum Dollfuss-Schuschnigg-Regime nicht einseitig katholisch-klerikal-faschistisch), sondern symmetrisch: Industrie, Bauern, Gewerbe (schwarz) und Gewerkschaften plus Sozialversicherungssystem (rot). Die Anhänger des nationalsozialistischen Modells wurden still integriert, beherrschten nach wie vor zahlreiche gesellschaftliche Räume und waren es mehr oder minder zufrieden. Auf die Wesenselemente des Nationalsozialismus – extremer Nationalismus, Antisemitismus und Krieg – mussten sie nur in einem Fall ganz verzichten, die anderen blieben ihnen, wenn auch sehr stark abgemildert. Grundsätzlich galt die Marktwirtschaft, sie war aber durch tausend Regeln, Absprachen und soziale Errungenschaften abgefedert. Das war unter der Besatzung und auch noch lange danach ein großartiges Erfolgsrezept, weil es – auch dank kluger Gründerväter – den Klassenkampf durch Kompromisse (inklusive Packelei) ersetzte und eine einigermaßen gleichmäßige Verteilung ermöglichte, so dass die Bevölkerung mehr oder weniger zufrieden war.
Selbstverständlich begannen die politischen Nachteile des Systems bald unangenehm aufzufallen: totale Verpolitisierung der wichtigsten Lebensbereiche – Arbeitsplatz, Wohnungswesen, soziale Absicherung –, wodurch auch keine starke Zivilgesellschaft und kritischer Bürgersinn entstehen konnte.
Diverse Großereignisse wie die Krise der Verstaatlichten Industrie Ende der 80er-Jahre, das Aufkommen der Grün-Bewegung und der EU-Beitritt zwangen zu einer teilweisen Öffnung des geschlossenen Systems, die sich in diversen Modernisierungsschritten auswirkte. Auch das Entstehen einer starken rechtspopulistischen Bewegung zwang in den Neunzigerjahren die „geschlossene Gesellschaft" der Sozialpartnerschaft plus Koalitionsregierung aus Rot und Schwarz zu Anpassungsmaßnahmen, die sich aber leider allzu oft in angstgetriebenen Selbstverkleinerungsmaßnahmen der Politik (Wettlauf um Kürzung der Politikerbezüge) erschöpfte.
Dennoch blieb das System einer sozialpartnerschaftlichen (Um-)Verteilungsabsprache bis weit in die Neunzigerjahre erhalten, einfach, weil es den sozialen Frieden und die Macht der Sozialpartner zu garantieren schien. Österreich blieb trotz weit gehender Privatisierung und Übernahme von EU-Regeln auch durch Rücknahme der ärgsten Verpolitisierung weiterhin ein Land des gebremsten Wettbewerbs, der breitflächigen Bürokratie, der hohen, wenn auch oft ungerecht verteilten Sozialstandards (Beamte!) und eines mehr als gebremsten Kapitalismus.

Das hat sich mit dem Regierungsantritt von Schwarz-Blau in weiten Bereichen geändert. Von einer Mitte-Rechts-Regierung, die mit dem Reform-Impetus einer wirtschaftsliberalen Wende antritt, wäre zu erwarten gewesen, dass sie einfach mehr Privatisierung, mehr Wettbewerb, mehr Chancen für Leistungswillige und – unvermeidlich – eine gewisse Beschneidung des Sozialstaates durchführt. Das wäre eine echte „Wende", aber immerhin diskutierenswert gewesen.
Real sieht die Bilanz dieser Wenderegierung aber ganz anders aus: zunächst einmal weit gehende Inkompetenz, was besonders durch den ursprünglichen 50-Prozent-Partner FPÖ und seine strukturellen Defekte verursacht wurde. Dann ging vor allem die ÖVP unter Schüssel extrem selektiv bei der Umsetzung ihrer Reformen vor. Zunächst einmal wurden die Steuern nicht, wie von einer Rechts-Rechtsaußen-Regierung zu erwarten, gesenkt, sondern drastisch erhöht, und zwar die Massensteuern. Die kommende Steuerreform entlastet massiv nur die Klientel „Industrie", im Bereich der großen Masse der Einkommensbezieher werden höchstens vergangene Erhöhungen (teil-)korrigiert. Die Verstaatliche Industrie wurde einer kleinen Gruppe aus der Privatindustrie überantwortet, die versucht, den Eigentümervertreter in Gestalt des Finanzministers als ihren Agenten einzusetzen. Eine echte Privatisierung, die auch breiten Schichten die Gelegenheit gibt, Aktionär zu werden, ist nicht absehbar. Die „Liberalisierung" der Energieversorger hat zu einem Kartell mit hohen Kosten für den Konsumenten geführt.
Im Sozialbereich, vor allem bei den Pensionen wurde ziemlich stark gekürzt, wobei man über das Ausmaß und seine Notwendigkeit streiten kann. Von Reform kann aber keine Rede sein, weil gerade jene große Personengruppe, deren Kosten das größte Problem der Pensionsversicherung verursachen, nämlich der öffentliche Dienst, bisher von der Belastung großteils verschont blieb und in der „Harmonisierung" wohl auch verschont bleiben wird.
Fazit: Der Bruch in der Nachkriegsgeschichte besteht darin, dass ÖVP und FPÖ keine konsequente Wende zum Wirtschaftsliberalismus und schon gar nicht zum „Neo-Liberalismus" gebracht haben, sondern fast lupenreinen Klientelismus, der die eigenen Schutzbefohlenen nahezu vollständig ausspart.

Angela Pfister

10 Jahre Mitgliedschaft in der Europäischen Union – Eine Bilanz

Angela Pfister ist Mitarbeiterin des Volkswirtschaftlichen Referats im ÖGB und Mitglied des Europäischen Wirtschafts- und Sozialausschusses in Brüssel

Der Beitritt Österreichs zur Europäischen Union bedeutete für die Gewerkschaften große Herausforderungen, damit das Integrationsprojekt sozial verträglich gestaltet wird und damit auch die ArbeitnehmerInnen von der EU-Mitgliedschaft profitieren. Der ÖGB hat dabei große Anstrengungen unternommen, damit das Projekt „Europäische Integration" letztlich in einem sozialen Europa mündet. Nach viel versprechenden Verbesserungen im EU-Vertrag in Bezug auf Beschäftigung und Soziales gerät dieser Prozess jedoch zunehmend ins Stocken. Die Arbeitnehmer/-innen sind zunehmend mit einer neoliberal orientierten Wirtschafts- und Sozialpolitik der Regierungen in den Mitgliedstaaten konfrontiert, die Sozialabbau und soziales Dumping fördert.

Europäische Integration als große Herausforderung

Der ÖGB bekannte sich grundsätzlich zur europäischen Integration, weil er die Chance auf eine aktive Mitgestaltung eines sozialen und friedvollen Europas im Zusammenwirken mit der europäischen Gewerkschaftsbewegung sah. Die Zustimmung der Arbeitnehmerseite zum damaligen Beitritt war jedoch keineswegs ohne Wenn und Aber.

In einem Memorandum an die österreichische Bundesregierung hat der ÖGB seine Bedingungen für die Unterstützung des Beitritts dargestellt, wo die Sicherung sozialer Standards und der Vollbeschäftigung, die Wahrung der Neutralität oder beispielsweise die Regelung des Transits als unverzichtbare Anliegen vorgebracht wurden:

Die Forderungen des ÖGB zum EU-Beitritt an die Bundesregierung

- Wahrung der Neutralität;
- Abkommen zur Regelung des Transits mit einer langfristigen akzeptablen Lösung des Transitproblems;
- kein Abbau von sozialen Standards;
- Bekenntnis zur Vollbeschäftigung als Priorität der Wirtschafts- und Sozialpolitik sowie zu einer aktiven Arbeitsmarktpolitik;
- Integrationsvorteile müssen zur Hebung von Einkommen, Beschäftigung und Wohlfahrt genutzt werden;
- sozial ausgewogene Verteilung der Lasten bei einer Neugestaltung der Finanzierung der Haushalte;
- kein Abbau der höheren Standards im Bereich des Umweltschutzes und des Konsumentenschutzes;
- gleichberechtigte Beteiligung von Vertretern der Gewerkschaften in allen integrationspolitischen Entscheidungen sowie
- Einbindung der Arbeitnehmerorganisationen in die Vertretung Österreichs in Brüssel.

Bekenntnis zur Vollbeschäftigung

Auf der Gewerkschaftsseite war aber von Anfang an klar, dass der Beitritt besonderer Vorkehrungen bedurfte, damit beispielsweise in jenen Wirtschaftszweigen, in denen es im Zuge der Teilnahme am Binnenmarkt zu Umstrukturierungen kommt, durch beschäftigungspolitische Spezialprogramme Arbeitsplätze gesichert und Härten für die betroffenen Arbeitnehmer vermieden werden konnten. Einen wesentlichen Beitrag für eine soziale Gestaltung hat dabei das Europa-Abkommen aus dem Jahr 1994 geleistet. Mit diesem Abkommen wurde eine wichtige Grundlage für die Erhaltung und Weiterentwicklung der sozialen Standards, aber auch für die Stärkung der internationalen Wettbewerbsfähigkeit und der Wirtschaft in der EU geschaffen.

Europa-Abkommen 1994

Die Europäische Union muss Beschäftigungs- und Sozialunion werden

Der ÖGB stand jedoch von Anfang an nicht kritiklos der europäischen Integration gegenüber. Das in den EU-Verträgen verankerte zentrale Element der Wirtschaftspolitik bildete zunächst der freie Wettbewerb in der Form des Binnenmarktes, wo Waren, Dienstleistungen, Kapital und Arbeit in der freien Zirkulation nicht behindert werden dürfen.

Hauptinstrument ist dazu das Wettbewerbs- und Beihilfenrecht, das die Vergabe von öffentlichen Mitteln einschränkt und staatliche Monopole für private Anbieter öffnet. Mit der Schaffung der Wirtschafts- und Währungsunion wurde aus heutiger Sicht mit dem Primat der Preisstabilität in der Geldpolitik und dem restriktiven Wachstums- und Stabilitätspakt dann die neoliberale Ausgestaltung der Wirtschaftspolitik in Europa vervollständigt.

Die Gewerkschaften haben vehement diese neoliberale Ausgestaltung kritisiert. Zusammen mit dem EGB wurde wiederholt ein EU-Vertrag eingemahnt, der über die ökonomische Dimension hinausgeht und jenseits des reinen Binnenmarktes und der einheitlichen Währung die EU zu einer Sozial- und Beschäftigungsunion weiterentwickelt.

Bei der Regierungskonferenz im Jahr 1996, die ihren Abschluss in Amsterdam erfuhr, wurden dann auch aus der Arbeitnehmersicht wichtige Veränderungen im EU-Vertrag vorgenommen sowie eine Grundlage zur Koordinierung der Beschäftigungspolitik geschaffen.

Rolle der Sozialpartner wurde aufgewertet

Durch die Integration des Sozialprotokolls in den Vertrag wurde die Rolle der Sozialpartner sowie ihre Mitwirkungsrechte, insbesondere in sozialpolitischen Angelegenheiten, entscheidend aufgewertet. In den nachfolgenden Jahren konnte eine positive Beschäftigungsentwicklung in der EU durch unionsweit koordinierte Strategien, insbesondere die Erhöhung der Erwerbsquoten auch von Frauen erreicht werden. Aber auch durch verschiedenste Richtlinien des Rates im Bereich der Sozialpolitik (vor allem zu befristeten Arbeitsverhältnissen, Teilzeitarbeit und Karenzurlaub), die den Arbeitnehmern und Arbeitnehmerinnen europaweit verbindliche Mindeststandards brachten und auf selbstständig verhandelten Rahmenabkommen der europäischen Sozialpartner basieren.

Lissaboner Prozess

Besonders positiv hervorzuheben ist der in Lissabon gestartete Prozess auf dem Gebiet der Beschäftigungspolitik, wo ein Bekenntnis zum Vollbeschäftigungsziel erfolgte, wobei konkrete wirtschaftliche und soziale Zielsetzungen vereinbart wurden.

Trotz dieser zahlreichen positiven Verbesserungen sowohl im EU-Vertrag als auch die Stärkung des Sozialen Dialoges beispielsweise durch die Einführung des dreigliedrigen Sozialpartnergipfels vor dem Europäischen Rat ist die soziale und beschäftigungsfreundliche Entwicklung zunehmend ins Stocken geraten.

Insbesondere seit dem Jahr 2001 haben sich diese positiven Ansätze für eine Sozialunion zum Teil in ihr Gegenteil verkehrt. Die ehrgeizigen unionsweiten Beschäftigungsziele von Lissabon geraten in immer weitere Ferne. Die Arbeitslosigkeit insbesondere in Österreich steigt – auch im Vergleich zum europäischen Trend – Besorgnis erregend rasant an. Von wirksamer Wirtschafts- und Beschäftigungspolitik kann keine Rede mehr sein. Es erfolgen tiefe Einschnitte in die Sozialsysteme, die einseitig und auf kurzfristige finanzielle Effekte zu Lasten der Arbeitnehmer/

-innen ausgerichtet sind. EU-weite Mindeststandards in der Sozialpolitik werden seit einigen Jahren sowohl von den Arbeitgeberverbänden im Rahmen des Sozialen Dialoges als auch von einem Teil der europäischen Regierungen beharrlich blockiert. Auch die verbindliche Umsetzung so genannter „freiwilliger" Abkommen der EU-Sozialpartner wird von den Arbeitgeberverbänden ganz offensichtlich verweigert (Telearbeit).
Damit die beschäftigungs- und sozialpolitische Initiative nicht stecken bleibt, muss in erster Linie das Engagement der Regierungen auf dem Gebiet der Wirtschafts- und Beschäftigungspolitik weiter verstärkt werden. Dazu sind aber auch noch weiterhin weitere vertragliche Korrekturen notwendig, damit die seitens des ÖGB formulierten Grundsätze auch in der Zukunft weiterhin gesichert sind.

Neuer Europäischer Verfassungsvertrag erfüllt nicht Arbeitnehmeranliegen

Seitens der Gewerkschaften gab es hohe Erwartungen an den Diskussionen über eine Verfassung für Europa. Am 18. Juni 2004 haben die Staats- und Regierungschefs auf dem Gipfel in Brüssel den Text der Europäischen Verfassung verabschiedet, nachdem knapp ein Jahr zuvor ein Entwurf durch den Europäischen Konvent angenommen wurde. Die Arbeitnehmeranliegen zur Schaffung einer Beschäftigungs- und Sozialunion sind dabei unberücksichtigt geblieben. Die Kritikpunkte des ÖGB zu den jeweiligen Entwürfen des Konvents und der Regierungskonferenz bleiben somit aufrecht.
Insbesondere bei der Regierungskonferenz war Beschäftigungs- und Sozialpolitik kein Thema. Lang debattiert wurde einzig und allein die Stimmverteilung im Rat. Der Text des Verfassungsvertrages weist einige sehr positive Neuerungen auf. Dabei sind die Aufwertung der sozial- und beschäftigungspolitischen Zielsetzungen im allgemeinen Teil, die Übernahme der Grundrechtscharta in den Verfassungsvertrag, aber

Der Neoliberalismus erhält Verfassungsrang, die Sozialpolitik bleibt auf der Strecke

auch die Aufwertung des Europäischen Parlaments als Fortschritt für die künftige Europäische Union zu erwähnen. Wenn es aber dann um die konkrete Ausgestaltung der Politiken geht, spielt die Beschäftigungs- und Sozialpolitik durch die verfassungsrechtliche Festlegung auf den Grundsatz der offenen Marktwirtschaft mit freiem Wettbewerb, die Preisstabilität und dem Bekenntnis zum unveränderten Stabilitätspakt weiter eine untergeordnete Rolle. Der Neoliberalismus erhält Verfassungsrang.

Eine Verschlechterung bedeutet der Verfassungsvertrag im Bereich der Sicherheits- und Verteidigungspolitik. Mit dem Verfassungsvertrag werden die Weichen für eine Europäische Sicherheits- und Verteidigungspolitik gestellt. Zum tatsächlichen Aufbau der Verteidigungsunion müsste der Rat zwar noch einen konkreten Beschluss fassen. Für die Zwischenzeit soll eine engere Zusammenarbeit in der Verteidigungspolitik eingerichtet werden. Der Status der Neutralität, was auch den Gewerkschaften ein Anliegen war, wurde jedoch nicht dezidiert festgehalten. Selbst in den Protokollen fehlt ein derartiger Hinweis. Während die Gewerkschaften Grundlagen für eine arbeitnehmerorientierte Wirtschafts- und Beschäftigungspolitik vergeblich gefordert haben, wurde die Basis für eine Sicherheits- und Verteidigungspolitik geschaffen, die einen Auf- und Ausbau militärischer Strukturen und Militärtruppen für weltweite Interventionen vorsieht. Die Mitgliedstaaten müssen dem Verfassungsvertrag zufolge aufrüsten und verpflichten sich, ihre militärischen Fähigkeiten schrittweise zu verbessern. Zur Stärkung soll ein „Europäisches Amt für Rüstung, Forschung und militärische Fähigkeiten" geschaffen werden. Im Verfassungsvertrag ist ebenso festgehalten, dass künftig die Voraussetzungen für die Union als weltweit intervenierende Militärmacht geschaffen werden müssen.

Auf der Arbeitnehmerseite ist grundsätzlich nichts gegen eine Etablierung einer Europäischen Außen- und Sicherheitspolitik einzuwenden. Doch diese müsste primär auf nicht-militärische Konfliktlösung inklusive einer Abrüstung in Richtung einer kernwaffenfreien Zone orientiert sein.

Verfassungsvertrag im Widerspruch zu den Statuten des ÖGB

Das Verständnis der Europäischen Union als eine „Friedensunion" stellte für die österreichischen Gewerkschaften eine wichtige Motivation für das „Ja" zum EU-Beitritt unseres Landes dar. Es steht somit der von den Staats- und Regierungschefs verabschiedete Verfassungsvertrag im Widerspruch zu den politischen Grundsätzen sowie Statuten des ÖGB. Es ist aber auch zu befürchten, dass der enorme Bedarf an zusätzlichen finanziellen Mitteln für den Aufbau einer Verteidigungspolitik zu Lasten der sozialpolitischen Ausgaben geht und damit die finanziellen Grundlagen für die soziale Wohlfahrt noch weiter geschmälert werden, als sie durch das restriktive Wettbewerbsrecht und die Budgetrestriktionen neoliberaler Wirtschaftspolitik der Regierungen schon sind.

Liberalisierung öffentlicher Dienstleistungen

Zurzeit werden intensive Diskussionen über etwaige weitere Liberalisierungen von öffentlichen Dienstleistungen wie öffentlicher Nahverkehr, Wasserversorgung, Bildung oder Gesundheit geführt. Gegen die Absichten der EU-Kommission sowie zahlreicher Regierungen, die Wasserversorgung oder den Nahverkehr für den Wettbewerb zu öffnen, gibt es heftigen Widerstand seitens der Gewerkschaften, die sich mit NGOs – wie in Österreich im Rahmen der Stopp-GATS-Kampagne – vernetzt haben.

Die Wettbewerbspolitik im Rahmen des Binnenmarktes machte aber bereits Ende der 80er- sowie in den 90er-Jahren nicht vor einer Reihe von öffentlichen Dienstleistungen halt. Die EU-Mitgliedstaaten verpflichteten sich, den öffentlichen Rundfunk, die Telekommunikation, die Eisenbahn, die Postdienste, Strom und Gas zu liberalisieren. Gleichzeitig setzte dazu ein Verkauf des öffentlichen Eigentums an diesen Dienstleistungen ein. Die Erfahrungen dieser Liberalisierungen sind in Bezug auf Qualität und Preise keineswegs positiv. Insbesondere gibt es negative Auswirkungen auf die Beschäftigung und Arbeitsbedingungen.

Liberalisierung: Wie geht's weiter?

Bei anderen öffentlichen Dienstleistungen wie beispielsweise Gesundheit, Bildung oder Wasserversorgung gibt es im EU-Vertrag keine (eindeutige) Grundlage für eine weitere Liberalisierung. Dennoch gibt es sehr wohl seitens der EU-Kommission mit der Binnenmarktstrategie und dem Weißbuch über Dienstleistungen von allgemeinem Interesse konkrete Bestrebungen in weiteren öffentlichen Bereichen eine Liberalisierung zu fördern.

Die mit dem Verfassungsvertrag kommende Änderung brachte dabei keine Absicherung vor Eingriffen des Wettbewerbsrecht. Der neue Artikel zu öffentlichen Dienstleistungen kann zwar durchaus als Versuch für eine bessere Stellung der Daseinsvorsorge in den Zielen der Union gesehen werden. Allerdings kann dieser geänderte Artikel eine Ausnahme der Leistungen der Daseinsvorsorge aus dem Wettbewerbsrecht nicht sicherstellen, da dieser unbeschadet der Wettbewerbsvorschriften anzuwenden ist. Es gibt somit teils widersprüchliche Vorbehalte sowie nach wie vor keine eindeutige Rechtssicherheit.

Damit bleibt eine weitere Präzisierung des EU-Rechts Priorität. Dabei muss der Grundsatz der weitreichenden Selbstbestimmung der Mitgliedstaaten, Regionen und Gemeinden in einem künftigen EU-Verfassungsvertrag verankert werden. Die Behörden müssen selbst darüber entscheiden können, ob sie die Leistung im Rahmen ihrer Zuständigkeit selbst, durch ein öffentliches Unternehmen (Inhouse-Vergabe) oder nach Durchführung einer öffentlichen Ausschreibung erbringen. Im Falle einer Nichtausschreibung sind die öffentlichen Dienstleistungen unabhängig vom Status, den die Behörde für die Bereitstellung der Leistung gewählt hat, aus dem Anwendungsbereich der Regelungen über den Binnenmarkt und aus dem Wettbewerbsrecht zur Gänze auszunehmen.

In Richtung Liberalisierung von öffentlichen Dienstleistungen kommt Druck auch durch die WTO im Rahmen des GATS. In Österreich hat der damalige Wirtschaftsminister Schüssel den WTO-Vertrag ohne Vorbehalte im Jahr 1994 unterschrieben, und in der Folge hat auch das österreichische Parlament den Vertrag ratifiziert. Während die damaligen EU-12 – so wie die meisten WTO-Mitglieder – zusätzliche Ausnahmen für öffentliche Dienstleistungen sicherstellten, wurde dies in Österreich bis heute für nicht nötig erachtet. Dennoch wird gegenwärtig versucht, diesen Fehler in Reaktion auf den Druck der Stopp-GATS-Kampagne zu korrigieren. Damit ist jedoch die Diskussion über eine etwaige Liberalisierung der öffentlichen Dienstleistungen in der WTO nicht weg vom Tisch, da die EU-Mitgliedstaaten von den anderen WTO-Mitgliedern gerade in diesem Bereich Marktöffnungen verlangen und umgekehrt dies auch von den Mitgliedstaaten gefordert wurde.

Die Liberalisierungsmaschinerie, auch wenn sie durch den Widerstand von Gewerkschaften und NGOs etwas abgebremst wurde, droht damit dennoch in den kommenden Jahren langsam weiter voranzuschreiten.

Erweiterung

Integration der neuen EU-Mitglieder muss sozial gerecht bewältigt werden

Der ÖGB hat die Integration der mittel- und osteuropäischen Länder auf nationaler als auch auf europäischer Ebene unterstützt, da dies die Chance eröffnet, langfristig Frieden und Stabilität, soziale Gerechtigkeit, Wohlstand, Solidarität und Interessenvertretung der Arbeitnehmer dauerhaft in ganz Europa zu verankern.

Der ÖGB hat in der Diskussion über die Erweiterung vehement hingewiesen, dass diese Zielsetzungen allerdings nicht automatisch von selbst erreicht werden können. Es wurde auch insbesondere die österreichische Bundesregierung dringend aufgefordert, entsprechende Weichenstellungen in den verschiedensten Politikbereichen vorzunehmen, damit die Integration der neuen Mitgliedstaaten in die Europäische Union sozial gerecht bewältigt wird.

Die österreichische Ausgangssituation ist dabei nicht einfach: Die Arbeitslosigkeit steigt kontinuierlich, Vollzeitarbeit wird seltener, Teilzeitjobs und andere Formen atypischer Arbeitsformen nehmen zu, die österreichische Wirtschaft stagniert; Regierungsmaßnahmen wie zum Beispiel eine neuerliche Pensionsreform verstärken die negativen Entwicklungstrends. Anlass zur Sorge ist ebenso die wirtschaftliche Situation in den zukünftigen Mitgliedsländern und die noch zu bewältigenden Anpassungen im Zuge der Übernahme des Gemeinschaftsrechts sowie der Strukturänderungen vor allem in der Industrie, aber auch in Dienstleistungssektoren beispielsweise im Banken- und Versicherungswesen und längerfristig in der Landwirtschaft. Die Einkommen sind nach wie vor vergleichsweise sehr niedrig in den Beitrittsländern. Slowenien durchschnittlich EUR 900 pro Monat, Ungarn, Polen, Slowakische Republik oder Tschechische Republik zwischen 300 bis 500 Euro pro Monat.

Allen vorliegenden Wirtschaftsprognosen zufolge wird sich in den kommenden Jahren an der angespannten Arbeitsmarktsituation in Österreich nicht sehr viel ändern. Erst im Lauf des Jahres 2005 könnte ein leichter Rückgang der immer noch ansteigenden Arbeitslosigkeit einsetzen. Das Wirtschaftsforschungsinstitut (Wifo) hat eine Verbesserung der Arbeitslosigkeit um ca. 0,2 Prozentpunkte prognostiziert, was aber bei weitem keine ausreichende Entlastung des Arbeitsmarktes ist. Ein wesentlicher Grund für die unverändert hohe Arbeitslosigkeit ist neben unzureichenden wirtschaftpolitischen Maßnahmen, dass sich in den kommenden Jahren das Angebot an ausländischen Arbeitskräften erheblich vergrößern wird – bedingt durch die EU-Erweiterung und das im Vorjahr in Kraft getretene Fremdenrechtspaket 2002.

Die Arbeiterkammer schätzt, dass in den ersten Jahren nach Beitritt trotz der Übergangsfrist infolge der Beitrittsverträge, der Grenzgänger- und Praktikantenabkommen mit Ungarn und in der Folge des Fremdenrechtpakets bis zu 70.000 Arbeitskräfte freien Zugang zum Arbeitsmarkt bekommen werden.

Vor diesem Hintergrund wird deutlich, dass mit weiteren Arbeitsmarktabkommen sehr behutsam umgegangen werden muss und vorerst keine weiteren ausländischen Arbeitskräfte nach Österreich geholt werden dürfen, so wie dies die Bundesregierung beabsichtigt.

Gewerkschaften fordern aktive Politik für soziale Gestaltung der Erweiterung

Angesichts der Tatenlosigkeit der Regierung bei der Vorbereitung auf die Erweiterung besteht aber die Gefahr, dass die Übergangsregeln bei weitem nicht ausreichend sind, um die mit der Erweiterung in Zusammenhang stehenden Probleme zu lösen und insbesondere gefährdete Sektoren am Arbeitsmarkt zu schützen.

Die Gewerkschaften haben ihre Vorschläge auf den Tisch gelegt und eine aktive Politik für eine soziale Gestaltung der Erweiterung eingefordert. Vollbeschäftigung, Bildung und Soziales dürfen nicht zu leeren Schlagworten verkommen. Die Regierung ist mehr als säumig, arbeitsmarkt- und wirtschaftspolitische Maßnahmen sowie rechtliche

Verbesserungen im Bereich von Entsendungen und zur Bekämpfung von Schwarzunternehmertum in die Wege zu leiten.

Für den ÖGB ist der soziale Besitzstand der EU ein Kernstück der Europäischen Integration. Die Achtung der Menschen- und Gewerkschaftsrechte, auch der Tarifverhandlungsrechte, und die Umsetzung des gemeinsamen Besitzstandes im sozialen Bereich einschließlich der sozialen Grundrechte sind wichtige Pfeiler. Insofern kommt dem Sozialen Dialog zwischen Regierungen, Arbeitgebern und Gewerkschaften in den Beitrittsländern selbst eine besondere Bedeutung zu.

Zur Sicherung des Standortes Österreich sind die Verhandlungen über die finanzielle Vorausschau von großer Bedeutung. Österreich droht nicht nur ein höherer Beitrag, sondern auch umfassend seine Regionalförderungen (Ziel 1 und 2) zu verlieren. Die Nettozahlerpositionen in der EU sowie eine prioritäre Förderung der Landwirtschaft auf Wunsch der EU-Mitgliedstaaten schränken dabei die wirtschafts- und beschäftigungspolitische Handlungsfähigkeit ein.

Neue Prioritäten im EU-Budget nötig

Insbesondere im Hinblick auf die Erweiterung müssen im EU-Budget die Prioritäten stärker auf die Bereiche Arbeitsmarktpolitik, Bildung und Weiterbildung, Wirtschaftsstandort, Technologie und Forschung sowie Infrastruktur ausgerichtet werden. Sowohl die alten – dabei insbesondere die angrenzenden Länder auf Grund des Fördergefälles – als auch die neuen Mitgliedstaaten stehen vor gewaltigen wirtschaftlichen Herausforderungen. Fördermittel im Rahmen der Struktur- und Kohäsionspolitik können dabei einen besseren Beitrag zur Bewältigung dieser Herausforderungen als Mittel der Agrarförderungen leisten.

Maßnahmen für den Wirtschaftsstandort

Das durch die Erweiterung entstehende Förderungsgefälle zwischen Österreich und den neuen Mitgliedstaaten muss durch entsprechende Maßnahmen reduziert werden. Unternehmen, die ihren Standort verlagern, sind von Regionalbeihilfen auszuschließen.

Im Zusammenhang mit Standortpolitik kommt der allgemeinen Problematik des Steuerwettbewerbs bei der Unternehmensbesteuerung eine große Bedeutung zu: Diese besteht bereits in der EU-15, da die Steuersätze zwischen 13 % und 40 % rangieren. Der Steuerwettbewerb wurde durch die neuen Mitgliedsländer angeheizt!

Abhilfe könnte nur durch einen harmonisierten Mindestsatz für Unternehmensbesteuerung auf EU-Ebene geschaffen werden, wie das bei der Mehrwertsteuer der Fall ist. Wichtig ebenso ist ein verpflichtender Verhaltenskodex für Unternehmensbesteuerung, in dem Maßnahmen untersagt werden, die gemessen am üblicherweise in dem betreffenden Mitgliedstaat geltenden Besteuerungsniveau eine deutlich niedrigere Effektivbesteuerung einschließlich einer Nullbesteuerung bewirken.

Weiters sind Maßnahmen für den Wirtschaftsstandort vor allem durch Infrastrukturinvestitionen immaterieller Natur (Bildung, Forschung, Technologie), aber auch durch materielle Infrastruktur (Bahnlogistik, etc.) notwendig, um sich damit in der Übergangsphase vor negativen Standortauswirkungen zu schützen. Ein Steuersenkungswettlauf ist die falsche Antwort, weil damit die ohnehin schon durch restriktive Vorgaben neoliberaler Politik eingeschränkten öffentlichen Mittel für wichtige Aufgaben auf dem Gebiet der sozialen Wohlfahrt geringer werden.

Verkehr

Wichtiges Anliegen auf der Gewerkschaftsseite war im Zusammenhang mit dem EU-Beitritt Österreichs eine langfristige Lösung des Transitproblems. Aus der Sicht des ÖGB war die Beschränkung der Lkw-Fahrten, die durch den Transitvertrag im Rahmen des österreichischen Beitritts ausverhandelt wurde, eine taugliche Grundlage für eine umweltgerechte und nachhaltige Lösung der Verkehrsproblematik. Der ÖGB ist jedoch bestürzt, dass es vor allem in den vergangenen Jahren seitens der Regierung verabsäumt wurde, den Transitvertrag durch eine gleichwertige Regelung zeitgerecht zu ersetzen. Dies ist sicher als großer Rückschlag in der EU-Politik anzusehen. Aber auch insgesamt hat die Verkehrspolitik eine unglückliche Wendung vollzogen: Insbesondere Investitionen in die Verkehrsinfrastruktur, die wiederholt von der Arbeitnehmerseite eingefordert wurden, sind bis kurz vor der Erweiterung kaum getätigt worden.

Nachhaltige Verkehrspolitik

Diese Defizite in der Verkehrspolitik haben zu einer untolerierbaren Belastung sowohl der Bevölkerung insgesamt, aber auch der Lkw-Fahrer geführt. Insofern muss aus ÖGB-Sicht der Wegekostenrichtlinie absolute Priorität gegeben werden, damit eine nachhaltige Verkehrspolitik, die auf Kostenwahrheit und Wettbewerbsgleichheit zwischen Straße und Schiene sowie eine Begrenzung der Lkw-Verkehrslawine durch eine Bemautung der Autobahnen und Ausweichrouten peilt, wieder dauerhaft gesichert ist.

Resümee

Die Mitgliedschaft Österreichs hat zahlreiche Herausforderungen, aber auch Impulse für ein soziales Europa gebracht. Die positiven Ansätze in Bezug auf eine Beschäftigungs- und Sozialunion wurden allerdings in den letzten Jahren verwässert. Das Bekenntnis zur Vollbeschäftigung und die soziale Wohlfahrt werden gegenwärtig von den Regierungen sowohl in der EU als auch national in Frage gestellt und weitere Strukturreformen – Flexibilisierung des Arbeitsmarktes und Liberalisierung wichtiger öffentlicher Dienstleistungen – von der Bevölkerung abverlangt. Der Entwicklungsprozess der Europäischen Union selbst ist aber

Problem der hohen Arbeitslosigkeit muss gelöst werden

keineswegs abgeschlossen. Für die Zukunft der EU ist entscheidend, dass das Problem der hohen Arbeitslosigkeit, der zunehmenden Kluft zwischen Arm und Reich sowie des anhaltenden Konjunkturtiefs gelöst wird. Am Projekt Europäische Integration muss daher weitergearbeitet werden, damit die Europäische Union nicht nur wirtschaftlich, sondern auch für die Arbeitnehmer und Arbeitnehmerinnen vollendet wird.

Definition, Aufgaben, Ziele

Mitglieder sind die Kraft des ÖGB

Der Österreichische Gewerkschaftsbund ist eine Bewegung, die den Mitgliedern verpflichtet ist. Die Mitglieder, die FunktionärInnen und Vertrauensleute sind die Kraft des ÖGB.

Der ÖGB ist eine unabhängige und überparteiliche Bewegung

Der ÖGB ist eine unabhängige Gewerkschaftsbewegung und offen für alle, die sich mit den Statuten des ÖGB identifizieren können. Der Überparteilichkeit des ÖGB kommt eine besondere Bedeutung zu, um allen Menschen den Zugang zum ÖGB zu öffnen und die Möglichkeit zu geben, die Politik des ÖGB mitzugestalten.

Verbesserung der Durchsetzungs- und Aktionsfähigkeit

Kooperation und Konzentration der Kräfte

Der ÖGB will durch Kooperation und Konzentration der Kräfte in wenigen Bereichen eine Neuorganisation schaffen, die für alle Mitglieder gleichwertige Leistungen, optimale Betreuung und eine Verbesserung der Durchsetzungsfähigkeit und Aktionsfähigkeit des ÖGB und seiner Gewerkschaften bedeutet.

Echte Mitwirkungsrechte im Betrieb

Soziale Gerechtigkeit wird weltweit gefördert

Der ÖGB will eine Neugestaltung der betrieblichen Interessenvertretung auf allen Ebenen – national, multinational, auf Konzernebene –, die sich betrieblichen Notwendigkeiten rasch anpassen kann und die echte Mitwirkungsrechte besitzt. Er arbeitet in der internationalen Gewerkschaftsbewegung aktiv mit und fördert weltweit soziale Gerechtigkeit.

Der ÖGB fördert die Zusammenarbeit der Interessenvertretungen

Der ÖGB fördert die Zusammenarbeit zwischen betrieblicher und überbetrieblicher Interessenvertretung und verbessert alle Möglichkeiten, die BetriebsrätInnen, JugendvertrauensrätInnen und PersonalvertreterInnen PartnerInnen im Betrieb sein lässt.

Mensch und Arbeit stehen im Mittelpunkt

Neue Arbeitsgesellschaft

Mensch und Arbeit stehen im Mittelpunkt der Aktivitäten des ÖGB. Der ÖGB will Arbeit, durch die der Mensch seine Existenz sichern, Wohlstand erwerben und in Eigenverantwortung zur Sicherung des Gemeinwesens beitragen kann. Der ÖGB will eine neue Arbeitsgesellschaft in einem sozialen Staat und in einem gemeinsamen Europa.

Der ÖGB ist eine Kampforganisation

Der ÖGB ist ein Bestandteil der österreichischen Wirtschaft und Gesellschaft zum Schutz der ArbeitnehmerInnen und zur Förderung der Entwicklungsmöglichkeiten. Er ist aber auch Kampforganisation für die Rechte der unselbstständig Erwerbstätigen, der in Ausbildung Befindlichen, der Arbeitslosen und der aus dem Arbeitsleben Ausgeschiedenen.

Erfolgreiches System der gesetzlichen Interessenvertretung

Der ÖGB will im Rahmen einer lebendigen Demokratie eine solidarische Gesellschaft, in der der Mitbestimmung und Mitverantwortung breiter Raum gelassen wird, und bekennt sich daher zum erfolgreichen System der gesetzlichen Interessenvertretung und zur Selbstverwaltung in einer staatlichen Sozialversicherung.

Der ÖGB sichert Einkommen und Rechte der ArbeitnehmerInnen

Der ÖGB will eine soziale Marktwirtschaft, in der der Staat als politisch regulierende Kraft auftritt. Durch moderne Kollektivverträge sichert der ÖGB im Rahmen der Sozialpartnerschaft die Einkommen und die Rechte der ArbeitnehmerInnen.

Chancengerechtigkeit und Gleichbehandlung

Der ÖGB will eine pluralistische Gesellschaft, in der die ArbeitnehmerInnen einen besonderen Stellenwert haben, in der Friede, soziale Gerechtigkeit sowie Chancengerechtigkeit und Gleichbehandlung der Geschlechter herrschen und in der der Sorge um eine gesunde Umwelt großes Augenmerk geschenkt wird.

Die internationalen Beziehungen des ÖGB

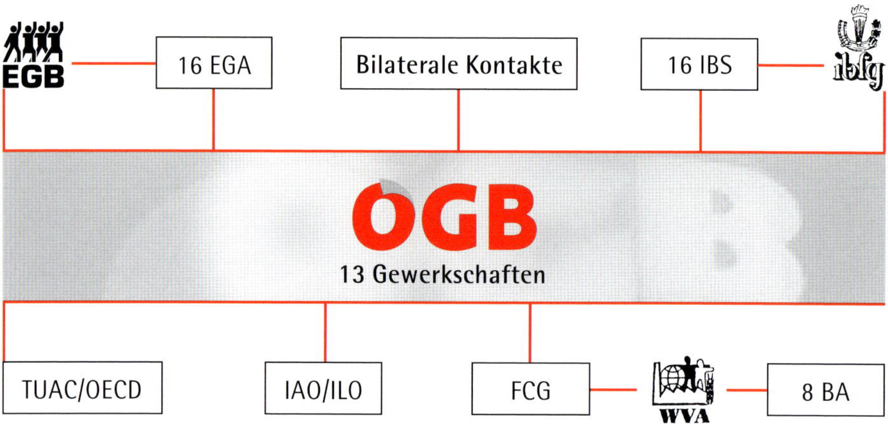

EGB	Europäischer Gewerkschaftsbund
EGA	Europäische Gewerkschaftsausschüsse
IBS	Internationale Berufssekretariate
IBFG	Internationaler Bund Freier Gewerkschaften
TUAC/OECD	Trade Union Advisory Committee
IAO/ILO	International Labour Organisation
FCG	Fraktion Christlicher Gewerkschafter
WVA	Weltverband der Arbeitnehmer
BA	Berufsaktionen

Daten und Fakten

Internationaler Bund Freier Gewerkschaften

Der ÖGB ist durch einen Vertreter im Vorstand des Internationalen Bundes Freier Gewerkschaften (IBFG), der weltweit in 145 Ländern 125 Mio. Mitglieder umfasst, präsent.

Der IBFG wurde 1949 gegründet und ist die Dachorganisation von freien und demokratisch anerkannten Gewerkschaftsbünden. Aus Ländern, in denen es keinen einheitlichen freien Gewerkschaftsbund gibt, können auch mehrere Organisationen oder einzelne Fach- bzw. Branchengewerkschaften vertreten sein.

Gewerkschaftsrechte weltweit thematisiert

➢ Durch die Tätigkeit des IBFG werden Gewerkschaftsrechte weltweit thematisiert – z. B. bei den WTO-Verhandlungen.

- Es wird Lobbying bei internationalen Finanzinstituten für eine soziale Gestaltung der Wirtschaftspolitik betrieben.
- Bei der Internationalen Arbeitsorganisation wird die Arbeit der Gewerkschaften koordiniert.

Europäischer Gewerkschaftsbund

Im Europäischen Gewerkschaftsbund (EGB) stellt der ÖGB den Präsidenten. Es sind 70 nationale, freie und unabhängige Gewerkschaftsbünde in 33 Staaten Europas vertreten.

Länder, die keine einheitliche Gewerkschaftsorganisation aufweisen, können mit zwei oder mehreren Bünden vertreten sein.

Insgesamt fassen die im EGB zusammengeschlossenen Vereinigungen rund 60 Mio. gewerkschaftlich organisierte unselbständig Erwerbstätige zusammen.

Der EGB wurde 1973 in Brüssel von Gewerkschaften aus zehn europäischen Ländern gegründet. Eines der Motive für die Gründung war, die Interessen der ArbeitnehmerInnen in den westeuropäischen Wirtschaftsvereinigungen (EG und EFTA) wirksam zu vertreten.

Der EGB wurde 1973 in Brüssel gegründet

Weltverband der ArbeitnehmerInnen

Über die Fraktion Christlicher Gewerkschafter ist der ÖGB außerdem im Weltverband der ArbeitnehmerInnen vertreten.

(Stand: Dezember 2004)

Unsere Gremien

Höchstes Forum des ÖGB

Der Bundeskongress

ist das höchste Forum des ÖGB; er tritt alle vier Jahre zusammen. Die Delegierten werden von den Gewerkschaften entsprechend ihrer Mitgliederzahl entsandt; dazu kommen die stimmberechtigten Mitglieder des ÖGB-Bundesvorstandes, Delegierte der Frauen-, Jugend- und Pensionistenabteilung sowie weitere ÖGB-FunktionärInnen mit beratender Stimme (alle Fraktionen sind entsprechend ihrer Stärke vertreten). Der Bundeskongress zieht Bilanz über die abgelaufene Tätigkeitsperiode und legt das Programm für die kommende fest. Weiters obliegt ihm die Wahl der Mitglieder des Präsidiums und der Kontrollkommission, die Festsetzung der Höhe der Mitgliedsbeiträge sowie die Beschlussfassung über allfällige Statutenänderungen.

Beratung bedeutender Anlässe

Die Vorständekonferenz

wird nur zu bedeutenden Anlässen einberufen. Sie besteht aus den Mitgliedern des Bundesvorstandes, der Kontrollkommission und VertreterInnen der Gewerkschaften entsprechend ihrer Stärke. In beratender Funktion nehmen Vorsitzende und SekretärInnen der Landesorganisationen, ÖGB-SekretärInnen und -RedakteurInnen, Frauen- und JugendvertreterInnen daran teil.

Leitung der täglichen Arbeit

Das Präsidium

leitet die tägliche Arbeit und setzt sich aus dem Präsidenten, höchstens sechs VizepräsidentInnen, wobei eine der VizepräsidentInnen eine Vertreterin der Frauen sein muss, und den Leitenden SekretärInnen zusammen. Der/die Vorsitzende und der/die VorsitzendestellvertreterIn der Kontrollkommission des ÖGB nehmen an den Sitzungen des Präsidiums teil. Das Präsidium kann weitere Personen seinen Beratungen beiziehen.

Interne Kontrollinstanz

Die zentrale Kontrollkommission

besteht aus sieben Mitgliedern und vier Ersatzmitgliedern (aus allen Fraktionen), die vom Bundeskongress gewählt werden. Sie überwacht unter anderem die Einhaltung der Statuten, die Durchführung der Beschlüsse des Bundeskongresses, die finanzielle Gebarung des ÖGB, der Gewerkschaften und der Landesorganisationen.

Der Bundesvorstand

(Stand 1. Oktober 2004)

Beratung aktueller Fragen, Organisation, Streiks

Der Bundesvorstand besteht aus dem Präsidium, VertreterInnen der Gewerkschaften entsprechend ihrer Stärke, der Frauen-, Jugend- und Pensionistenabteilung des ÖGB sowie von Minderheitsgruppen. Die ReferatsleiterInnen des ÖGB sind mit beratender Stimme in den Bundesvorstand kooptiert. Er tritt in regelmäßigen Abständen zusammen und behandelt aktuelle Fragen der Sozial-, Wirtschafts- und Kulturpolitik (die zumeist in den Fraktionen vorberaten werden). Weiters ist der Bundesvorstand zuständig für Geschäftsordnungen, Probleme der Abgrenzung der Organisationsgebiete, Streiks usw.

Präsidium des ÖGB
Stimmberechtigte Mitglieder:
Präsident Fritz Verzetnitsch

Vizepräsidentin Renate Csörgits,
Vorsitzende der Frauenabteilung des ÖGB
Vizepräsident Johann Driemer,
Vorsitzender der Gewerkschaft Bau-Holz
Vizepräsident Karl Klein,
Vorsitzender der Fraktion Christlicher Gewerkschafter
Vizepräsident Rudolf Nürnberger,
Vorsitzender der Gewerkschaft Metall-Textil
Vizepräsident Hans Sallmutter,
Vorsitzender der Gewerkschaft der Privatangestellten
Vizepräsident Rudolf Hundstorfer,
Vorsitzender der Gewerkschaft der Gemeindebediensteten
Leitende Sekretärin des ÖGB Roswitha Bachner
(Organisation)
Leitender Sekretär des ÖGB, Dr. Richard Leutner
(Grundsatz)
Leitender Sekretär Günter Weninger
(Finanzen)

Mitglieder mit beratender Stimme:
Eleonora Hostasch, *Vorsitzende der Zentralen Kontrollkommission des ÖGB;*
Manfred Wiedner, *Vorsitzende-Stellvertreter der Zentralen Kontrollkommission des ÖGB;*
Jürgen Eder, *ÖGJ-Vorsitzender;*
Johann Schmölz, *Vorsitzender des Bundespensionistenausschusses.*

Die stimmberechtigten VertreterInnen der 13 Gewerkschaften:

Gewerkschaft der Privatangestellten: Dr. Dwora Stein, Erste Stellvertretende Bundesgeschäftsführerin; Dr. Johann Kalliauer, Landessekretär für Oberösterreich; Wolfgang Katzian, Zentralsekretär; Erich Reichelt, Stv. Geschäftsbereichsleiter; Walter Zwiauer, Vorsitzender-Stellvertreter.

Gewerkschaft Öffentlicher Dienst: Dr. Johann Freiler, Vorsitzender-Stellvertreter; Dr. Wilhelm Gloss, Vorsitzender-Stellvertreter; Richard Holzer, Vorsitzender-Stellvertreter; Fritz Neugebauer, Vorsitzender.

Gewerkschaft der Gemeindebediensteten: Monika Mauerhofer, Vorsitzende der Hauptgruppe II, Christa Hörmann, Frauenvorsitzende und Vorsitzende Stellvertreter, Mag. Christian Meidlinger, Stellvertretender Vorsitzender; Peter Haunschmidt, Vorsitzender der Landesgruppe Oberösterreich.

Gewerkschaft Kunst, Medien, Sport, freie Berufe: Peter Paul Skrepek, Vorsitzender.

Gewerkschaft Bau-Holz: Hermann Haneder, Stellvertretender Bundesvorsitzender; Anton Korntheuer, Zentralsekretär.

Gewerkschaft der Chemiearbeiter: Wilhelm Beck, Vorsitzender.

Gewerkschaft der Eisenbahner: Norbert Bacher, Zentralsekretär; Wilhelm Haberzettl, Vorsitzender.

Gewerkschaft Druck, Journalismus, Papier: Franz Bittner, Vorsitzender.

Gewerkschaft Handel, Transport, Verkehr: Willibald Steinkellner, Vorsitzender.

Gewerkschaft Hotel, Gastgewerbe, Persönlicher Dienst: Rudolf Kaske, Vorsitzender.

Gewerkschaft der Post- und Fernmeldebediensteten: Gerhard Fritz, Vorsitzender; Walter Sumetsberger, Zentralsekretär.

Gewerkschaft Agrar-Nahrung-Genuss: Dr. Leopold Simperl, Vorsitzender.

Gewerkschaft Metall-Textil: Karl Haas, Zentralsekretär; Franz Riepl, Vorsitzender-Stellvertreter; Helmut Oberchristl, Vorsitzender-Stellvertreter; Walter Rotschädl, Vorsitzender-Stellvertreter.

Stimmberechtigte VertreterInnen der Minderheitsgruppen (kooptiert):
Mag. Markus Koza (Unabhängige GewerkschafterInnen im ÖGB); Alfred Gajdosik, Gewerkschaft Hotel, Gastgewerbe, Persönlicher Dienst (FCG); Andreas Gjecaj (KAB); Manfred Gross (GLB); Günther Hecht (FA); Johanna Skuk (Gewerkschaft der Post- und Fernmeldebediensteten/ FSG); Erwin Mahr, Vorsitzender der FCG in der GdG; Dipl.-Ing. Johann Tschrischnig, Parteifreie Gewerkschafter; Karl Wakolbinger (FCG/GMT). Monika Jantschitsch (GÖD/FCG)

Stimmberechtigte VertreterIn des Bundespensionistenausschusses:
(neben den dem Präsidium zugeordneten Mitgliedern mit beratender Stimme)
Christine Haager, Werner Thum, Ing. Otto Vanura.

Stimmberechtigte VertreterInnen der Frauenabteilung und der Jugendabteilung des ÖGB:
(neben den dem Präsidium zugeordneten Mitgliedern mit beratender Stimme)
ÖGB-Frauenabteilung: die Vorsitzende-Stellvertreterinnen der ÖGB-Frauenabteilung, Erika Nussgraber-Schnabl, Christine Gubitzer und Erika Helscher (Gewerkschaft der Privatangestellten).
ÖGB-Jugendabteilung: Mitglieder des Jugendpräsidiums Theres Woschitz, René Pfister, Mario Lindner.

Mitglieder mit beratender Stimme:
SekretärInnen: Mag. Bernhard Achitz (Sozialpolitik); Sylvia Ledwinka (Frauen); Mag. Renate Czeskleba (Humanisierung, Technologie, Umwelt); Oliver Jonischkeit (GLB); Mag. Georg Kovarik (Volkswirtschaft); Annemarie Kramser (Öffentlichkeitsarbeit, Werbung und Marketing/ „Solidarität"); Stefan Kuchynka (Betriebsarbeit); Sabine Letz (Bildung, Freizeit, Kultur); Stefan Maderner (Jugendabteilung); Willi Mernyi (Kampagnen); Karl-Heinz Nachtnebel (Internationale Angelegenheiten); Klaudia Paiha (UG); Ing. Alexander Prischl (Berufsbildung); Elisabeth Rolzhauser (PensionistInnen, Sozialkontakte); Siegfried Sorz („Arbeit & Wirtschaft"); Helmut Tomasek (Organisation); Andreas Toth (EDV, Statistik), Mag. Evelyn Regner (ÖGB-Büro Brüssel).

Vom Zentralbetriebsrat der ArbeitnehmerInnen des ÖGB:
Gerhard Dobernig, Engelbert Galler.

Beigezogen ohne Stimmrecht:
Ing. Harald Ettl, Dr. Josef Staribacher.

Die Zentrale Kontrollkommission des ÖGB

(auf Grund der auf dem 15. Bundeskongress des ÖGB 2003 durchgeführten Wahl)

Vorsitzende:
Eleonora Hostasch

Vorsitzende-Stellvertreter:
Manfred Wiedner, Gewerkschaft der Post- und Fernmeldebediensteten

Mitglieder:
Heinrich Aufner, GMT; Lilian Stadler, GPA; Werner Bayer, ANG; Karl Kaiser, GdG; Erich Steinacher, HGPD.

Organigramm

Bundesvorstand — **Präsidium** — **Kontrollkommission des ÖGB**

Präsident
Fritz Verzetnitsch

Organisation
LS Roswitha Bachner
Verbindungen zu den Gewerkschaften und Landesvorständen

Frauenabteilung
VS Renate Csörgits
Sekr. Sylvia Ledwinka

Jugendabteilung
VS Jürgen Eder
Sekr. Mario Lindner

Organisation und Koordination
Helmut Tomasek

PensionistInnen-abteilung
VS Werner Thum
Sekr. Stefan Kuchynka

Sozialkontakte, Beratungszentrum
Sekr. Elisabeth Rolzhauser

Kampagnen, Projekte, Zielgruppen
Willi Mernyi

Betriebsarbeit
Stefan Maderner

Bildung, Freizeit, Kultur
Sabine Letz
- VÖGB
- Kartenstelle
- Büchereiabteilung

Internationale Verbindungen
Karl-Heinz Nachtnebel

Öffentlichkeitsarbeit Werbung, Marketing
Annemarie Kramser

Redaktion Solidarität
Annemarie Kramser

VizepräsidentInnen
Renate Csörgits
Johann Driemer
Rudolf Hundstorfer
Karl Klein
Rudolf Nürnberger
Hans Sallmutter

Leitende SekretärInnen
Roswitha Bachner
Dr. Richard Leutner
Günter Weninger

Beigezogene Mitglieder
Werner Thum
Mag. Stefan Stöger

Kontrollkommission
VS Eleonora Hostasch
Stv. Manfred Wiedner

Ständige Projektgruppen des ÖGB-Bundesvorstandes
- Steuer
- Arbeitsrecht
- Internationale und Europäische Angelegenheiten
- Berufsbildung
- Arbeitnehmerschutz – Gesundheit

Grundsatz
LS Dr. Richard Leutner

Volkswirtschaft
Mag. Georg Kovarik

Sozialpolitik
Mag. Bernhard Achitz

Humanisierung, Technologie, Umwelt
Mag. Renate Czeskleba

Berufsbildung
Ing. Alexander Prischl

Kollektivverträge
VP Karl Klein

ÖGB-Europabüro
Mag. Evelyn Regner

Finanz- und Vermögensverwaltung, Personalwesen
Leitender Sekretär Günter Weninger

Buchhaltung
Josef Burianek

Budgetwesen Planung und Controlling
Mag. Karl Solly

Interne Revision
Gerhard Prager

Rechtsreferat
Mag. Thomas Maurer-Mühlleitner

Personal, Administration
Karin Renner

Personal, Planung und Entwicklung, Interne Weiterbildung
Mag. Evelyn Blau

Liegenschaften Häuserverwaltung
Dr. Günther Rakuscha

Hausdienste
Gabriele Fuchs

Zentraler Einkauf
Dr. Günther Rakuschka

Informationstechnologie
Andreas Toth

Verlag des ÖGB
GF Johannes Richarz

SOTOUR
GF Sigrid Peer
Mag. Arnold Schuster (ab 4/2005)

(Stand: 1. Dezember 2004)

Österreichischer Gewerkschaftsbund

Hohenstaufengasse 10-12, A-1010 Wien
Tel.: 01/534 44-0
Fax: 01/534 44-204
E-Mail: oegb@oegb.at
Internet: www.oegb.at

Landesorganisationen

Burgenland
Wiener Straße 7, 7000 Eisenstadt
Tel.: (02682) 770
Fax: (02682) 770 / 62
E-Mail: burgenland@oegb.or.at

Kärnten
Bahnhofstraße 44, 9020 Klagenfurt
Tel.: (0463) 5870
Fax: (0463) 5870 / 330
E-Mail: kaernten@oegb.or.at

Niederösterreich
Windmühlgasse 28, 1060 Wien
Tel.: 01/586 21 54
Fax: 01/586 21 54 1566
E-Mail: niederoesterreich@oegb.or.at

Oberösterreich
Volksgartenstraße 40, 4060 Linz
Tel.: (0732) 66 53 91
Fax: (0732) 66 53 91 6099
E-Mail: oberoesterreich@oegb.or.at

Salzburg
Markus-Sittikus-Straße, 5020 Salzburg
Tel.: (0662) 88 16 46
Fax: (0662) 88 19 03
E-Mail: salzburg@oegb.or.at

Steiermark
Südtiroler Platz 13, 8010 Graz
Tel.: (0316) 70 71
Fax: (0316) 71 63 28
E-Mail: steiermark@oegb.or.at

Tirol
Südtiroler Platz 14–16, 6010 Innsbruck
Tel.: (0512) 597 77
Fax: (0512) 597 77/650
E-Mail: tirol@oegb.or.at

Vorarlberg
Widnau 2, 6800 Feldkirch
Tel.: 05522/3553/0
Fax: 05522/3553/13
E-Mail: vorarlberg@oegb.or.at

Gewerkschaften

Gewerkschaft der Privatangestellten
Deutschmeisterplatz 2, A-1013 Wien
Tel.: 01/313 93 Serie
Fax: 01/313 93-388
E-Mail: gpa@gpa.at

Gewerkschaft Öffentlicher Dienst
Teinfaltstraße 7, A-1010 Wien
Tel.: 01/534 54
Fax: 01/534 54-326
E-Mail: goed@goed.at

Gewerkschaft der Gemeindebediensteten
Maria-Theresien-Straße 11, A-1090 Wien
Tel.: 01/313 16 Serie
Fax: 01/313 16-99 7701
E-Mail: gdg@gdg.or.at

Gewerkschaft Kunst, Medien, Sport, freie Berufe
Maria-Theresien-Straße 11, A-1090 Wien
Tel.: 01/313 16 Serie
Fax: 01/313 16-7700
E-Mail: sekretariat@kmsfb.oegb.or.at

Gewerkschaft Bau-Holz
Ebendorferstraße 7, A-1010 Wien
Tel.: 01/401 47 Serie
Fax: 01/401 47-258
E-Mail: bau_holz@gbh.oegb.or.at

Gewerkschaft der Chemiearbeiter
Stumpergasse 60, A-1062 Wien
Tel.: 01/597 15 01
Fax: 01/597 21 01-23
E-Mail: gdc@gdc.oegb.or.at

Gewerkschaft der Eisenbahner
Margaretenstraße 166, A-1051 Wien
Tel.: 01/546 41 Serie
Fax: 01/546 41/105
E-Mail: gde@eisenbahner.at

Gewerkschaft Druck, Journalismus, Papier
Seidengasse 15-17, A-1070 Wien
Tel.: 01/523 82 31
Fax: 01/523 82 31-28
E-Mail: djp@drupa.oegb.or.at

Gewerkschaft Handel, Transport, Verkehr
Teinfaltstraße 7, A-1010 Wien
Tel.: 01/534 54 Serie
Fax: 01/534 54-325
E-Mail: htv@htv.oegb.or.at

Gewerkschaft Hotel, Gastgewerbe, Persönlicher Dienst
Hohenstaufengasse 10/1, A-1013 Wien
Tel.: 01/534 44
Fax: 01/534 44-505
E-Mail: hgpd@hgpd.oegb.or.at

Gewerkschaft der Post- und Fernmeldebediensteten
Biberstraße 5, A-1010 Wien
Tel.: 01/512 55 11
Fax: 01/512 55 11-52
E-Mail: gpf@gpf.oegb.or.at

Gewerkschaft Agrar-Nahrung-Genuss
Plößlgasse 15, A-1041 Wien
Tel.: 01/401 49
Fax: 01/401 49-13300
E-Mail: ang@ang.at

Gewerkschaft Metall-Textil
Plößlgasse 15, A-1041 Wien
Tel.: 01/501 46-0
Fax: 01/501 46-13300
E-Mail: metaller@metaller.at

Bildnachweis für Beiträge Brigitte Pellar

Bildarchiv des ÖGB; Archiv der AK Wien, Dokumentation der „Sozialausstellung" 1951, Dokumentationsmappe X.- Aufnahme Studio Meyer, Spezialfotograph für Industrie, Kunstgewerbe, Architektur, alle Arten Farbphotos, Theobaldgasse 15, Wien VI/56; Kurier-Illustrierte, Beilage zum Kurier zum 15. Mai 1965, S, 2 unten. Zusammenstellung und Texte: Jens Tschebull, Dokumentation: Franz Traintinger – keine näheren Angaben über Fotografenrechte; Archiv der AK Wien; Archiv des ÖGB; Archiv der AK Oberösterreich, Signatur C-9; Archiv der AK Oberösterreich, publiziert im Katalog zur Ausstellung „Nicht Gnade, sondern Recht", S. 101 – keine näheren Angaben über Fotografenrechte; Archiv der AK Kärnten, publiziert in der Festschrift „Die Kammern für Arbeiter und Angestellte 1945 – 1965", S. 306 – keine näheren Angaben über Fotografenrechte; AKNÖ-Fotoarchiv, publiziert in der Festschrift „Die Kraft an ihrer Seite – AKNÖ 50", S. 37 – Angaben über Fotografenrechte nicht einzelnen Bildern zuordenbar; Archiv der AK Wien – keine näheren Angaben über Fotografenrechte; Archiv der AK Steiermark, publiziert in der Festschrift „Die Kammern für Arbeiter und Angestellte 1945 – 1965", S. 286; Materialiensammlung des Instituts für Gewerkschafts- und AK-Geschichte; Fotoarchiv der AK Tirol – keine näheren Angaben über Fotografenrechte; Grafik im Auftrag der AK Wien. Materialiensammlung des Instituts für Gewerkschafts- und AK-Geschichte.

Sonstiger Bildnachweis

bilderbank.at/M. Rathmayer, bilderbank.at/E.Weingartner, Contrast, Matthias Cremer, Fotoarchiv des ÖGB, Fotoarchiv des ÖGB/Franz Blaha, F otoarchiv des ÖGB/ÖGJ, A. Budin, Fotoarchiv des ÖGB/Albert Hilscher, Fotoarchiv des ÖGB/Kammler, Fotoarchiv des ÖGB/Peter Korp, Fotoarchiv des ÖGB/Makart, Fotoarchiv des ÖGB/Harry Mannsberger, Fotoarchiv des ÖGB/Inge Prader, Fotoarchiv des ÖGB/Petra Spiola, Fotoarchiv des ÖGB/Tadros, Fotoarchiv des ÖGB/USIS:Photo, Fotoarchiv des ÖGB/Zvacek, Gisela Ortner, Rubrafoto, J. Ulrich, Verlagsarchiv, Votava